/ 当代世界农业丛书 /

韩国农业

潘伟光　　［韩］郑靖吉　主编

中国农业出版社
北　京

图书在版编目（CIP）数据

韩国农业 / 潘伟光，（韩）郑靖吉主编．—北京：
中国农业出版社，2021.12
（当代世界农业丛书）
ISBN 978-7-109-28898-0

Ⅰ.①韩…　Ⅱ.①潘…②郑…　Ⅲ.①农业经济－研
究－韩国　Ⅳ.①F331.26

中国版本图书馆 CIP 数据核字（2021）第 220827 号

韩国农业
HANGUO NONGYE

中国农业出版社出版
地址：北京市朝阳区麦子店街 18 号楼
邮编：100125
出版人：陈邦勋
策划统筹：胡乐鸣　苑　荣　赵　刚　徐　晖　张丽四　闫保荣
责任编辑：程　燕
版式设计：王　晨　责任校对：吴丽婷
印刷：北京通州皇家印刷厂
版次：2021 年 12 月第 1 版
印次：2021 年 12 月北京第 1 次印刷
发行：新华书店北京发行所
开本：787mm×1092mm　1/16
印张：15
字数：250 千字
定价：80.00 元

当代世界农业丛书编委会

韩 国 农 业

当代世界农业丛书

本书编写组

主　　编：潘伟光　郑靖吉（韩国）

编写人员（按姓氏笔画排序）：

　　　　丁嘉达　王炳钰　羊梦佳　李金果　沙　枑

　　　　郑靖吉（韩国）　　赵亚男　祝丽红　袁宇峰

　　　　徐艺宁　徐敏群　高晓玮　黄徐文　潘伟光

序

| *Preface* |

2018 年 6 月，习近平总书记在中央外事工作会议上提出"当前中国处于近代以来最好的发展时期，世界处于百年未有之大变局"的重大战略论断，对包括农业在内的各领域以创新的精神、开放的视野，认识新阶段、坚持新理念、谋划新格局具有重要指导意义。农业是衣食之源、民生之基。中国农业现代化取得举世瞩目的巨大成就，不仅为中国经济社会发展奠定了坚实基础，而且为当代世界农业发展提供了新经验、注入了新动力。与此同时，中国农业现代化的巨大进步，与中国不断学习借鉴世界农业现代化的先进技术和成功经验，与不断融入世界农业现代化的进程是分不开的。今天，在世界处于百年未有之大变局、世界经济全球化进程深入发展、中国农业现代化进入新阶段的重要历史时刻，更加深入、系统、全面地研究和了解世界农业变化及发展规律，同时从当代世界农业发展的角度，诠释中国农业现代化的成就及其经验，是当前我国农业工作重要而紧迫的任务。为贯彻国务院领导同志的要求，2019 年 7 月农业农村部决定组织编著出版"当代世界农业丛书"，专门成立了由部领导牵头的丛书编辑委员会，从全国遴选了相关部门（单位）负责人、对世界农业研究有造诣的权威专家学者和中国驻外使馆工作人员，参与丛书的编著工作。丛书共设 25 卷，包含 1 本总论卷（《当代世界农业》）和 24 本国别卷，国别卷涵盖了除中国外的所有 G20 成员，还有五大洲的其他一些农业重要国家和地区，尤其是发展中国家和地区。

在编写过程中,大家感到,丛书的编写,是一次对国内关于世界农业研究力量的总动员,业界很受鼓舞。编委会以及所有参与者表示一定要尽心尽责,把它编纂成高质量权威读物,使之对于促进中国与世界农业国际交流与合作,推动世界农业科研教学等有重要参考价值。但同时,大家也切实感到,至今我国对世界农业的研究基础薄弱,对发达国家(地区)与发展中国家(地区)的农业研究很不平衡,有关研究国外农业的理论成果少,基础资料少,获取国外资料存在诸多不便。编委会、各卷作者、编审人员本着认真负责、深入研究、质量第一的原则,克服新冠肺炎疫情带来的诸多困难。编委会多次组织召开专家研讨会,拟订丛书编写大纲、制订详细写作指南。各卷作者、编审人员千方百计收集资料,不厌其烦研讨,字斟句酌修改,一丝不苟地推进丛书编著工作。在初稿完成后,丛书编委会还先后组织农业农村部有关领导和专家对书稿进行反复审核,对有些书稿的部分章节做了大幅修改;之后又特别请中国国际问题研究院院长徐步、中国农业大学世界农业问题研究专家樊胜根对丛书进行审改。中国农业出版社高度重视,从领导到职工认真负责、精益求精。历经两年三个月时间,在国务院领导和农业农村部领导的关心、指导下,在所有参与者的无私奉献、辛勤努力下,丛书终于付梓与读者见面。在此,一并表示衷心感谢和敬意!

即便如此,呈现在广大读者面前的成书,也肯定存在许多不足之处,恳请广大读者和行业专家提出宝贵意见,以便修订再版时完善。

宗锦耀

2021 年 10 月

前 言
Foreword

　　中国和韩国是一衣带水的邻邦，自 1992 年建交以来，两国经济社会文化交流日趋活跃，农业农村领域的交流合作也日益加深。2015 年中韩两国签订双边自由贸易协定，不仅对中韩双边经贸发展产生重要影响，也为双方农业长远合作奠定了坚实的基础。1995 年中国向韩国出口的农产品产值只有 7.7 亿美元，2019 年产值达到 57 亿美元，中国成为韩国的农产品第二大进口来源国，仅次于美国。同时，韩国对中国的农产品出口也在不断增长，1995 年农产品出口产值为 1.6 亿美元，2019 年为 16 亿美元，中韩已成为彼此重要的农产品贸易伙伴。

　　韩国是亚洲少数几个发达国家之一，2020 年韩国人均 GDP 已达 31 496 美元，经济总量名列全球第十位。韩国国土面积与我国浙江省面积相近，人口总数也较为接近。韩国从 20 世纪 60 年代经济开始起飞，20 世纪 90 年代人均国民生产总值超过了一万美元，成为经济合作与发展组织（OECD）成员。韩国在经历工业化、城市化、现代化和经济全球化的进程中，农业发展也经历着变迁。韩国同样面临着农村劳动力流失、人口老龄化、自由贸易对本国农业的冲击，以及食品安全等问题，因此有不少农业农村现代化经验值得我国借鉴。

　　2003—2004 年，本人受韩国高等教育财团资助，在韩国农村经济研究院进行了一年的访问研究，由此开始关注韩国的"三农"发展。回国后，陆续出版和翻译了《韩国新村运动——20 世纪 70 年代韩国农村现代化之路》《经济全球化下的中韩农业比较及贸易发展研究》《韩国三农》等著作，也发表了中韩农产品竞争力比较的学术论文，这些工作对于中国国内深入了解和研究韩国农业农村有一定基础性作用。感谢当代世界农业丛书编委会，把《韩国农业》作为丛书之一，使我再次有机会与韩国农业有亲密接

1

触。为了更好地反映韩国农业情况，我特别邀请了韩国朋友郑靖吉博士作
为本书的共同主编，正好近些年郑靖吉博士一直担任韩国农村经济研究院
北京代表处首席代表，见面交流也较为方便。在此，特别感谢他为整个编
写团队提供了韩国的相关资料，也常为我们解决编写过程中的一些疑问。
正是大家的共同努力，《韩国农业》才得以按计划完成。这本书也是我们跨
国合作的重要见证。

　　他山之石，可以攻玉。"十四五"我国已开启社会主义现代化国家建设
的新征程，也是我国进入加快推进农业农村现代化的新阶段。希望本书的
出版有助于我们了解韩国农业的发展方向及政策，为推进中韩农业领域双
边交流合作等方面发挥积极作用。

编　者

2021 年 10 月

目 录

| Contents |

第一章 CHAPTER 1

韩国概况 ▶▶▶

韩国位于亚洲大陆东北部朝鲜半岛，有近 5 000 年的悠久历史。1910—1945 年，朝鲜半岛遭受日本帝国主义的殖民统治，1948 年 8 月 15 日大韩民国（The Republic of Korea，ROK）成立。

第一节 国土和人口

一、国土面积和地貌

朝鲜半岛位于北纬 33°～43°，东经 124°～132°，半岛狭长，从南到北由 3 418 个岛屿组成，朝鲜半岛总面积是 221 336 平方公里。韩国地处亚洲大陆东北端朝鲜半岛的南部，位于北纬 33°～38°，东经 124°～132°，总面积是 99 370 平方公里。东、南、西三面环海，东边是东海，南边是南海，西面与中国的山东半岛隔黄海相望。韩国国土中，2018 年农地有 159.6 万公顷，占总面积的 15.9%，林地占 63.1%，其他占 21%[①]。

朝鲜半岛海岸线总长度是 8 593 公里，其中韩国达 6 098 公里。韩国国土地势呈东高西低的形态，山地丘陵约占 2/3，大部分高山位于半岛东部。河流沿着山地走势流向西边和南边。在河流的中游和下游地区，有相对宽阔的平原。

---

① 参见《韩国主要农林畜产食品统计 2019》（韩文版）。

二、气候

韩国位于地球中部纬度区域，属温带季风气候。四季分明，春秋两季较短，夏冬两季较长。受亚洲大陆季风影响，气候变化大，夏季温度高、湿度大，冬季气候干冷。韩国山地多，在地理上呈现三面环海的半岛特征，东南西北的天气差异大。由于韩国处于亚洲大陆和太平洋中间，整个国家是大陆性气候并深受季风影响，季节变化既不像西欧国家也不像其他中纬度国家。韩国的冬季寒冷而夏季很热，在春秋两季，由于受季风影响有许多晴朗干燥的天气，年平均气温在 6～16℃。地区之间年平均气温差异很大。如果将山区地区除外，韩国年平均气温在 10～16℃。全年平均气温最高的是 8 月，平均气温是 25℃；全年平均温度最低的是 1 月，平均气温是－0.7℃。在南部地区每年的降水量达 1 500 毫米，在中部地区降水量达 1 300 毫米。

从季节上看，韩国一年中 50％～60％的降水量集中在夏季，5％～10％的降水量集中在冬天。从风力来看，西北季风比西南季风强烈，特别是从 12 月到次年 2 月，西北风非常猛烈；9—10 月是秋季，西南季风转为西北季风，风力通常较弱，大陆和海洋气流对沿海地区影响明显。从降水来看，7 月是湿度最高的月份，全国范围内的湿度在 80％～90％；湿度最低的月份是 1 月和 4 月，湿度范围在 30％～50％；9 月和 10 月气候宜人，湿度是 75％。雨季有较强降水，南部沿海地区从每年 6 月下旬开始，降水持续 30 天左右，逐渐到达中部地区，有时雨季也会在 9 月初来临。台风主要在 6—10 月形成，每年的 2～3 次的台风对韩国有直接和间接影响。

三、人口

2019 年韩国人口约 5 178 万人，占世界总人口 75.8 亿人的 0.7％，是 70 年前 1948 年韩国成立时人口的 2.4 倍。人口的增长率从 1970 年的 2％左右开始逐渐下降到 2019 年的 0.3％。韩国人口密集度高，2018 年人口密度是每平方公里 529 人，居世界第三位（图 1-1）。

2019 年的人口年龄结构，低于 14 岁的人口占 12.75％，15～64 岁的人口占 72.19％，65 岁以上的人口占 15.06％。从韩国的人口结构可以发现老年人

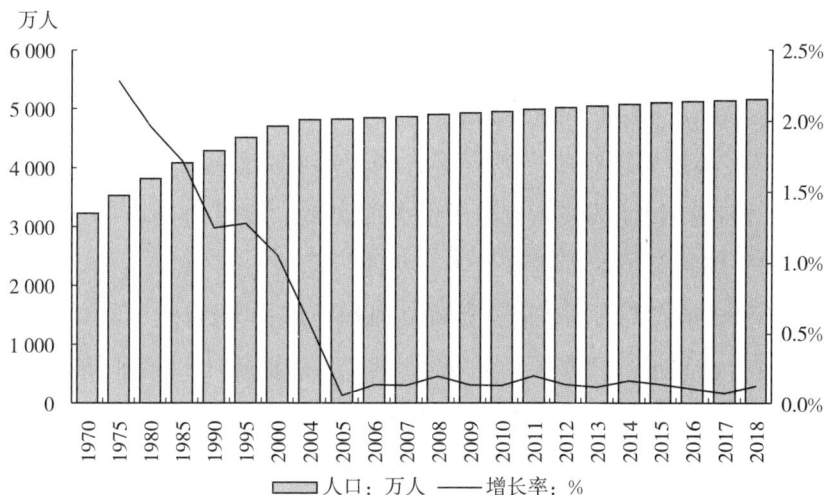

图 1-1 韩国人口趋势

人口比例在增加，老龄化指数（老年人与小孩的人口比例）从 1960 年的 6.9％增长到 2019 年的 27.8％，并一直在稳定增长。相对而言，伴随着韩国城市化率的提高，大量年轻人进城，农村老龄化程度比城市更高。农村人口老龄化已成为世界性的问题。

2018 年，韩国全部农户人口为 231.5 万人，约占总人口的 4.5％，家庭总户数是 102.8 万户。尽管农户在 20 世纪 60 年代后期增长到 260 万户，但之后开始快速下降，这主要是由于经济快速发展过程中工业化和城市化所引起的。主要发达国家美国、日本、法国、德国和澳大利亚的农户所占总人口的比例大都在 2％～4％，由此可以看出韩国农业家庭人口所占的比例已经逐渐向发达国家的比例转变。

2018 年经济活动人口占总人口的 63.1％，农业和林业人口是 134 万人，占总经济活动人口的 5.0％。经济活动人口在总人口中的相对比例有微幅增长，但农林业人口相对比例在稳步下降，这点与农户人口数量下降的趋势是一致的。

第二节　国民经济与农业

一、国民经济发展概况

在 20 世纪 60 年代经济发展以前，韩国一直是一个以农业为主、经济发展落后的国家。1953 年，韩国人均国民生产总值只有 67 美元，是世界上较为贫穷的国家之一。但自 20 世纪 60 年代初，韩国开始实施第一个五年经济发展计划以后，本国经济得到了快速发展，1989 年达到世界中等发达国家水平，1995 年就已经被世界银行年度发展报告列入高收入国家。韩国用三四十年的时间实现了经济的快速腾飞，创造了世界闻名的"汉江奇迹"，但这一发展过程，并不是一帆风顺的，而是经历了一些曲折动荡。

20 世纪 60 年代，韩国政府开始确立以经济增长为目标。1961 年成立了经济计划委员会，制定了"五年经济发展计划"，以此来推动产业结构的发展和出口增长，并由此建立了一个新的经济体系。经济计划委员会也通过增加国内产业投资来支持经济发展，并且通过改善多种出口金融和出口支持手段来实现出口目标。

六七十年代经济的高增长证明了政府市场干预和政府主导市场在资源配置上是有效率的。在经济发展初始阶段，市场竞争还没有发挥有效作用时，政府有很大空间可以积极发挥作用。然而，由于政府进行了过多干预，资源配置缺乏效率，经济也不稳定。

70 年代末，韩国经济并没有出现重化工业本应带来的连锁反应。相反，第二次石油危机使韩国经济经历了一场危机。商品价格大幅变动，经济出现负增长。政府将该时期经历的危机化为机遇，将重点放在经济稳定、金融市场改革和产业重建上。由于这些政策的成功实施，商品价格的增长率在 1981—1984 年间从 21% 降到 2%，而经济增长率从 6% 增至 9%。

从 80 年代中期开始，进入所谓的"三低时代"，美元价值、石油价格和国际利率大幅下降。在这样有利的环境下，韩国经济首次迎来了繁荣期，出现了经济账户大量盈余、经济高速增长以及价格平稳这三个好结果。尽管如此，在经济发展过程中社会各阶层对经济民主化的要求开始变得强烈。1987 年，政府开始强调福利、公平与效率、增长同样重要。由于要求民主的呼声不断加强，大规模劳资冲突经常发生，工资水平也快速上升。到 1990 年，经济账户结余转为赤字。

1992 年，政府颁布了"新经济五年计划"，并且强调以公众的参与性和创造力，来取代过去的政府控制。政府撤销了曾经是经济发展象征的经济计划委员会，开始通过经济改革和市场化来建立市场经济，韩国开始成为 WTO 成员并成为经济合作与发展组织成员。尽管作出了这些努力，韩国还是在 1997 年年底经历了一场金融危机。为了应对金融危机，韩国向国际货币基金组织申请金融紧急援助，韩国高水平经济增长的基础发生了根本变化。

1998年韩国经济迅速摆脱了金融危机。2001年8月，韩国偿还了全部国际货币基金组织的紧急援助。但与十年前韩国几乎耗尽所有外汇储备不同，2007年韩国外汇储备位列世界第四位。

近十年，从韩国失业率指标来看，经济仍然较好，2011—2020年失业率年均3.58%，2020年虽然受新冠肺炎疫情冲击，但失业率仅为4%，从全球范围看也是颇为难得的。

韩国从20世纪70年代至今，整体经济增长速度较快（表1-1）。根据统计资料分阶段来看，1986年以来，总体经济增长速度略有放慢，从9.5%下降到1991—1995年的7.8%，1996—2000年经济平均增长速度是5.0%，20世纪以来，经济平均增速也进一步下降。根据世界银行发布世界发展指标，韩国2019年国内生产总值（GDP）大约是1.64万亿美元，国民总收入（GNI）大约是16 575亿美元，在208个国家和地区中列第十一位。

表1-1　韩国国民经济主要指标

年份	名义GDP（亿美元）	人均GNI（美元）	增长率（%）	
			国内生产总值（GDP）	国民收入（GNI）
1970	80	257	10.0	8.0
1975	220	610	7.9	4.3
1980	650	1 686	−1.5	−5.7
1985	1 000	2 400	7.7	6.8
1990	2 790	6 505	9.8	9.4
1995	5 560	12 282	9.6	8.7
2000	5 760	12 179	8.5	5.5
2005	9 350	19 262	4.3	2.4
2010	11 440	23 118	6.8	7.2
2015	14 650	28 814	2.8	6.3
2018	17 210	33 434	2.7	1.2

资料来源：韩国银行。

二、产业经济结构

经济发展变化同时伴随着经济结构的变动，产业结构变化是反映一国经济发展水平的重要指标，韩国经济的快速发展也同样反映在经济结构的演化上。从国内生产总值结构来看，韩国经济结构正经历着变迁，如表1-2所示。

表1-2　韩国国民经济结构及其变化

单位：%

年份	国内生产总值	农林渔业	第二产业	服务业
1970	100	28.9	26.8	44.3
1975	100	26.9	29.0	44.1
1980	100	15.9	35.4	48.7
1985	100	13.0	37.3	49.7
1990	100	8.4	39.7	51.9
1995	100	5.9	39.5	54.6
2000	100	4.3	38.5	57.2
2005	100	2.9	37.4	59.7
2010	100	2.4	37.5	60.1
2015	100	2.2	37.2	60.6
2018	100	2.0	37.3	60.7

数据来源：The Bank of Korea Economic Statistics System (http：//ecos. bok. or. kr)。

世界上较为常用的产业结构分类是划分为三大产业，但各国的划分不尽一致。在中国的三大产业划分中，第一产业是指农林牧渔业；第二产业是指采矿业，制造业，电力、煤气及水的生产供应业，建筑业；第三产业是指除第一、第二产业以外的其他行业。

韩国的农林渔业相当于中国的第一产业，矿业、制造业、建筑业和煤电水生产供应业相当于中国的第二产业，服务业相当于中国的第三产业。据此分类结构，可以看到韩国1970年的第一、第二、第三产业比例为28.9：26.8：44.3，自20世纪70年代以来，第一产业份额不断下降，从原来的28.9%下降到2018年的2%，同时第二、第三产业比例进一步上升，到2018年第一、第二、第三产业的比例为2.0：37.3：60.7。进一步观察可以发现，近20年来，韩国第二产业呈现相对稳定状态，第三产业则在逐步上升，后趋于稳定。按照世界产业结构与工业化演变的"克拉克定律"可以发现目前经济发展所处的阶段，韩国在20世纪70年代较早由"二三一"产业结构向"三二一"产业结构方向发展，说明韩国在20世纪已完成了工业化。

三、农业的贡献

农业提供了食物及部分工业品原料，是国民经济不可缺少的部分，其贡献不仅表现在产品和经济的增长方面，也突出反映在资金和就业等方面，在不同的历史发展阶段农业发挥着不同的作用。

(一) 产品贡献

韩国由于受自然资源条件的限制，主要粮食作物是大米、大麦、小麦、薯类、玉米。随着韩国国内经济的发展以及国内市场的开放，小麦、玉米等粮食进口不断增加，食品自给率水平在逐渐下降，从 1956 年的 92.1% 下降到 2008 年的 28.3%，2018 年自给率为 25% 左右。从 1956—2018 年长达 60 多年的粮食自给率变化历程来看，变动较小的是大米和薯类，2018 年的大米自给率为 97.3%，目前保持基本自给状态；而小麦、玉米、豆类的变化很大，现在基本以进口为主（表 1-3）。2018 年主要粮食自给率降至 46.7%。畜产品中肉类生产主要是以猪肉、牛肉、鸡肉为主，肉类在 1970—1990 年基本上能自给自足。自 20 世纪 90 年代以来，随着贸易自由化的推进，国际市场竞争造成肉类进口的显著增加，自给率也在逐渐下降。2017 年韩国肉类自给率为 72.9%，蔬菜自给率为 86.6%，水果自给率为 74.1%。

表 1-3　1956—2018 年韩国主要粮食的国内自给率

单位：%

年份	大米	大麦	小麦	薯类	玉米	豆类	其他
1956	100.0	87.3	35.9	100.0	100.0	100.0	100.0
1960	100.8	110.4	33.9	100.0	18.9	79.3	100.0
1970	93.1	106.3	15.4	100.0	18.9	86.1	96.9
1980	95.1	57.0	4.8	100.0	5.9	35.1	89.9
1991	102.3	74.3	—	95.9	2.2	19.4	16.6
1995	91.1	67.0	—	98.4	1.1	9.9	3.8
2000	102.9	46.9	0.1	99.3	0.9	6.4	5.2
2008	94.4	40.7	0.4	—	1.0	9.3	—
2018	97.3	32.6	1.2	105.6	3.3	25.4	9.6

数据来源：根据《Agricultural and Forestry Statistical Yearbook（2005）》和《食品供求表（2002、2008）》《韩国主要农林畜产食品统计 2019》整理。

（二）增长贡献

韩国农业在 GDP 中所占的比重随着第二、第三产业的发展还在进一步下降，2018 年只占 2%。总体来看，随着农业份额的降低，农业对增长的贡献正变得微弱，与其他产业相比，贡献率随着份额的下降也在逐渐降低。

（三）外汇收入（资金）贡献

从外汇收入方面来看，可以发现韩国农业在历史上是弱势产业，一直处于净进口的状态，对工业化发展资金贡献很少，这一点与中国有较大差异。同时，随着韩国经济的发展，农产品进出口额在韩国出口总额中的比重也在逐渐下降，1970 年这一比例为 26.1%，到 2018 年为 1.5%；农产品进口额在总产品进口中所占的比重从 1970 年的 23.6% 下降到 2005 年的 5.5%。近些年，韩国农产品进口额增加，进口增长速度快于总体进口平均水平，导致进口比重有所抬升，2018 年农产品进口占总进口量的 7.7%（表 1-4）。

表 1-4　1970—2018 年韩国农林水产品进出口状况

年份	农林水产品出口额（百万美元）	农林水产品进口额（百万美元）	总出口额（百万美元）	总进口额（百万美元）	农产品出口比重（%）	农产品进口比重（%）
1970	218	469	835	1 984	26.1	23.6
1975	948	1 304	5 081	7 274	18.7	17.9
1980	1 930	3 164	17 505	22 292	11.0	14.2
1985	1 543	2 511	30 283	31 136	5.1	8.1
1990	2 920	5 789	65 016	69 844	4.5	8.3
1995	3 469	10 520	125 058	135 119	2.8	7.8
2000	3 036	9 861	172 268	160 481	1.8	6.1
2005	3 416	14 276	284 419	261 238	1.2	5.5
2010	5 880	25 787	466 384	425 212	1.3	6.0
2015	8 028	34 776	526 757	436 499	1.5	8.0
2018	9 300	41 421	604 860	535 172	1.5	7.7

数据来源：根据《韩国主要农林畜产食品统计（2019）》整理。

（四）就业贡献和收入贡献

从农业对就业的贡献来看，1965 年农林渔业在全国总就业中的比例为58.5%，随着农业劳动生产率的提高和第二、第三产业经济的发展，大量农业人口从农业领域转移到第二、第三产业，农林渔业的总就业人口逐渐下降，1965年为 474.2 万人，2018 年为 134.0 万人，占总就业人口中的 5%，见表 1-5。

表 1-5　1965—2018 年韩国各产业就业状况

年份	经济活动人口	就业		农林渔业		矿工业		服务业等其他产业	
	总计（万人）	人数（万人）	就业率（%）	人数（万人）	比例（%）	人数（万人）	比例（%）	人数（万人）	比例（%）
1965	875.4	811.2	92.7	474.2	58.5	84.0	10.4	253.0	31.2
1970	1 006.2	961.7	95.6	484.6	50.4	137.7	14.3	339.5	35.3
1980	1 443.1	1 368.3	94.8	465.4	34.0	307.9	22.5	595.1	43.5
1990	1 853.9	1 808.5	97.6	323.7	17.9	499.0	27.6	985.8	54.5
2000	2 213.4	2 115.6	95.6	224.3	10.6	431.0	20.4	1 460.3	69.0
2010	2 495.6	2 403.3	96.3	156.6	6.5	404.9	16.2	1 821.4	74.2
2018	2 789.5	2 682.2	96.2	134.0	5.0	452.9	16.8	2 095.3	77.9

数据来源：The Bank of Korea Economic Statistics System（http：//ecos. bok. or. kr）。

随着经济社会的发展和农业占比的下降，农民收入结构中非农收入的增加，农业对农民收入的贡献也在变化，总体处于下降趋势。1970 年，农业收入占农户总收入的 75.8%，到 2018 年，农业收入的比重下降至 30.7%。见表 1-6。

表 1-6　1970—2018 年韩国农业收入在农户收入中的地位

单位：万韩元*

年份	农户收入（A）	农业收入（B）	B/A（%）
1970	25.6	19.4	75.8
1975	87.3	71.5	81.9
1980	269.3	175.5	65.2
1985	573.6	369.9	64.5
1990	1 102.6	626.4	56.8
1995	2 180.3	1 046.9	48.0

（续）

年份	农户收入（A）	农业收入（B）	B/A（%）
2000	2 307.2	1 089.7	47.2
2005	3 050.3	1 181.5	38.7
2010	3 212.1	1 009.8	31.4
2015	3 721.5	1 125.7	30.2
2018	4 206.6	1 292.0	30.7

* 《韩国主要农林畜产食品统计 2019》中的单位为千韩元，为方便读者阅读，按中国统计单位的习惯，换算为万韩元。

数据来源：根据《韩国主要农林畜产食品统计 2019》整理。

第二章 CHAPTER 2
农业资源与农户经济 ▶▶▶

第一节 农业用地

由于社会经济结构变迁，韩国农地制度和政策也在转型，本节主要介绍了韩国农业用地及其相关制度、政策和农地相关的法律，同时通过分析农地规模分布特征变化、农地租赁的结构变化、农地转化和非农化的趋势和原因等来讨论农地特点、农地流动状况以及农地政策所面临的主要问题。

一、农业用地

（一）农地基本状况

截至 2018 年年底，韩国国土总面积 9.96 万平方公里，农地占总面积的 16.0%，即 159.6 万公顷，与 2010 年相比，农地面积持续减少。其中，农业振兴区农地有 77.8 万公顷，较 2010 年的 80.7 万公顷有所下降；农业保护区有 69.8 万公顷，较 2010 年的 75.1 万公顷下降 5.3 万公顷（表 2-1）。

表 2-1　农地面积变化情况

单位：万公顷

项目	2010 年	2011 年	2012 年	2013 年	2014 年	2015 年	2016 年	2017 年	2018 年
农地面积	171.5	169.8	173.0	171.1	169.1	167.9	164.4	162.1	159.6
振兴地区农田面积	80.7	80.7	80.9	80.8	81.1	81.0	78.0	77.7	77.8
振兴区	75.1	75.1	75.3	75.2	75.5	75.4	70.5	70.0	69.8

（续）

项目	2010年	2011年	2012年	2013年	2014年	2015年	2016年	2017年	2018年
保护区	5.6	5.6	5.6	5.6	5.6	5.6	7.5	7.7	8.0
水田	71.0	71.0	71.2	71.1	71.4	71.3	67.9	67.9	68.2
旱地	9.7	9.7	9.7	9.7	9.7	9.7	10.1	9.8	9.6

注：农业振兴区是指需要谋求农业振兴的地区，该地区是用于农业目的。农业保护区是指确保农业振兴区域的水源、水质保护等保护农业环境所需的区域。

数据来源：《韩国主要农林畜产食品统计2019》。

韩国人均耕地面积仅为0.04公顷，明显低于主要发达国家，美国的人均耕地面积为1.5公顷，法国为0.5公顷，英国为0.3公顷。人多地少的问题使得韩国的食物自给水平相对较低。但由于政府对生产设施的投资和对大米需求的减少，韩国主要粮食——大米的自给水平几乎已达到100％，但总体食物自给水平仅为2018年的25％左右。尽管食物的自给率较低，但由于农业进口规模持续扩张，大量处于不利耕种环境下的农田已被闲置或者成为森林，并且这种趋势还将持续下去。近年来，韩国大约有4万公顷的农地没有进行耕种，而这种抛荒农地也正在变得不适合耕种。除了闲置农地，每年大约有2万公顷的农地被转为其他用途。所以，总体来看，韩国尽管有各种开发和保护农业用地的措施，但耕地面积仍然在减少。

（二）农地使用与转换

在整体耕地面积不断减少的情况下，农户数量也在大幅下降，耕地面积下降速率相对缓和（图2-1）。农场的平均规模在扩大，从1970年的0.93公顷上升到1990年的1.19公顷，2005年为1.43公顷，2018年上升到1.5公顷。

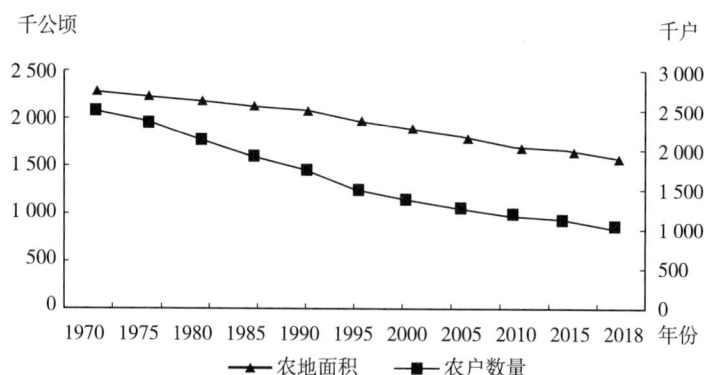

图2-1 农户数量与农地面积变化

扩大农地经营规模是发展的内在要求，即使如此，韩国单位农场的耕地面积与美国、法国、英国、德国相比还是非常小的。

　　近十年韩国农户数量持续减少，农户数量下降约 15%，从 118 万户下降至 2019 年的 100 万户。2010 年无耕地的农户有 13 556 户，占农户总数的 1.2%；到 2015 年下降到 10 478 户，占比下降到 1.0%；到 2019 年无耕地农户数下降到 8 593 户，占比再次下降。近十年，农地规模在 5～10 公顷和 10 公顷以上的农户数占比基本稳定。规模变化较大的是农地规模在 0～2 公顷和 2～5 公顷的农户数占比：农地规模在 0～2 公顷的占比呈现上升趋势，这部分主要是由无耕地的农户转换而来的；但农地规模在 2～5 公顷的占比下降也较为明显（表 2-2）。

表 2-2　拥有不同农地规模的农户数量变化*

单位：户

年份	农地规模	总计	无耕地	0～2 公顷	2～5 公顷	5～10 公顷	10 公顷以上
2010	农户数量	1 177 318	13 556	988 892	135 279	30 206	9 385
	比例（%）	100	1.2	84	11.5	2.6	0.7
2011	农户数量	1 163 210	12 084	978 177	131 588	31 463	9 898
	比例（%）	100	1	84.1	11.3	2.7	0.9
2012	农户数量	1 151 117	11 514	967 007	130 075	32 373	10 148
	比例（%）	100	1	84	11.3	2.8	0.9
2013	农户数量	1 142 029	9 984	958 687	129 846	32，808	10 704
	比例（%）	100	0.9	83.9	11.4	2.9	0.9
2014	农户数量	1 120 774	9 637	940 022	127 835	32 555	10 725
	比例（%）	100	0.9	83.9	11.4	2.9	0.9
2015	农户数量	1 088 518	10 478	926 710	111 965	29 114	10 251
	比例（%）	100	1	85.1	10.3	2.7	0.9
2016	农户数量	1 068 272	9 823	915 880	106 703	27 105	8 761
	比例（%）	100	0.9	85.7	10	2.5	0.9
2017	农户数量	1 042 018	9 512	894 542	100 934	27 455	9 575
	比例（%）	100	0.92	85.85	9.7	2.6	0.93
2018	农户数量	1 020 839	9 174	877 634	97 737	26 552	9 742
	比例（%）	100	0.9	85.9	9.6	2.6	1.0
2019	农户数量	1 007 160	8 593	866 357	96 732	26 084	9 394
	比例（%）	100	0.9	86	9.6	2.6	0.9

*数据按四舍五入原则保留一位小数，其加和未必正好 100%。——编者注
数据来源：韩国统计厅。

从更久的时间来看，1965—1990 年期间，较小和相对较大的农场数量持续减少，而中等大小的农场数量有所增加。自 20 世纪 90 年代起，拥有农地规模 0.5～2.0 公顷的中等农场的比例开始降低，而拥有小于 0.5 公顷和大于 2 公顷耕地的农场比例有所上升。单位农场的平均耕地面积在缓慢上升。在 1990—2005 年期间，拥有 3.0 公顷以上农地规模的农场数量平均上升了 12.4%，但是单位农场的耕地面积仍然较小。截至 2018 年，69% 的农场农地规模少于 1 公顷，只有 8% 的农场超过 3 公顷。尽管《农地法》禁止农地租赁，农地租赁的比例仍从 1970 年的 17.8% 上升至 1990 年的 37.4%，到 2008 年上升至 43.0%。根据农地的所有权，仅有 20% 左右的租赁土地的所有者是农民，60%～70% 是非农民。农地租赁增加的原因在于：一方面，由于农民不再耕种，非农者继承土地而使非农者对农地拥有量有所增加；另一方面，大部分农场是通过租赁经济型农地来扩大经营规模而不是买入高价农地。

自 20 世纪 50 年代以来，韩国垦荒项目农业用地的总面积持续增加。1968 年后，随着城市化与工业化发展，为满足不断增长的人口和经济快速增长需要，农地转变为居住、商业、工业和公共用地的面积增多，农地总量开始减少。农业经济状况的恶化同样也加剧了农地的荒废。因此，农业用地（耕地）面积从 1970 年的 229.8 万公顷下降至 2018 年的 159.6 万公顷。

表 2-3　休耕农地及其变化

单位：万公顷

年份	耕地	休耕地	转化地
1970	229.8	—	—
1975	224.0	—	0.05
1980	219.6	—	0.09
1985	214.4	—	0.21
1990	210.9	2.02	1.06
1995	198.5	4.04	1.63
2000	188.9	6.46	0.99
2005	182.4	4.42	1.57
2010	171.5	5.05	1.87
2015	167.9	4.04	1.23
2018	159.6	6.10	1.63

数据来源：《韩国主要农林畜产食品统计 2019 年》。

目前，农地休耕的面积超过了土地转换面积。生产设施不足与农业劳动力的短缺都导致了农地休耕。由于农业市场开放，加之韩国稻米消费减少，休耕农地快速增加。在国际市场竞争加剧与农场经营环境越来越恶劣的情况下，稻米的消费预计会继续减少。虽然农地的环境如预期恶化，但是由于本地农业进口市场的开放，休耕农地面积预计将会增长。

如今农地转换的问题是，相当一部分优质农地已被转换用于其他用途。根据农地转换为其他用地面积的数据，农地大多用于公共用地与公共设施用地，而农业设施用地则相对较少。20 世纪 90 年代中早期，控制农地转换为其他用地的法规很松散，适逢倡导绿色农业，转为农业用途的农地因而增加。近年，农地转为政府和公共设施用地的比例有所下降，占 26.2%；而转为其他用途的比例在增加，占 44.9%。在 2018 年，农地转换总面积总共有 16 303 公顷，见表 2-4。社会经济发展引起了转换农地数量和转换目的的双重变化。

表 2-4 农地用途转换

单位：公顷

年份		总计	政府和公共设施用地面积	住宅用地面积	采矿和工业用地面积	农业和渔业用地面积	其他
1980	转换面积	975	242	264	125	30	267
	比例（%）	100.0	24.8	27.1	12.8	3.1	27.4
1985	转换面积	2 122	1 266	296	200	50	249
	比例（%）	100.0	59.7	13.9	9.4	2.4	11.7
1990	转换面积	10 593	4 402	2 229	2 415	593	882
	比例（%）	100.0	41.6	21.0	22.8	5.6	8.3
1995	转换面积	16 295	5 252	2 352	1 675	4 687	2 313
	比例（%）	100.0	32.2	14.4	10.3	28.8	14.2
2000	转换面积	9 883	4 059	1 742	1 142	1 581	1 359
	比例（%）	100.0	41.1	17.6	11.6	16.0	13.8
2005	转换面积	15 659	7 396	2 340	862	2，25	2 816
	比例（%）	100.0	47.2	14.9	5.5	14.3	18.0
2010	转换面积	18 732	7 603	4 378	2 766	768	3 217
	比例（%）	100.0	40.6	23.4	14.8	4.1	17.2
2015	转换面积	12 303	4 648	2 706	1 401	617	2 931
	比例（%）	100.0	37.8	22.0	11.4	5.0	23.8
2018	转换面积	16 303	4 278	2 315	1 847	547	7 316
	比例（%）	100.0	26.2	14.2	11.3	3.4	44.9

数据来源：《韩国主要农林畜产食品统计 2019 年》。

二、农地制度政策

（一）农地流转政策

韩国农地流转主要通过农地规模扩张项目和农地银行项目来实施，农地流转促进农业结构改善，鼓励企业扩张。农地银行项目的发起主要为了适应农业市场环境的变化，例如进一步开放农产品市场，减少农业人口和年纪大的农民，这个项目随着 2005 年 7 月农地法的修正开始实施。农地银行项目实施的目的是农地规模最优化，促进农地的利用效率，完善农业结构，稳定农业市场和农民收入。根据韩国农村社会部门和农地管理基金法律第十章要求，农地银行项目包括农地的出售、租赁、交换、分离与合并，关于农地价格和交易趋势的信息，有助于恢复耕种的农地买卖、委托农地出售和稳定退休农民的收入。但实际促进农业发展的有效举措是扩张农地规模、委托农地的销售和租赁以及农地的买卖。

农地扩张项目于 1990 年 7 月开始实施，通过农地买卖、长期租赁和交换，旨在扩大农地规模，促进农地的集中化，降低生产成本，增强竞争力。这个项目在经历了项目目标、受助资格、贷款利率等方面的变动后，2004 年 12 月，发起了一个创建 7 万个有 6 公顷的稻田农场项目，到 2013 年这些稻田将占韩国总稻田面积的一半（42 万公顷）。1988—2008 年，农地扩张项目成功用 65 337 万亿韩元的贷款扩张了 18.6 万公顷农田。这个购买农地的项目一直在扩大，直到 20 世纪 90 年代，那时大米价格稳定，每 3.3 米^2 的单位成本援助从 2.5 万韩元增长到 3.0 万韩元。但 1997 年将资金直接补助给转移了农地的年老退休农民，农地规模扩张项目则从直接买土地变成了租赁土地。

农地租赁项目是长期出租委托农地给全职农民。租赁的农地包括稻田、旱地，与委托农地相关的果园和设施。租赁的时间为 5 年，每年的租金由承租者和农地银行确定。银行再将租金付给出租者，并从中扣除 8%～12% 的租金作为担保。从某方面来说，委托农地租赁项目不如一般的农地租赁项目划算，因为要支付一定的保证金，但是这个项目却更容易实施，因为它成了那些自己不能耕种土地的出租者用来租赁土地的有效手段。农地租赁计划于 2005 年 10 月开始，截至 2008 年年底，共租赁出 12 921 公顷的耕地，参与到这个项目中的农民数量逐年增加，从 2006 年的 6 613 人增至 2007 年的 7 997 人，2008 年的

9 738人，人均租赁面积为 0.5 公顷。

购买和储存耕地是农地银行的主要功能。如果农民数量下降，那么会有大量耕地出售，进而导致耕地价格下降，这时政府会购买并储存耕地，尤其是在农业振兴地区（对耕地的非农业用途需求很低）基本农田价格大跌，农民会遭受巨大损失的时候。农地银行项目旨在稳定耕地市场，加速改善农业结构，保护耕地，同时灵活应对耕地非农业用途需要，并且培育大型农业企业。依据项目而购买的耕地是位于农业振兴区的耕地，先前为退休农民和不从事农业的农民所有。在耕地所有制度和出售耕地活动受限（为了稳定耕地市场）的情况下，耕地被长期租赁。有资格租赁耕地的人和实体是那些有志于从事农业的个人或企业，原则上租赁期一般是 5 年。此项目从 2010 年已开始实施。

（二）农地制度与农业转型

现行《农地法》规定，"农地是国家食品供给的基础，必须作为珍稀资源加以保护，因为它是关系到农业与国家经济发展平衡的重要资源，它不仅应该被好好地保护，也应该以公众利益为前提加以管理。必要的权利和义务是权利实施的重要保障（《农地法》第 3 条），这项法律明确陈述了"农地不能被非农业耕种和非农业经营的个人占有"，具体来说，该法律已经通过了一项名为"农地使用权的资格证书发行"计划，并且将农地所有权授予那些在资格和财产方面通过审核的申请者。该项法规还通过了"产权处置令"和"强制执行的管理办法"，将这些作为应对与初始目的相违背的农地所有权的一种工具。换言之，建立在耕者有其田原则上的一个独立农场体系，形成了韩国农地获得与利用体系的基础。

农场农地获得与利用体系是以农民为中心，以土地改革法为依据。1950年，韩国农地改革使农民获得了土地，同时也构成了现在农地政策的基础。农地改革法①的主要目的是消除地主体制，并形成独立农场体系，以达到建立稳固社会基础的目的。具体而言，就是政府从大地主手中购买土地，然后给每户农民分配 3 公顷土地，从而建立起独立的家庭农场。政府通过签发土地出售证书控制土地交易，规定人均土地面积不能超过 3 公顷，农地所有权的上限和收购农地的资格证书至今还是原来的标准。

---

① 《农地改革法》颁布于 1949 年 6 月，在 1950 年 6 月 25 日内战爆发之前具有法律效力。该法于 1996年 1 月 1 日被废除，被 1994 年 12 月颁布的《农田法》取代。

20 世纪六七十年代，为解决食物短缺问题，农业政策的核心集中在通过拓荒和填海来扩大农地面积。土地扩张政策严格依照 1962 年颁布的《填海促进法》实施，用于开垦贫瘠的山地。1967 年《农地开发法》颁布，但由于其施加在个人身上的沉重成本负担使其并没有取得明显的成果。1974 年，爆发了世界范围的食品危机，1975 年《农地扩张与发展促进法》诞生。20 世纪 60 年代末，城市化和工业化导致农地转作其他用途。20 世纪 70 年代，全球石油危机与食品短缺危机爆发，在这些危机的警示作用下，政府在 1972 年颁布了《农地保护与利用法》，严格限制农地的非农业用途，该法律的核心是通过指定"绝对农地"和"相关农地"来有选择性地保护农地，绝对农地主要为稻田和其他需要被保护的农地，其他农地则被指定为相关农地。政府规定，任何想将农地转为非农业用途的个人都必须得到转换土地用途的许可，并支付给农地管理基金一笔费用作为开发农地的"农地建设费用"。这是韩国政府保护农地愿望最为强烈的一个时期。

但是，由于土地荒废和农地继承，拥有土地的非农人口数量不断增加，土地价值上涨，并且高于实际农产品收益，随着这些问题的涌现，耕者有其田原则难以维系。因此，从农业改革的角度来看，是否承认法律上禁止农田租赁成了当时关注的焦点，同时也促进了政府在 1986 年颁布《农地租赁管理法》。

80 年代后期，除了讨论关于进一步开放国内农业市场之外，还提出了培育有竞争力农业企业的必要性，因此颁布并实施了《农业和渔村发展特别措施法》，授权农业企业拥有农田。1949 年的《农地改革法》不允许农地所有权为公司所有，但是承认自主经营的家庭农场对农场的所有权和使用权。农地所有权归属到公司是一个很大的改变。同时，保护耕地的方法也发生了改变，以地块为主的耕地保护制度转变为以区为主的农田保护制度，一个新的"农业振兴区域"取代了 1972 年的耕地保护方式。换言之，以小块土地为基础的农地保护措施体系变为以农业区域为基础的农地保护体系。此外，政府放松了农地利用与分类规则，所有权的数量上限从 3 公顷增加到 10 公顷，以灵活应对农业贸易自由化。

1994 年，通过整合各种农地相关法律，包括之前的《农地改革法》(1949)、《农地保护与利用法》(1972)、《农地租赁管理法》(1986)和《农村发展特别法》(1990)，于 1996 年正式颁布实施《农地法》，这是一部与耕地相关的综合性法律制度。

　　尽管《农地法》严格遵从了"耕者有其田"原则，但随着经济社会形势的变化，对农地所有权和使用权的限制已经大大放宽，对农地所有权的限制也大大减少。2003 年《农地法》一项修正案允许非农民能够对耕地所有权增加至 1 000 米^2，可用于从事周末农场或"农场体验"的经营。2005 年推出农地银行，非农户可通过该银行进行长期租借，使他们拥有一定数量的农地成为可能，农地所有权的授权在一定程度上打破了"耕者有其田"原则，带来了非农户拥有农地的事实效果。农地所有权确权范围进一步扩大，农业股份公司拥有农地也成为可能。

　　1993 年《农地改革法》规定，农业振兴区域的农地土地所有权上限从 3 公顷提高至 10 公顷（20 公顷须经市长或县长批准）。1999 年取消了农业振兴区域内所有权上限，农业振兴区域以外的农地所有权上限扩大到 5 公顷。2002 年，存在了 50 年的农地所有权限制最终被废除。

（三）农地法律

　　农地法律制度整合了众多与农地相关的法律（表 2 - 5）。具体而言，这些法律包括韩国最高法律《大韩民国宪法》（以下简称《宪法》），《农业和渔业、农村社区和食品工业框架法》规定了农业和农村地区发展的基本方向，《国土规划和利用法》涉及整个国家土地的利用和管理，《农业和渔村重新安排法》涉及生活环境、休闲资源以及边远的农地。此外，还有《岛屿发展促进法》《农村小城市发展促进法》和其他个别法律。因此，将韩国的农地政策归入一个单独的法律体系不仅是困难的，而且以单一的视角来简化和解释农地的多面性也是不恰当的。

表 2 - 5　农地管理涉及的主要法律

相关内容	《农地法》	《宪法》	《农业和渔业、农村社区和食品工业框架法》	《国土规划和利用法》	《农业和渔村重新安排法》	其他法律法规
农地所有权	○	○	○			
农地利用	○	○	○			
农地保护	○	○	○	○		△
农地转换	○	○		○		△
农地重置	△		○		○	△
农地开垦					○	

　　说明：○详细规定，△部分提及。

　　总之，《宪法》和《农业和渔业、农村社区和食品工业框架法》明确阐述了韩国农地法律意义上的基本思想与原则,《农地法》从制度上规定了实现的具体方法。《宪法》和《农地法》规定"任何个人不能拥有农地,除非个人将或计划将这个土地用于农业经营",并明确建立了农业用途土地的所有权原则。然而,尽管土地所有权被限定给那些致力于农场经营的主体和农业法人,但还存在着有土地转让的例外,即通过经营转变、遗产或某些包括周末农庄的实体,允许非农户拥有农业用地。

《宪法》禁止传统封建的地主与佃农体制方式,但允许符合法案规定的有条件委托农地管理和农地租借方式。《农地法》允许从放弃耕种或退出耕种的农民手中租赁土地,或者继承土地。2005 年,因为法律修订使韩国农村社会农业组织起到了农地银行的作用,这个农地银行系统希望能尽量扩大准许农地租赁的范围。

农田地保护方面,为了保护被重置或者集体化的优质农田,政府出台了基本农田指定制度。这个制度规定,将农地用作非农用途时,需要得到允许,并登记还有咨询。针对被指定为优质农地的高质量公有农田,政府严格限制其转换,除非建设的农业和社会基础设施可以对保护农地起到帮助作用。

2003 年 1 月 1 日《国土规划与利用法》的颁布改变了韩国农地管理体制(表 2-6)。该法通过整合《国土利用与管理法》和《城市建设法》,在 5 种现存的区域中,将半城市与半农业-林业区域合并为"管理区域",其具体又可分为"计划管理区域""生产管理区域"和"保护管理区域"。农业用地一般被划分在"农业—林业区域"与"生产管理区域",但数量相当的农地面积作为城市绿化区被包含在城市区域面积内。针对每一种区域中农地转换的不同管理,使得农地转换需要满足不同的条件。

表 2-6 《国土规划与利用法》下的土地用途指定(2014 年)

现制度	城市区域 (住宅、商业、 工业、绿化带)	半城市区域	半农业-林业区域	农业-林业区域	自然环境 保护区域
修订后制度	城市区域 (住宅、商业、 工业、绿化带)	管理区域 (计划管理区域、生产管理区域 和保护管理区域)		农业-林业区域	环境保护区域
面积(平方公里)	17 597	27 155		49 344	12 006
比例(%)	16.6	25.6		46.5	11.3

数据来源:韩国土地基础设施与交通部。

第二节　农业人力资源

自从通过全面的农地改革建立耕者有其田体系以来，发展良好的家庭农场已经成为韩国农业政策的基础。最近通过农业结构的相关政策，国家将注意力集中在培养具有竞争力的职业农民上。

在经济发展和工业化过程中，家庭农场经营数量已经减少。农村人口的老龄化使农场租赁和农地信托不断增加，全职农民缺少接班人也成为农场流转给下一代经营的障碍。自20世纪90年代中期开始，中等务农家庭的瓦解造成了贫困的小农与大型农场经营者之间的两极分化，一方面小农人数快速增加，另一方面农场土地和牲畜却大多集中到了大型农场经营者的手中。

农业结构调整是以农场经营规模的扩大化和专业化为特征的，并且将随着多哈发展议程和自由贸易协定的谈判进程而继续发展。与此同时，农场经营管理特征与劳动力结构预计会大大改变。因此，分析当前的农户状况进而预测其将来的变化，对于开发农业人力资源以及制定农业结构调整的政策方向都显得十分重要。

一、农民和农户概念

在韩国农业中，农地是一个重要的生产要素。耕作农业，例如水稻种植，已成为行业支柱。自从土地改革以来，农民这个概念被界定为有资格拥有自己土地的人，宪法中也规定了耕者有其田原则。

1990年，"农业经营者"替代了《农村发展特别法》中"农民"这一传统词汇。原因在于，传统的词汇将农民定义为一种带有封建意味的社会地位，而非一种职业。现在将农民定义为农业业务的经营者，以及农业公司的投资者或雇员。

1998年《农业农村基本法》规定了作为农业经营者要满足以下条件：第一，经营或耕种 1 000 米^2 以上农地的个人；第二，每年卖掉超过 100 万韩元农产品的农场管理者；第三，每年从事农业活动 90 天以上的人。只要符合以上三个条件中任何一个的个人就是韩国法律框架下的农民。与此同时，相对于农场经营者存在着农业公司制企业这一概念，公司制农场于 1990 年设置，现在指在《农业农村基本法》中的联营公司制农场和商业公司制农场。

因此，农场经营单位（图2-2）可以划分为个人农场经营者（家庭农场）和农业企业。由农民创建的农场经营组织被划分为自愿组织，仅有少数法人团体作为农业管理单位存在，主要是为了管理复垦农地和公司制畜牧场。

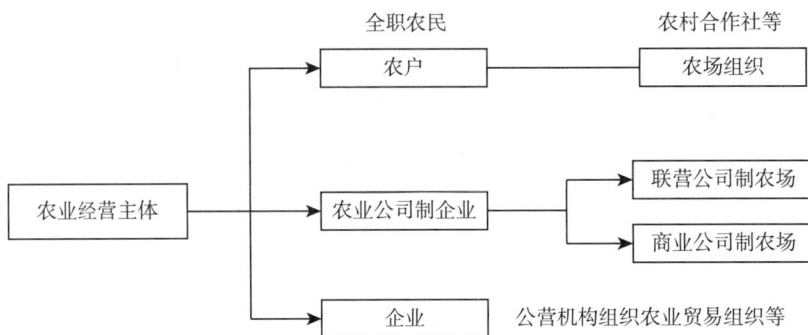

图 2-2　农业经营主体的结构

农业结构改革成功的关键在于发展农业经营主体，可以概括为培养个体经营者的同时培育组织化经营主体。

当个体农户继续通过加强他们的经营规模和管理经验来追求自身可持续性经营的同时，区域层面的多种经营主体也为了克服自给自足型增长的局限性而组织在一起。特别是区域农业的组织化是一种降低生产和流通成本，保证产品与销售竞争力的重要方法。最初，农业公司制企业是作为一种培育合作性农场经营的系统性设置来推广的，然而它却逐渐被作为一种农场管理现代化的方式，而不是合作性农场的经营方式。对于组建农业公司制企业来说，其新的意义在于支持新的农民进入这个产业以及将农民资产与企业资本分离开来。

二、农业人力资源

在过去的60年里，韩国经历了令人瞩目的现代化与工业化阶段。国家发展从第一产业迈向第二产业，再到第三产业，进入到世界前十名的经济体之列。2018年，农业人口大约为231.5万人，即从事农业、林业和渔业仅占劳动力总量的4.5%。

由于重视工业化，农业的重要性相对降低是发达国家的一个共同经历。韩国工业化的速度是其他国家的 2～5 倍，如此快速的工业化极大地降低了韩国农业的产业规模，并削弱了其劳动力结构。由 GDP 变化可知，农业产业比重在缩小，从 1970 年占 GDP 的 25.5％到 1980 年占比 13.8％，从 1990 年占比 7.8％到 2005 年占比 2.9％，由此可知，1970—2005 年，每年下降约 0.6％。从事农场经营的劳动力比重从 1970 年的 49.5％下降到 1980 年的 32.4％，1990 年的占比为 17.1％，2018 年的占比为 4.5％。由于农业占 GDP 比重比农业劳动力占总劳动力比重下降速度更快，导致农业劳动力过剩。

尽管数据表明农业劳动力过剩，但从对农业劳动力进一步的调查发现，他们的年龄分布揭示了另一个问题。总体来说，超过 40 岁的农业劳动力在转换到其他工作时遇到了困难。随着工业化的深入，不能在新产业中找到工作的人开始堆积在农业产业中，导致了农业劳动力平均年龄增大，且降低了劳动力结构的竞争力（表 2-7）。

表 2-7 农户男性人口年龄分布

单位：万人

年份	数量	总计	0～14 岁	15～19 岁	20～49 岁	50～59 岁	60 岁及以上
1990	人口数量	327.9	69.9	37.9	115.7	51.3	53.1
	比例（%）	100.0	21.3	11.6	35.3	15.6	16.2
1995	人口数量	237.3	35.2	21.2	84.5	39.4	57.0
	比例（%）	100.0	14.9	8.9	35.6	16.6	24.0
2000	人口数量	197.1	24.2	13.4	68.2	31.1	60.3
	比例（%）	100.0	12.3	6.8	34.6	15.8	30.6
2005	人口数量	179.2	17.8	8.3	51.6	28.2	73.3
	比例（%）	100.0	10.0	4.6	28.8	15.7	40.9
2010	人口数量	158.8	14.2	7.1	41.4	27.8	68.3
	比例（%）	100.0	8.9	4.5	26.1	17.5	43
2015	人口数量	132.2	7.8	4.8	27.5	24.6	67.5
	比例（%）	100.0	5.9	3.6	20.8	18.6	51.1
2018	人口数量	119.7	5.6	3.2	20.8	19.2	70.9
	比例（%）	100.0	4.7	2.7	17.4	16.0	59.2

数据来源：《韩国主要农林畜产食品统计 2019》。

在工业化进程中，农业的劳动力结构逐渐依赖中年以上的人口，与其他产业相比，竞争力低下。而且这些以农业生产为主要生计方式的中年农民又是农业结构调整的阻力。

农业劳动力老龄化不仅降低了整体生产力，而且从根本上削弱了家庭农场结构这个主要的农业管理实体，最终降低了农业管理构架的可持续性。

韩国农业人口急剧下降，从 2000 年的 403 万人减少到 2018 年的 231 万人。截至 2018 年，男性农业人口有 113 万人，女性农业人口有 118.5 万人；青年农业人口有 10.9 万人，中年农业人口有 85.6 万人，老年农业人口有 135 万人。60 岁以上的老年农业人口占比从 2000 年的 33.1％提升至 2018 年的 58.3％，见表 2-8。

表 2-8 农户人口变化趋势

单位：万人

		2000 年	2005 年	2010 年	2015 年	2018 年
总数	合计	403.1	343.4	306.3	256.9	231.5
	比例（％）	100	100	100	100	100
	男性	197.1	167.7	150.1	126.5	113.0
	女性	206.0	175.7	156.2	130.5	118.5
青年 （0～14 岁）	合计	45.9	33.5	27.0	15.0	10.9
	比例（％）	11.4	9.8	8.8	5.8	4.7
	男性	24.2	17.8	14.2	7.8	5.6
	女性	21.7	15.7	12.9	7.1	5.3
中年 （15～59 岁）	合计	223.9	174.8	151.4	112.6	85.6
	比例（％）	55.5	50.9	49.4	43.8	37.0
	男性	112.7	88.1	76.1	59.2	43.2
	女性	111.2	86.7	75.3	53.4	42.4
老年 （60 岁及以上）	合计	133.3	135.1	127.9	129.3	135.0
	比例（％）	33.1	39.3	41.8	50.3	58.3
	男性	60.3	61.8	59.6	61.8	64.1
	女性	73.0	73.3	68.3	67.5	70.9

数据来源：《韩国主要农林畜产食品统计 2019》。

随着农业人口继续老化，农户的家庭结构恶化。20 世纪 60 年代，每个农户平均人数是 6 人，而到了 1990 年减少到 3.77 人，1995 年是 3.23 人，2000 年是 2.91 人，2005 年是 2.7 人，家庭成员数量少于两人的农户正在快速增加。

拥有两代人以上的农户家庭，在传统上认为是一种稳定的农户形式，但这样的农户家庭正在快速减少。同时，随着核心农户的增加，只拥有一代人的农户家庭（只有一对夫妇）以及只有一个人的农户正在逐渐成为主要的农户形式。随着农业人口的老龄化，农业人口的减少以及缺乏维持农业经营的继承者，这些问题都与农户结构直接相关。

据统计数据显示（表2-9），农户家庭人数发生了重大变化。90年代3人的农户家庭是分布最多的，占比高达33.1%；其次是5人及以上的农户家庭，占比为27.5%；2000年，农户家庭人数以2人为主，占比为38.7%；2010年，2人的农户家庭比例提升到45.2%，2018年占比超过半数，高达54.9%，而5人以上的家庭占比仅为5.0%。

表2-9 农户家庭人数分布

单位：万户

年份	农户家庭人数	总共	1人	2人	3人	4人	5人及以上
1990	农户数量	216.7	11.9	40.1	71.7	33.3	59.7
	比例（%）	100.0	5.5	18.5	33.1	15.4	27.5
1995	农户数量	150.1	15.0	49.3	27.5	24.9	33.4
	比例（%）	100.0	10.0	32.8	18.3	16.6	22.3
2000	农户数量	138.3	18.1	53.5	24.3	19.9	22.5
	比例（%）	100.0	13.1	38.7	17.6	14.4	16.2
2005	农户数量	127.3	18.8	55.9	21.2	16.0	15.4
	比例（%）	100.0	14.8	43.9	16.7	12.6	12.0
2010	农户数量	117.8	18.4	53.3	20.5	13.9	11.7
	比例（%）	100.0	15.6	45.2	17.4	11.8	10.0
2015	农户数量	108.9	20.1	55.9	16.4	9.6	6.9
	比例（%）	100.0	18.5	51.3	15.1	8.8	6.3
2018	农户数量	102.0	19.5	56.0	14.1	7.3	5.1
	比例（%）	100.0	19.1	54.9	13.8	7.2	5.0

数据来源：《韩国主要农林畜产食品统计2019》。

当农户中的年轻人继承家业时，同样也面临着困难。据调查，有继承人的农户占比从1990年的16.4%降至1995年的13.1%，2000年的占比为11.0%，2005年的占比为3.6%。在超过70岁的31万户所有者家庭农场中，仅1.2万户（3.8%）有一个家庭农场继承人，那些大量没有继承人的家庭农场将自然地在下一个十年退出经营。

农林牧渔业就业者的结构发生明显变化，就业者年龄呈现老龄化。40～49岁的就业者占比从 2005 年的 15.8% 下降到 2018 年的 7.8%，而 50～59 岁的就业者占比从 2005 年的 23.2% 下降到 2018 年的 20.9%，相反，60 岁以上的就业者占比从 2005 年的 54.8% 提高到 2018 年的 64.6%（表 2 - 10）。

表 2 - 10　农林牧渔业就业者的年龄分布

单位：万人

年份	占比	总计	29 岁以下	30～39 岁	40～49 岁	50～59 岁	60 岁以上
2005	就业者数量	181.3	2.9	8.3	28.6	42.0	99.4
	比例（%）	100.0	1.6	4.6	15.8	23.2	54.8
2010	就业者数量	156.6	3.1	7.0	20.0	39.0	87.5
	比例（%）	100.0	2.0	4.5	12.8	24.9	55.9
2015	就业者数量	133.7	2.9	5.0	12.8	31.8	81.3
	比例（%）	100.0	2.2	3.7	9.6	23.8	60.8
2018	就业者数量	134.0	2.4	6.5	10.5	28.0	86.5
	比例（%）	100.0	1.8	4.9	7.8	20.9	64.6

数据来源：《韩国主要农林畜产食品统计 2019》。

农户的老龄化问题不仅降低了农业生产率，而且从根本上削弱了作为农业经营主体的农户家庭结构，从而破坏了农业经营的可持续性。韩国实际农业劳动生产率的增长趋势表明，20 世纪 70 年代劳动生产力每年增长 6.0%，80 年代增长了 6.6%，达到峰值，90 年代下降至 3.5%；自 21 世纪以来，劳动生产力一直维持在 0.6% 的增长率停滞不前。为了应对农业人力资源短缺和农户老龄化问题，提高农业竞争力，韩国政府从 20 世纪 80 年代开始出台了相关政策。

三、后继人才培养

（一）农场接班人培养

农场接班人培养计划是韩国长期的农业政策之一。20 世纪七八十年代，随着农民老龄化、农业劳动力短缺以及大量农村地区青年离开农业产业，制定培养农业接班人政策显得非常必要和迫切。因此政府在 1980 年宣布了农业接班人培养计划，并从 1981 年开始实施培养计划。该计划的目的是为了确保 1 个或多个农业接班人。从 90 年代开始，实施改善农村和渔村结构计划，每年选出的农场接班人近万人，但自 21 世纪以来，这个数字减少到 1 000～1 500 人；截至 2010年，此计划累计培育共 13 万名接班人；到 2018 年，累计 14 万人左右（表 2 - 11）。

表 2 - 11　农民接班人的培育现状

单位：人

年份	稻农	复合型农户	园艺农户	水果农户	特色农作农户	韩国本土牛家	奶农	其他畜产农户	总计
1981	73	—	213	29	34	1 369	20	57	1 795
1982	473	—	347	67	92	685	116	66	846
1983	505	182	215	17	50	623	164	51	1 807
1984	1 130	1 132	257	20	101	1 376	424	40	4 480
1985	1 921	2 929	561	73	223	2 250	991	73	9 021
1986	2 532	3 756	653	90	286	1 036	561	149	9 063
1987	3 227	2 640	403	219	186	439	392	178	7 684
1988	1 677	1 118	176	236	57	136	145	55	3 600
1989	794	461	85	151	32	152	110	65	1 850
1990	634	623	139	99	54	174	74	53	1 850
1991	186	341	179	88	113	245	79	119	1 350
1992	1 373	1 098	1 430	525	409	2 590	713	862	9 000
1993	1 195	1 074	1 438	464	342	2 932	745	810	9 000
1994	450	833	1 606	501	417	3 067	685	781	8 340
1995	490	823	1 921	657	484	3 890	718	747	9 730
1996	473	750	1 466	545	385	3 428	466	714	8 227
1997	784	831	1 398	468	379	3 603	475	588	8 526
1998	1 481	1 049	1 360	547	364	2 193	337	531	7 862
1999	1 140	787	858	408	336	872	155	263	4 819
2000	1 326	797	813	376	303	687	124	248	4 674
2001	955	617	564	209	194	422	99	210	3 270
2002	699	380	400	169	116	404	134	198	2 500
2003	434	314	284	122	108	376	89	183	1 910
2004	202	117	202	91	84	305	37	87	1 125
2005	159	148	141	54	68	334	32	114	1 050
2006	171	156	174	78	74	216	51	124	1 044
2007	177	150	176	61	67	242	52	109	1 034
2008	340	218	296	123	123	386	63	156	1 705
2009	317	230	236	103	101	250	50	151	1 438
2010	284	168	355	147	115	250	52	159	1 530
2018	492	439	401	159	117	707	152	158	2 625

数据来源：《韩国主要农林畜产食品统计 2019》。

该计划的目标群体最初是 30 岁以下，但随着青年农民数量的减少，年龄限制逐渐增加到 35 岁、40 岁和 45 岁，现在年龄限制已提高到 50 岁，包括自 2008 年经济危机以来越来越多回归农业的人。一旦被选为农业继承人，他不仅可以获得高达 2 000 万韩元的低利率贷款，还可以从政府获得额外的政策性资金。从 1981 年到 2010 年，总共有 13 万个农场继承者获得了资助，这一数字超过了农户总数的 10%，这意味着每个村庄（行政区）有 3 人以上通过该方案，并被培养成为农业接班人。根据对农场接班人培养计划的评价，该计划的受益者中有 90% 以上的人仍然从事农业，他们的收入和农业规模大于其他农民。实践证明，该项目提高了区域农业的生产率，改善了农户的农业结构。

（二）韩国农业水产大学

随着 20 世纪 80 年代末和 90 年代初乌拉圭回合谈判开放农业市场，韩国确保农业的国际竞争力变得十分必要。为了应对市场即将发生的变化，韩国 1995 年设立了韩国农业水产大学（KNCAF），作为人力资源政策的一个方案，学校以培养具有国际竞争能力的专业农户为根本目标。韩国农业水产大学于 1997 年 3 月正式开办，有 720 名学生，六个系（粮食作物、特种作物、蔬菜、水果、花卉和养殖）的学生在 40 人左右，课程为期 3 年。选拔对象为高中毕业生，经学校校长、农业咨询中心负责人、市长、县长、自治区领导推荐，通过文件审查、基本能力审查、面试三个环节进行选拔。学校实行"2+1"培养模式，在三年的教学中，其课程设置按"三明治"的方法进行，两年在学校和一年在农场。第一年是校内教育，学习重点是农业基础知识，课程主要有国民经济与农业、世界化和现代农业、农业哲学、农产品市场和销售战略、营农设计、农业机械、农业概论、农业组织、农业法律、农工设备、农产加工、造景园艺、花装饰和利用等；第二年是校外教育，赴农场体验实习，依据学生专业将学生派往不同的农场实习一年；第三年是校内深化教育，学生在结束一年的农场实习后返回学校进行以创业计划为主的教育，创业计划是一种实战性的教学，要求学生依托自家的农场（农业企业）进行创业设计，然后由教师对其进行评价和指导。

韩国农业水产大学是一所由农业行政当局管理的学校，因得到政府的支持，免除入学费、学费和其他教育费用。此外，每一名毕业生都会被选为农业继承人，能够获得新农场建设的补贴。毕业生需要从事 6 年的农业工作，这是学制的两倍时间。自 2000 年首届毕业生从业后，截至 2014 年，已有毕业生 3 312 人（表 2 - 12）。

表 2 - 12　韩国农业水产大学毕业生的情况

单位：人

毕业年份	粮食作物	蔬菜	特种作物	水果	花卉	养殖
2000	30	41	31	32	42	33
2001	22	43	31	36	44	32
2002	36	44	36	35	39	33
2003	39	33	33	35	39	38
2004	32	29	25	30	32	39
2005	33	34	31	31	33	45
2006	25	34	30	23	28	53
2007	19	36	23	28	30	57
2008	39	36	18	28	35	58
2009	31	33	32	32	37	58
2010	29	34	26	35	36	51
2011	36	52	39	37	37	75
2012	27	34	37	20	32	59
2013	25	52	34	31	32	60
2014	38	60	32	41	46	85

数据来源：韩国农业水产大学。

在所有的毕业生中，有超过 95％的人在农场工作了 6 年。之后，比例略有下降，但仍保持在 86.3％的较高水平。毕业生的收入（40％的毕业生自主经营农场）是其他农民收入的两倍，高于城市工人收入。

表 2 - 13　KNCFA 农民、其他农民和城市工人的收入

单位：万韩元

年份	毕业于 KNCAF 的农民（A）	其他农民（B）	比例（A/B）（％）	城市工人（C）	比例（A/C）（％）
2007	7 085	3 197	2.22	4 387	1.62
2008	7 392	3 081	2.42	4 623	1.60
2009	7 447	3 081	2.42	4 623	1.61
2010	6 516	3 212	2.03	4 809	1.35
2011	6 620	3 015	2.20	5 098	1.30

数据来源：韩国农业水产大学。

（三）全面谋划培育精英农民

2004 年的韩国-智利自由贸易协定是韩国历史上第一个自由贸易协定，这意味着韩国农业市场从此完全向世界开放。韩国政府为农业和农村地区制定了新的总体规划，以应对市场变化。作为该规划的一部分，韩国制定了一项农业劳动力发展综合计划，以保障人力资源并提高其竞争力。政府目标是在十年期间培育 20 万户精英农户（其中水稻 7 万户、园艺 11 万户、畜牧 2 万户），并能稳定生产 50% 的农业总产值。培育农业劳动力发展综合计划于 2004—2013 年推进。

该计划由若干分项目组成，例如：①吸引年轻一代农民和培养新农民；②建立一个能成功解决问题的系统；③建立专门的教育系统；④提供咨询以优化农业管理和危机管理；⑤建立培养精英农民的项目评价和后续管理系统。在 2004—2013 年这十年间，分别有 2 万亿韩元和 42.78 亿韩元投资于这些项目。这一总体规划是韩国第一个系统的农业人力资源支撑体系，根据为期十年的长期计划，实施了各种项目和支持系统。例如支持农业高中和农业大学建立现场农业教育项目；在工作场所实践学习，旨在加强农民实践教育的项目；建立农业学院项目，通过两年制教育，系统地培养优秀农民；建立教育机构，负责农业人才培养项目。以上这些项目不仅是为了确保新农民数量，而且也是为了提高现有农民的竞争力。此外，还建立了一个在线和离线教育支持系统，以帮助任何对农业感兴趣的人接受必要的农业相关教育。

第三节　农业经营与组织

一、家庭农场

（一）农户阶层分化及农场规模扩张

在韩国农业家庭农场总数持续减少的背景下，每个农场的经营规模都在扩大，这是韩国农业产业的主要特征之一。数据显示，1970 年农户数量开始以每年平均 1.2% 的速度减少，这种情况一直持续至 2018 年，农户总数从 1970 年的 241 万户下降到 101 万户，而耕地面积从 1970 年开始以每年平均 0.6% 的速度减少，因此，当农户数量快速减少，户均农场面积以相对较慢的速度减少时，这导致了家庭农场的平均耕地面积在平稳增加。

农户规模分化也较为明显，20 世纪 70 年代到 90 年代农地面积少于 0.5 公顷的农场占比呈下降趋势，但自 21 世纪以来，这一比例又在持续上升，小农户至今仍占较高比例。3 公顷耕地面积的农场比例在总体上有所增加，特别是在 21 世纪初期，这一比例约占 8%，2018 年略有下降，占比 7.7%；2~3 公顷规模的农场比例在 2000 年以后占比持续下降。总体来看，韩国仍然存在较高比例的小农户（表 2-14）。

表 2-14 农户种植面积的分化趋势

单位：万户

年份	农户总数	<0.5 公顷 占比（%）	0.5~1.0 公顷 占比（%）	1.0~1.5 公顷 占比（%）	1.5~2.0 公顷 占比（%）	2.0~3.0 公顷 占比（%）	>3.0 公顷 占比（%）
1960	235.0	42.9	30.1	20.7	—	6.0	0.3
1970	241.1	32.6	34.2	18.5	8.0	5.1	1.5
1980	215.6	28.8	35.1	20.6	9.0	5.1	1.5
1990	174.3	27.7	31.2	20.2	11.0	7.4	2.5
2000	136.9	32.2	27.7	16.0	9.6	8.3	6.2
2010	116.4	40.5	24.7	12.2	7.5	6.7	8.3
2015	107.8	45.1	23.7	10.6	6.6	5.8	8.3
2018	101.2	47.6	23.0	10.0	6.1	5.5	7.7

数据来源：《韩国主要农林畜产食品统计 2019》。

由于农业向专业化、商品化发展，韩国农场规模总体在改善。但从近十年来看，农户数量主要集中在农产品销售规模 500 万~1 000 万韩元，农户所占比例也相对稳定，2010—2018 年这一档销售规模的农户占总农户的比例为 14%~15%。由于农户总数的减少，销售收入在 2 亿韩元以上的农户数量规模相对稳定，占比在缓慢上升，2010 年这部分群体约占 0.8%，2018 年这一比例约为 1.1%；销售收入在 1 000 万韩元以上的农户群体所占比例也略有增长，2010 年约占 32%，2018 年占 35%（表 2-15）。

表 2-15 不同销售规模的农户分布

单位：万户，万韩元

销售规模	2010 年	2011 年	2012 年	2013 年	2014 年	2015 年	2016 年	2017 年	2018 年
0	12.5	15.6	15.4	14.2	13.0	12.2	13.6	12.3	12.5
0~120	14.8	12.1	13.5	12.1	11.9	14.6	11.1	11.0	11.5

（续）

销售规模	2010 年	2011 年	2012 年	2013 年	2014 年	2015 年	2016 年	2017 年	2018 年
120～300	19.2	15.8	14.4	15.4	15.9	17.3	11.3	11.2	14.1
300～500	16.0	14.6	14.3	14.2	14.1	14.4	20.5	20.3	14.0
500～1 000	17.3	17.9	17.0	16.7	16.8	15.3	15.8	14.8	14.1
1 000～2 000	14.1	14.7	14.8	14.9	14.6	12.2	12.2	11.7	11.9
2 000～3 000	8.6	9.0	8.9	9.1	9.0	7.5	7.5	7.2	7.6
3 000～5 000	7.3	8.0	8.0	8.4	8.0	6.7	6.5	6.9	7.1
5 000～10 000	5.3	5.7	5.8	6.1	5.8	5.6	5.2	5.4	5.6
10 000～20 000	1.7	1.8	2.0	2.1	2.0	2.0	2.1	2.3	2.6
20 000 以上	0.9	1.0	1.0	1.1	1.1	0.9	1.0	1.1	1.1
农户总数	117.7	116.2	115.1	114.3	112.2	108.7	106.8	104.2	102.1

数据来源：《韩国主要农林畜产食品统计 2019》。

（二）农户农业经营的划分

农户农业经营类别可分为不同类型，按农户是否兼职可分为两类：全职农户和兼职农户；按农户是否只单独种植水稻，可分为专门种植水稻和混合种植两种经营类型（表 2 - 16）。

表 2 - 16　全职兼职农户分布

单位：万户

年份	占比	总计	全职农户	兼职农户	种植 1 种作物的兼职农户	种植 2 种作物的兼职农户
1990	农户数	176.7	105.2	71.5	38.9	32.6
	占比（%）	100.0	59.5	40.5	22.0	18.5
1995	农户数	150.1	84.9	65.2	27.7	37.5
	占比（%）	100.0	56.6	43.4	18.4	25.0
2000	农户数	138.4	90.2	48.2	22.5	25.7
	占比（%）	100.0	65.2	34.8	16.3	18.5
2005	农户数	127.3	79.6	47.7	16.5	31.2
	占比（%）	100.0	62.5	37.5	13.0	24.5
2010	农户数	117.7	62.7	55.0	19.3	35.6
	占比（%）	100.0	53.3	46.7	16.4	30.3
2015	农户数	108.9	59.9	49.0	17.2	31.8
	占比（%）	100.0	54.9	45.1	15.8	29.3
2018	农户数	102.1	58.0	44.1	11.6	32.5
	占比（%）	100.0	56.8	43.2	11.4	31.8

数据来源：《韩国主要农林畜产食品统计 2019》。

由全职和兼职农户的分布可知，全职农户的比例从 1990—1995 年呈下降趋势，但从 1996 年开始，全职农户可能是由于 1997 年的金融危机，以及受政府降低失业率的政策影响，占比有所增加。种植 1 种作物的兼职农户的比例从 1990 年的 22% 降到 2018 年的 11.4%。

韩国种植水稻农户一直占据较高比例，20 世纪 90 年代占农户总数的 70% 左右，近 30 年来，其比例有所下降，农户数量也在下降，2018 年种植水稻农户有 38.7 万户，占总农户数量的 37.5%；水果、蔬菜、花卉的农户绝对数量在上升，相对比例也在上升，由此可以反映出农户结构的变迁情况。水果农户数量从 90 年代的 10.7 万户增加到 2018 年的 17.3 万户；蔬菜从 17.2 万户增加至 25.5 万户；花卉从 6 000 户增加至 1.3 万户；畜牧养殖户从比例上看也在增加，从 90 年代的 5.0% 增至 2018 年的 7.7%；而养殖户数量却有所下降，从 90 年代的 8.9 万户下降至 8 万户（表 2-17）。

表 2-17　种植不同作物农户的当前趋势

单位：万户

年份	农户总数	种植不同作物的农户数量							
		水稻	水果	蔬菜	特色产品	花卉	旱田作物	畜牧	其他
1990	176.7	123.2	10.7	17.2	3.9	0.6	11.4	8.9	0.8
	100.0	69.7	6.1	9.7	2.2	0.3	6.5	5.0	0.5
1995	191.0	123.2	14.4	24.7	4.6	1.0	7.0	15.6	0.5
	100.0	64.5	7.5	12.9	2.4	0.5	3.7	8.2	0.3
2000	138.3	78.7	14.3	23.8	3.8	0.8	9.2	7.2	0.5
	100.0	56.9	10.3	17.2	2.7	0.6	6.7	5.2	0.4
2005	127.3	64.8	14.6	23.0	2.7	1.0	12.5	8.3	0.4
	100.0	50.9	11.5	18.1	2.1	0.8	9.8	6.5	0.3
2010	113.2	52.3	17.0	22.4	3.8	0.8	9.2	7.2	0.5
	100.0	46.2	15.0	19.8	3.4	0.7	8.1	6.4	0.4
2015	103.0	45.4	17.2	19.8	3.7	1.0	7.8	7.4	0.7
	100.0	44.1	16.7	19.2	3.6	0.9	7.6	7.2	0.7
2018	103.3	38.7	17.3	25.5	4.4	1.3	7.6	8.0	0.5
	100.0	37.5	16.7	24.7	4.3	1.3	7.4	7.7	0.4

数据来源：《韩国主要农林畜产食品统计 2019》。

二、农业企业

由于个体农户在实现自给自足农业方面具有局限性，导致了多种生产组织的出现，这些组织旨在促进农户种植和农场管理方面与农户合作。农业生产组织是指由两个以上农户组成的，在农场生产部分或整个过程中一起工作，或者集体负责农业经营或运作的实体。

将农户并入更大的生产组织和合作农场经营体系已经形成了一种趋势。导致这种情况的原因有很多：第一，农业生产力的变化。在劳动力密集生产的情况下，家庭农场具有一定优势，但是现代化和自动化使企业组织很容易进入农业产业，公司农场越来越多地进入养殖业，包括猪肉和鸡肉生产；在种植业方面，工厂化生产类型很有可能发展成为生产经营类型公司。第二，顺应经营管理的需要。随着农业的发展，需要农民理解和响应生产到销售和消费的趋势。市场战略对于公司管理尤为重要，这可以解释为什么大多数农户主要负责农产品生产，而将销售环节交给专业的分销商（包括当地分销中心）。第三，公司的持久性能保证稳定的劳动力供给（图 2-3）。

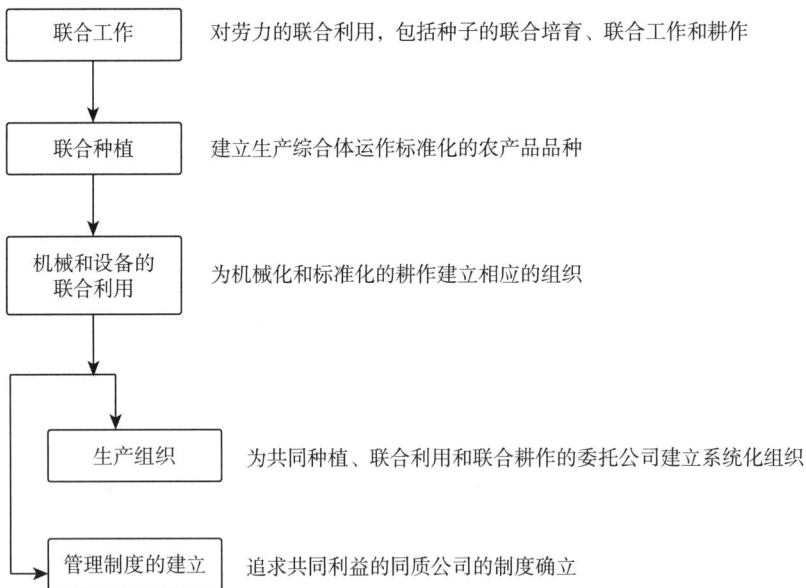

联合工作	对劳力的联合利用，包括种子的联合培育、联合工作和耕作
联合种植	建立生产综合体运作标准化的农产品品种
机械和设备的联合利用	为机械化和标准化的耕作建立相应的组织
生产组织	为共同种植、联合利用和联合耕作的委托公司建立系统化组织
管理制度的建立	追求共同利益的同质公司的制度确立

图 2-3 农业生产组织发展阶段

目前，韩国农业经营主体的一支重要力量就是农业企业。韩国政府认为韩国农业结构成功改革的关键在于发展农业经营主体，这可概括为培养个体经营者的同时促进产业组织化的经营主体。特别是，区域农业的组织化是一种降低生产和流通成本，保证产品与销售竞争力的重要方法，而农业企业是组织化经营主体的一个重要形式。在农业这一趋于完全竞争的市场中，仅仅通过初级农产品的生产已经难以增加收入，必须通过系统化储藏、加工和分销才能创造经济附加值，因此农民的组织化变得愈来愈重要，但由于家庭农场缺少资本和技术，在农业产业化面前显得困难重重。同时，家庭农场由于没有继承人等问题，可能面临农场管理断链，具有一定劣势；然而农业企业在这些方面却具有一定优势。因此，近20年来，韩国政府一直在支持农业企业的发展。在法律层面，1949年《农地改革法》规定不允许农地所有权归公司所有。20世纪80年代后期，为应对农业市场自由化，《韩国农业和渔村发展特别措施法》颁布并实施，此法案通过允许农业组织收购农地来放开农地所有权，农地所有权可以归属到公司，这是一个很大的改变。韩国1996年实施《农地法》，根据经济与社会的变化，对土地所有权和使用权的约束和最高数量限制明显放松，允许企业法人购买和租赁土地，从而韩国农业企业发展的宏观环境得到了改善。同时，政策会给予农业企业政府补贴和借贷补贴扶持。2011年，韩国获得政府补贴的农业企业占比较高，占43.2%；补贴力度较大，2010年每家企业获得的补贴为4.02亿韩元，折合美元超过35.4万美元（按2010年年底美元和韩元汇率计算）；2011年获得政府贷款补贴的企业数量和比例较低，约占法人数量的9.6%，但每家补贴金额超过55.2万美元。自20世纪90年代以来，随着法律制度的放松与政府政策的支持，农业企业得到快速发展，在家庭农场数量不断减少、合作社数量也在下降的背景下，农业企业这一新型农业经营主体的发展成为韩国农业的一抹亮色。2002年12月，从事经营农业和渔业企业的数量达到6 685家，比2001年增加了635家公司（10.5%），当时从事农业和渔业的公司数分别为5 960家和725家。截至2011年年底，农业和渔业企业为11 694家，在数量上发展较快。但目前企业平均规模较小，少于"4个工人数量"的企业占企业总数的66%；2010年每家企业约有工人7.2人。从经营形式来看，农业企业既有投资人一起联合经营的方式，也有聘用总经理进行经营的方式。在经营形式中，有一个总经理（CEO）进行经营的企业占比是40%，采用投资人一起联合经营的企业占45.9%。

三、韩国农业合作社

韩国农业合作社（农业协会）* 由地区性农业合作社和农产品专业合作社构成。韩国农业合作社体系是全球农业合作社中最特别的组织类型之一，作为一个有多重目的的合作社组织，同时经营银行、供给和营销业务。全国农业合作社联合会（农业协会）的银行部门使韩国农业合作社能够快速发展并解决严重影响农业经营的恶性高息问题。

全国农业合作社的独特结构在经济发展中能够很好地服务于国家，但是在适应全球化时出现了困难。农民会员们越来越需要合作社有更强的营销业务能力，但他们普遍认为农业合作社更关注盈利多的银行业务。此外，全国农业合作社联盟因其在银行业务上与地区合作社竞争而受到指责，认为它阻碍了地区合作社的发展。为了改善这个体系，韩国农业合作社正在进行组织改革，把银行业务从其他业务活动中分离出来，同时加强地区合作社营销能力。

（一）组织结构

在韩国，不仅初级合作社（基层农协）同时具有银行与供销两方面功能，综合合作社（农协）也具有这两方面功能。韩国初级合作社分为区域农业合作社和专门从事特定产品的农产品专业合作社，区域农业合作社再次分为区域作物种植业合作社和区域牲畜合作社。如图 2-4 所示，韩国农业合作社系统主要是区域农业合作社，农产品专业合作社的数量相对较少。农场可以加入区域农业合作社和农产品专业合作社。

到 2020 年，韩国初级合作社的会员有 208.5 万人。区域种植业合作社的数量是 923 个，占大多数，区域牲畜合作社的数量是 116 个。在农产品专业合作社中，有 45 个种植业合作社，23 个牲畜产品合作社，11 个高丽参合作社。由于初级合作社的联合趋势，合作社数量从 2006 年的 1 277 个下降到 2020 年的 1 118 个。这些初级合作社构成了独特的中央全国农业合作社联盟。

韩国所有的初级合作社都从事相互信贷业务。区域农业合作社以行政区为

---

* 韩国农业协会等同农业合作社，文中有括号表明等同或两种不同说法。韩国初级合作社（农协）分为区域农业合作社和专业合作社。

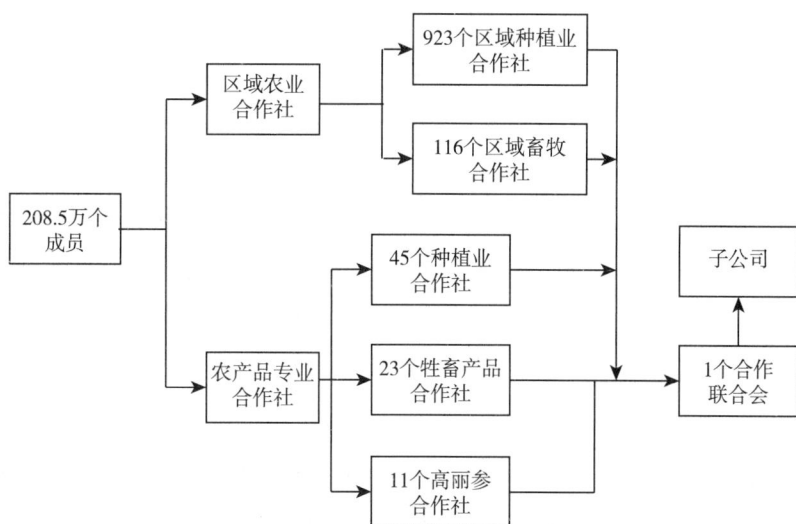

图 2-4　韩国初级合作社机构图（2020 年）

单位组织，以避免重叠。换言之，农户不能成为其居住区以外的区域农业合作社成员。此外，每个农民都有权成为区域农业合作社的成员。一些合作社比其他合作社大，负责多个行政区，而较小的组织只负责一个区。

农产品专业合作社是针对交易特色产品和商品的农户而设立的组织。虽然区域农业合作社对所有农户开放，但是只有专业农场达到一定规模的农户才有资格申请成为农产品专业合作社的会员。农产品专业合作社比区域农业合作社的行政区域范围更大，在管理方面也拥有更大的区域。

（二）业务结构

韩国初级合作社以莱弗艾森合作社（德国）为原型，是综合性农业合作社，目标在于提供各种会影响到农民成员经济和社会活动的业务，包括相互信贷业务、供销、加工、零售、农场设备、教育和培训业务。由于区域农业合作社和农产品专业合作社经常致力于同类业务，有时候处理相同区域事务时会互相竞争。

初级合作社由于类别不同而收入结果不同。2018 年，区域农业合作社则被安排提供信贷业务，这占其总收入的 70.2%，而销售、购买、零售、加工和其他供销活动仅占 29.8%。区域农业合作社主要提供借贷服务而不是供销服务。另外，区域牲畜合作社的银行业务占 51.5%，而供销业务占 48.5%。农产品专业合作社的信贷业务收入占 52.6%，而供销业务占总业务的 47.4%。

1972 年，区域农业合作社获得提供银行服务的许可，农产品专业合作社 1989 年获得同样的权利，允许他们为其日益衰退的供销业务提供资金支持。在农产品专业合作社中，提供金融业务的历史相对较短，在信贷业务中所占比例较小。

韩国初级合作社通过信贷业务创造收入，但供销业务却损失严重，从而形成了这样一种商业模式，利用从信贷业务中赚取的利润为供销和教育项目提供资金。这些信贷服务对象不仅是合作社成员，而且同样包括了本地非成员居民。非成员信贷业务的快速成长提高了初级合作社信贷业务的重要性。但是这种发展模式已经受到一些观察家的批评，认为初级合作社已经忽视了他们为合作社成员提供支持的主要目的，反而致力于那些可以提高合作社资产负债表的信贷业务。在 1997 年亚洲金融危机以后，为适应骤变的金融环境，2012 年 3 月，经过长期探讨和研究工作，将银行、保险、证券和资产管理等金融业务从韩国农业协会中分离出来，成立韩国农业协会金融控股公司；将农产品流通、生产、食品等经济业务从韩国农业协会中分离，成立了韩国农业协会经济控股公司。这两个公司也可提供信贷、保险和供销业务。其信贷业务与初级合作社不同，因为农业协会金融的信贷业务通常涉及城市地区的非成员实体，不局限于合作社成员。农业协会金融控股公司的存款规模在韩国银行中排行第四位。如同初级合作社，全国农业合作社联盟用信贷和保险业务的利润来间接支持供销业务。

（三）农业合作社的发展历程

韩国农业合作社的发展过程为发展中国家提供了一个很好的建立农业合作社的例子。在土地改革的同时，建立农业合作组织机构是韩国政府 1948 年建国以来的一个重要政策。韩国政府认为建立家庭农场和农业合作社的决定对于国家农业部门的发展至关重要，尤其是在农村地区迫切需要金融信贷业务，以解决恶性高息贷款问题。

韩国农村地区已经存在金融合作联盟，政府的主要任务在于将这种组织转型为农业合作社。但是，韩国农林畜产食品部和财政部在金融合作社角色的立法定义上出现了矛盾，这导致了农业合作社形成的延迟。矛盾的焦点在于是否将组织中的信贷业务和经济业务分离开来。1956 年，全国农业合作社联盟（农业协会）成立，首先解决农业社区的商业需求、农业联合银行承担信贷需求，村级合作社也作为农业合作社的基础单位开始形成。

　　农业合作社继续扩大，但由于缺少银行业务使组织不能获得充足的融资，并且与农业联合银行的冲突开始阻碍组织的相关活动。当初希望通过一个农业信贷系统来诱导发展农业合作社和农村经济的计划没有产生有意义的结果，专家开始呼吁重新考虑将全国农业合作社联盟中的银行业务和供销业务分离。1961年，韩国制定了新的农业合作法来整合现存的管理农业合作社和农业银行的法律，全国农业合作社联盟作为中央合作社联盟负责监管信贷和企业业务。结果，一个三层体系的全国农业合作社联盟就此形成，它包括市级、县级和村级合作社。

　　村级和初级合作社构成了全国性组织的基础，但它们太小不足以为地区发展提供实质性的支持，主要的工作由市县级的合作社承担。为了扩大初级合作社的规模，较小的组织开始被合并到代表更大行政区域的乡镇级合作社中。从1969年到1973年，政府要求将所有的村级组织整合到更大的单位中。结果，初级合作社从1968年的16 089个减少到1973年的1 545个。

　　随着农业合作社规模的扩大，1972年产生了《银行互助信贷法》，初级合作社通过提供金融服务迅速成长。初级地区性合作社也得到了提供信贷服务的许可，这导致多功能合作社体系的形成。信贷业务的高速发展和初级合作社的快速成长也彻底根除了农村地区的恶性高息贷款问题。1980年，省市农业合作社被重组到全国农业合作社联盟的分支机构中，建立起了一个真正的全国性网络，并将全国合作社体系改革成为一个两层的"初级合作社—全国农业合作社联盟"结构（图2-5）。

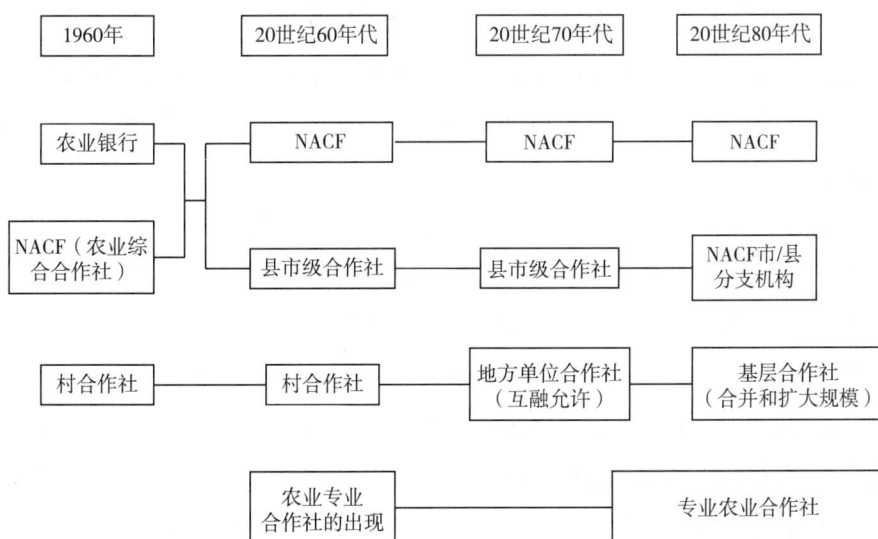

图2-5　韩国农业合作社的结构变化

（四）成就和任务

韩国农业处于一个欠发达的阶段，农村地区极度贫困。为了摆脱这种不发达状态，农业合作社被赋予了更重要的角色。其他国家的农业合作社仅仅从事生产和零售业务，而韩国农业合作社更多的是向农户提供信贷服务，而且允许其合法从事租赁服务。因此韩国农业合作社解决了其他不发达国家的农村地区非常常见的私人恶性高息借款问题，这是韩国农业合作社很高的成就，在世界上也是一个成功的例子。全国农业合作社似乎通过其强大的领导力，根除了恶性高息贷款问题，尤其是在初级合作社的相互储蓄贷款服务方面。

不过，随着20世纪90年代的农产品贸易自由化，全国农业合作社联盟需要承担一个新的角色。由于世界贸易组织要求韩国政府减少市场干预以及贸易市场自由化，全国农业合作社联盟被强烈要求增加它的营销业务，这是之前他们不太重视的领域。

由于农业合作社过于注重针对非成员的银行和保险业务，导致其供销业务无法扩大，为此农业合作社进行改革，将韩国农业合作社的银行和保险业务及其供销业务分开。组织变革对于农业合作社促进供销业务是必要的，需要不断改革农业合作社的制度，以响应条件变化的需求。2017年，韩国农业合作社的银行保险业务与供销业务分开，每个业务建立独立的控股公司。韩国农业合作社在银行和保险业务方面取得了巨大的发展，但由于农业市场开放等条件变化，要求农业合作社加强营销业务，农业合作社营销集团公司选择了一个按阶段的建立计划。在《农业合作社法》实施后的3年内，销售业务和营销业务将转移到农业合作社营销集团，自2017年起，农业合作社的所有供销业务将转移到该公司。

韩国农业合作社面临的另一个任务是如何有效合并初级合作社以扩大其规模。由于农产品市场出现了大型折扣店，并且其在零售市场的份额不断增加，农户或农业合作社的议价能力受到影响。这需要扩大生产者的分销和销售规模，以确保农民的农产品稳定供应和更高的议价能力。此外，农业合作社还需要开发食品加工业和新鲜食品产品提高农产品的附加值，以此来缓冲自由贸易导致的农产品价格下跌，同时这就需要对生产领域的物流和分销网络进行大量投资。20世纪70年代初，在乡镇范围内的村级合作社开始合并，以扩大合作社规模。在那之后，合作社共同储蓄和贷款服务的增长，为独立发展奠定了基础。这一时期，由于基本行政单位是乡和镇，乡镇层次的合作社可以为其成员提供必要的服务。然而，随着初级合作社的增长以及劳动力和运营成本的上升，开始使小型地方组织受到限制。此外，全国农产品市场的扩大意味着当地合作社无法有效应对市场。网上银行的演变和金融市场的整合也需要全国性银行业务。区域合作社需要增加资本和人力资源，为成员提供所需的服务。然而，初级合作社甚至难以满足市场基本的供应需求，在市场上失去了议价能力，导致它更多地依赖中央农业合作社的支持，这又导致农业合作社依赖其银行业务，形成了一个恶性循环（图2-6）。

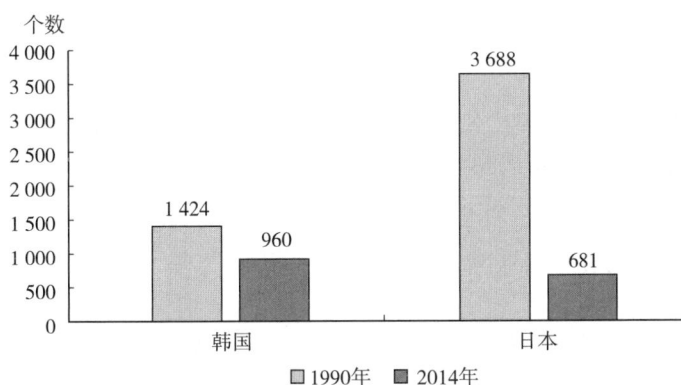

图2-6　区域农业合作社合并进展情况

　　由于基层行政单位也从乡镇扩大到市县。20世纪90年代初，越来越多的人呼吁将区域初级合作社纳入市县单位，以确保稳定的供应基础，从而提高议价能力，并保持足够的投资能力。由于区域农业合作社的一体化，其数量从1990年的1 424个下降到2014年的960个。韩国大多数区域农业合作社仍然是乡和镇层次的合作社。

　　同时随着农业的发展，少数专业农场和许多小农场之间产生两极分化，农业合作社在争取成员利益方面的作用也很有限。韩国的农业合作社是通过会员选举的方式进行社长选举的，因此，合作社社长从政治立场上会更关注小农，他们无法正确地反映专业农场的利益。为了解决合作社的决策问题，成员要有更强的所有权意识，并监督其合作社的管理。同时，加强以合作社成员为中心的利润分配制度，增加参与项目成员的利润分配，从而提高成员的忠诚度。此外，通过扩大与企业、合作社之间的合作来扩大企业规模，提高经营效率，为参与的成员争取更多的利益。

第四节 农户经济

一、农户收入与支出

（一）收入与支出

1990 年以来，农户收入呈波动式上升，在 2011 年和 2016 年有两次下降，但总体上升的态势没有改变。农户负债在 2005—2017 年期间基本保持不变，在 2018 年激增至 3 327 万韩元；且农户负债的增长幅度比农户收入的增长幅度大，但由于农村人口老龄化和对农业收入预期的降低，2005—2017 年，农户负债基本处于停滞状态，2018 年有较大提升。农户支出基本与农户收入持平，2014 年、2015 年和 2018 年农户收入略大于农户支出。考虑到 2016 年和 2017 年农户收入的下降，农户经济改善并不是由于农业生产力的增长，而是由于非农收入和转移性收入等收入的增长（图 2 - 7）。

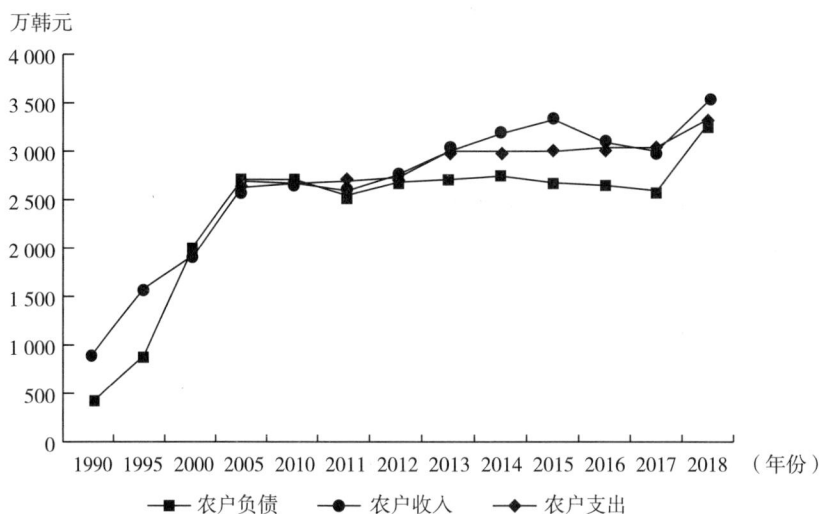

图 2 - 7　农户收入支出和负债的变化趋势

（二）农业收入

由于政府破除了家庭农地规模上限的限制，专业农户不断发展。1970—2018 年，规模农场不断成长，由原先的小农户自给自足向大农户规模化发展。农户农业收入与土地规模基本是成正比关系（表 2 - 18）。随着农场规模的不断扩大，农户收入也随之增加。

表 2 - 18 不同规模农场的农业收入水平

土地规模（公顷）	农户收入（万韩元）						
	1970 年	1980 年	1990 年	2000 年	2010 年	2015 年	2018 年
小于 0.5	16	198	822	1 757	2 820	3 206	3 576
0.5~1	21	228	988	1 912	3 069	3 240	3 393
1~1.5	29	286	111	2 270	2 886	3 431	3 754
1.5~2	38	361	1 258	2 661	3 025	3 486	4 755
2~3	48	489	1 505	2 945	3 162	4 261	4 866
3~5	—	—	—	3 602	4 195	4 552	6 034
5~7	—	—	—	4 471	3 920	6 212	6 107
7~10	—	—	—	—	6 405	7 691	9 016
大于 10	—	—	—	—	7 736	8 284	13 076

数据来源：《韩国主要农林畜产食品统计 2019》。

（三）非农收入与转移性收入

韩国农户收入由农业收入、农业外收入、转移性收入和非经常性收入四个方面的收入构成。农户总收入持续小幅增加，从 2005 年的 3 050 万韩元到 2010 年的 3 212 万韩元，再到 2015 年的 3 722 万韩元，2018 年的 4 207 万韩元，年均增长幅度约 3%。其中，农业收入和农业外收入占比最大。近年来，转移性收入逐年增加，在 2018 年约占农家收入的 23.5%，这一比例大大高于其在中国的收入占比。非经营性收入绝对数有所减少，2007 年达到 551 万韩元，2018 年降为 230 万韩元，从农业收入占比来看，其还在持续性下降（图 2 - 8），由 20 世纪 70 年代 80% 的份额降至 2018 年的 30% 左右。

收入来源份额的变化表明农业收入和非经营性收入占农户总收入的比例在逐年下降。非农收入从 1990 开始逐渐上升，1997 金融危机期间略微下降。可以这样说，农业收入下降的那部分更多是由转移性收入来弥补的。

转移性收入在 2005 年仅有 407 万韩元，到 2018 年持续增长，已达到 989 万韩元。另外，多亏了公共补助的扩大，其作为一项直接支付制度于 2005 年开始实施，以稳定稻农收入。2003 年公共补助占农户总收入的 5.2%，并且由于直接支付制度的实施，已经稳步增长。小农场可能会接受更多的非农社会安

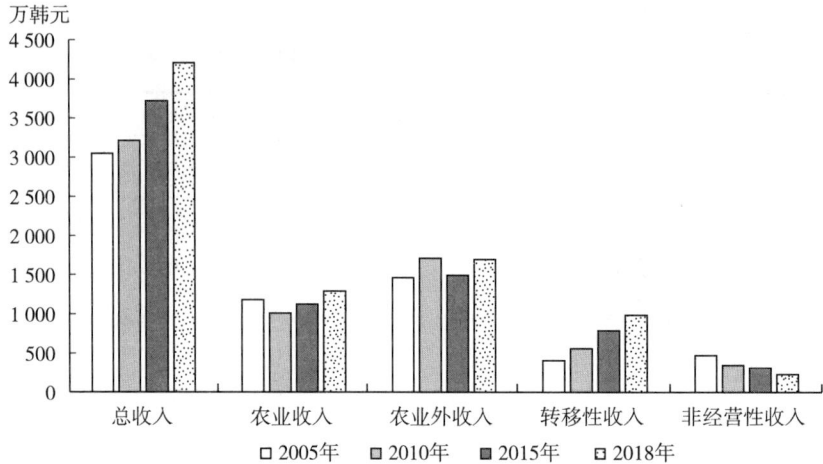

图 2-8　农户收入结构来源变化

全类型的公共补助，比如农村人口补助、生活补助等，而大农场可能更多受益
于与农场相关的公共补助（图 2-9）。

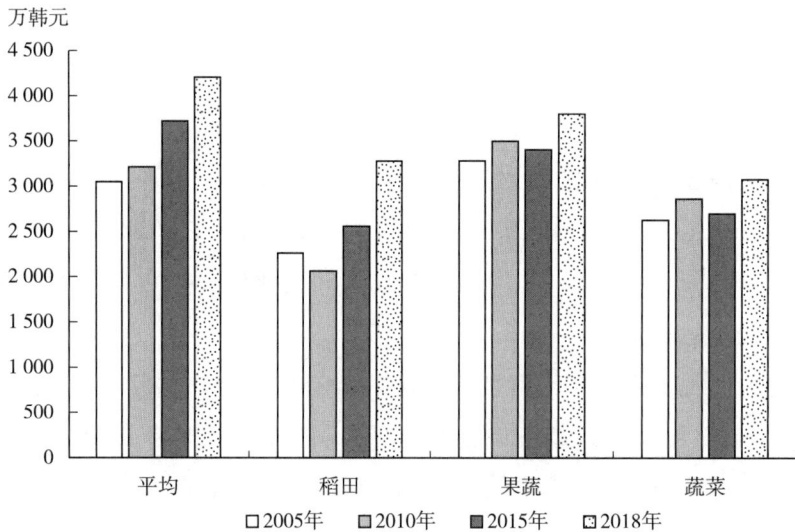

图 2-9　不同农场类型对农户收入依赖性的变化

　　非农收入是由在其他企业工作的工资收入或临时工作收入组成的，它在收
入中所占的比例比农户自己经营的收入要多。2009 年非农收入占农户总收入
的 39.4%，该比例呈上升趋势，有助于稳定农户收入。农业收入增加受到限
制，是由于农业进口的增加导致了农产品价格的下降，而且燃料和材料的高价
格以及上涨的利率负担都增加了农业经营成本（图 2-10）。

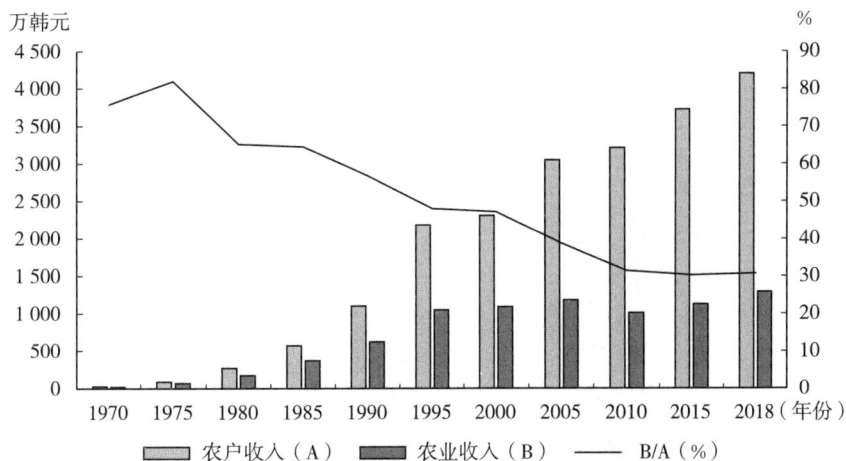

图 2-10 农业和非农业收入所占份额的变化（1970—2018 年）

（四）农业债务减少和非农业债务增加

从 20 世纪 90 年代至今，农户债务一直在增加，从 1990 年的 473 万韩元，到 2000 年的 2 021 万韩元，到 2010 年的 2 721 万韩元，再到 2018 年的 33 271 万韩元，债务一直在稳步攀升（图 2-11）。2008—2017 年相对稳定。考虑到农户家庭收入的增长，负债与当年农户收入之比是在下降的，2000 年这一比例为 87.5%，2010 年为 85%，2018 年为 80%。

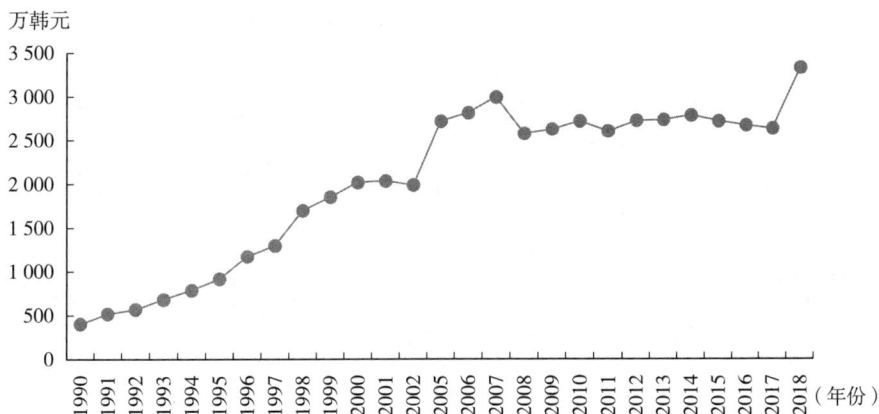

图 2-11 农户债务的变化（1990—2018 年）

从农户债务用途来看，非农业和消费债务在农户债务增加比例中所占的份额比投资性的、生产性的债务要大。这种趋势表明农户借款主要用于消费和其他目的，而不是农业生产，这是由于农业利润和投资减少所致的（图 2 - 12）。

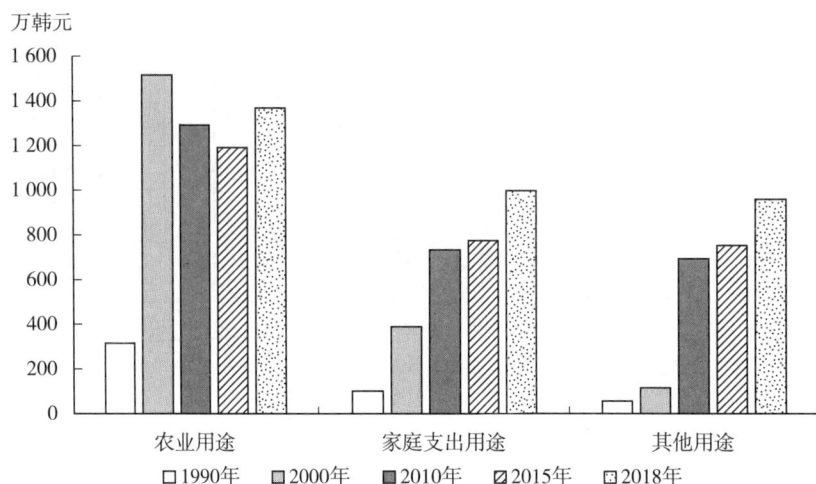

图 2 - 12　农户债务构成的变化

　　从农场规模方面来分析农户债务（图 2 - 13）。农业债务中的农业开支并不随着农场规模的增加而增加。一方面，小型农场家庭消费债务比例高的原因在于农户收入的减少，因此农户将农户债务拨出用以弥补家庭支出的不足。如果这种状况持续下去，农户的财务状况将继续恶化下去。另一方面，大型农场的农业债务则高于其他方面的债务。规模在 5 公顷及以上的农场家庭开支用途的负债明显减少，其中 5～7 公顷时，家庭开支用途的负债最少。

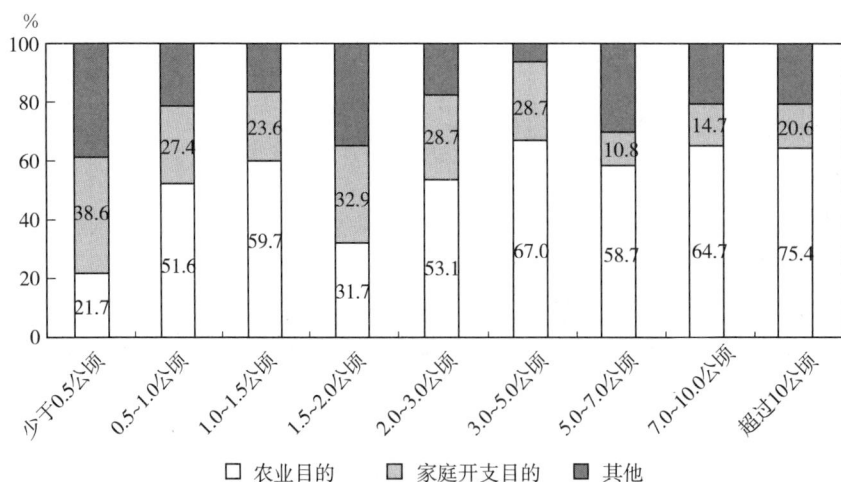

图 2 - 13　不同规模的农场的家庭债务构成

(五) 农户支出

家庭农户经济包括生产和支出两个方面, 也就是说, 农户既是农场经营单位, 同时又是其成员赖以为生的家庭经济单位。

家庭开支变化趋势图显示, 家庭总开支与消费开支总体呈现上升局势, 而消费占总开支的比例有所波动, 2018 年下降明显, 但总体较为稳定。这表明农户收入水平的增长速度快于消费开支水平的增长速度, 这能有效地提升农户的幸福感 (图 2-14)。

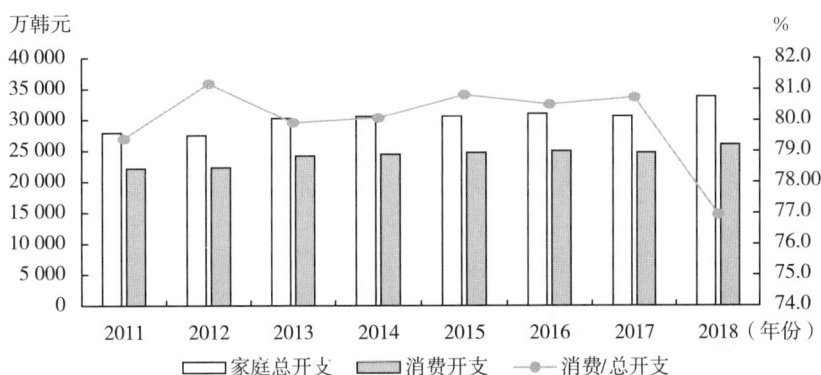

图 2-14 家庭开支变化趋势图 (2011—2018 年)

根据图 2-15 显示, 2011—2018 年期间农户在食品方面的开支所占比重始终最大, 其次是住宅和服饰, 而烟酒、教育这两方面的开支占消费开支的比重最小。2018 年食品支出约占消费支出的 17.8% 左右, 这一比例在 2008 年为 24.5%。

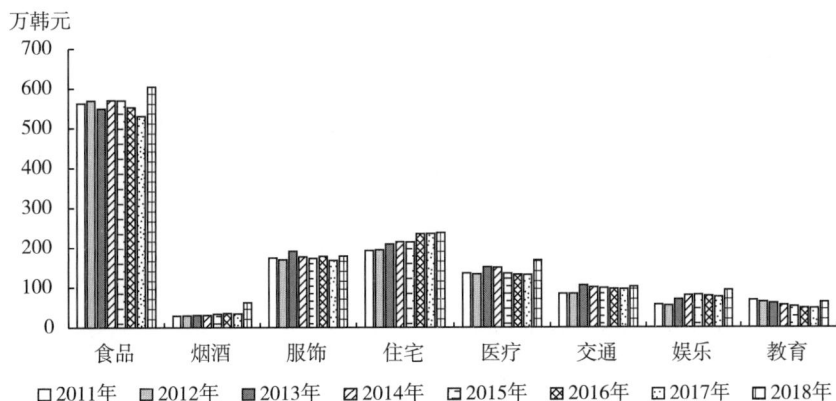

图 2-15 家庭消费开支明细图 (2011—2018 年)

二、城乡收入差距

20世纪90年代中期，韩国农户收入是城市家庭收入的90%以上，但是从1995年开始，城市家庭与农户之间的收入差距加大。2000年，城市工薪家庭收入约为农村家庭的1.2倍，2015年为农村家庭的1.5倍，2016年为1.6倍。这是由于农村人口老龄化和农民贸易条件恶化而导致农业盈利和农民收入持续下降，而城市地区持续的经济增长与城市工人的收入增长密切相关（图2-16）。

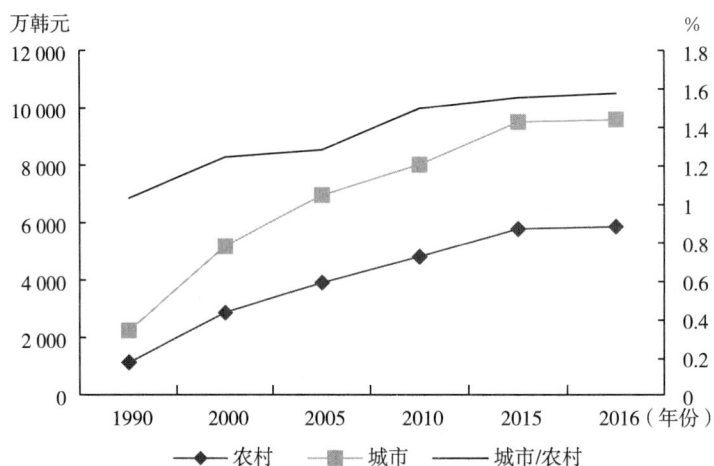

图2-16　城乡收入差距变化（1990—2016年）

第三章 CHAPTER 3
农业产业结构与产业发展 ▶▶▶

农业产业结构指一个国家或地区的农业部门及农业部门内部各生产项目的组成结构。农业产业结构具有多层次性：首先，广义层次可分为农林牧渔四大产业部门，这是农业产业结构的第一层次；其次，在各产业内部又包括不同产品性质和生产特点的生产项目，这构成了农业生产的二级结构，二级结构下又包含着更具体的农业生产项目。本章分析韩国农业产业结构变迁与具体产业发展情况。

第一节 农业生产结构变迁

一、农林渔业结构

韩国国内习惯上把大农业包括农林渔业三大部门，其中农业主要由种植业和畜牧业构成，所以也基本等同于我们习惯理解的农林牧渔四大部门。在过去的 50 年里，韩国农林渔业三大部门的结构基本处于稳定状态，没有发生很大的变化。表 3-1 是按当年价格计算的韩国农林渔业的比例结构，从表中我们可以看出，农业的比例变化很小，1970 年为 87.4%，2018 年为 83.5%；林业占比在 1970—2018 年期间呈波动变化，略有所上升；渔业的比例在这期间上升明显。农业中，种植业的比例有所下降，畜牧业的比重上升趋势较为明显。

表 3-1 1970—2018 年韩国农业生产结构及其变化

单位：%

年份	农林渔业	农业	种植业	畜牧业	附带服务业	林业	渔业
1970	100.0	87.4	78.4	7.9	1.1	6.7	5.9
1975	100.0	88.4	81.7	5.9	0.8	5.4	6.2
1980	100.0	85.6	77.2	7.2	1.2	6.8	7.6
1985	100.0	85.8	75.3	8.9	1.6	5.7	8.5
1990	100.0	86.8	76.2	9.3	1.3	4.4	8.8
1995	100.0	87.3	73.2	12.8	1.3	3.9	8.8
2000	100.0	84.1	72.5	11.6	—	7.0	8.9
2005	100.0	84.5	60.0	24.5	—	6.6	8.9
2010	100.0	80.0	64.1	15.9	—	8.4	11.6
2015	100.0	83.7	63.2	20.5	—	7.6	8.7
2018	100.0	83.5	65.8	17.7	—	6.9	9.6

数据来源：历年《韩国主要农林畜产食品统计》。

二、种植业结构及其变迁

虽然韩国在大农业中种植业的比例结构变动较小，但种植业内部结构变动并非如此。种植业中的粮食、蔬菜、水果、特种作物等比例结构在 50 多年来有较大变化，具体见表 3-2。

表 3-2 1970—2018 年韩国种植业结构

单位：万公顷

年份	粮食	特种作物	蔬菜	果园	桑田	其他
1970	270.6	8.9	25.4	6.0	8.5	7.0
1975	252.2	11.8	24.4	7.4	4.3	14.3
1980	198.2	11.8	35.9	9.9	2.7	18.0
1985	178.0	13.3	33.7	10.9	1.2	22.1
1990	166.9	13.0	27.7	13.2	8.0	19.5
1995	134.6	12.2	32.2	17.2	2.0	23.3
2000	131.7	7.8	38.6	17.3	1.0	14.3

（续）

年份	粮食	特种作物	蔬菜	果园	桑田	其他
2004	123.1	6.3	34.1	15.7	1.0	14.8
2007	118.0	5.7	27.8	15.9	1.0	16.5
2010	109.5	6.2	24.5	16.2	0.2	17.4
2013	104.0	4.3	25.2	16.1	1.0	15.8
2016	96.2	3.5	21.8	16.6	0.1	14.3
2018	92.4	3.3	24.0	16.5	0.1	14.1

数据来源：《Agricultural and Forestry Statistical Yearbook》和《韩国主要农林畜产食品统计 2019》。

从表 3-2 可以看出，粮食作物变化很明显，绝对种植面积呈减少趋势，1970 年为 270.6 万公顷，1980 年降为 198.2 万公顷，1990 年降为 166.9 万公顷，而 2004 年则为 123.1 万公顷，不到 1970 年的一半，2018 年降至 92.4 万公顷，其在种植业结构中的比例也从 1970 年的 82.9％降至 2018 年的 61.5％。特种作物种植面积经历了先增加然后回落的过程，2018 年为 3.3 万公顷，其种植业结构的比例也从 1970 年的 2.7％降到 2018 年的 2.2％。蔬菜面积也经历了先升后降的过程，2018 年为 24 万公顷，与 1970 年基本持平，但结构比例从 1970 年的 7.8％上升到 16％。水果的生产面积持续增长，1970 年为 6.0 万公顷，1980 年为 9.9 万公顷，1990 年为 13.2 万公顷，2018 年为 16.5 万公顷；结构比例也有大幅度提高，从 1970 年的 1.8％提升至 2018 年的 11％。桑田的面积一直在缩减，说明韩国基本已退出蚕桑生产。另外，其他类种植业生产增加明显，结构比例从 1970 年的 2.1％增加到 2018 年的 9.4％。2007—2018 年，种植业面积总体上呈减少趋势。

同时，粮食生产结构内部也发生了较大的变化（表 3-3）。与 1970 年相比，2018 年稻谷类生产面积尽管有所下降，但在粮食生产结构中的比例却大幅上升，从 1970 年的 44.5％上升到 2018 年的 80％左右。这反映了韩国多年来逐渐形成了以稻谷为主的粮食生产结构；而麦类、豆类、薯类、杂粮不仅生产面积在下降，在粮食结构中的比例也在下降，每类占比不到 10％。目前，韩国种植业生产结构基本形成了由稻谷、蔬菜、水果占据前三位的格局。

表 3 - 3　　1970—2018 年韩国粮食生产结构

单位：万公顷

年份	总计	稻谷类	麦类	豆类	薯类	杂粮
1970	270.6	120.3	83.4	36.5	18.1	12.3
1975	252.2	121.8	76.1	32.4	14.6	7.3
1980	198.2	123.3	36.0	24.4	9.2	5.3
1985	178.0	123.7	24.2	19.6	6.5	4.0
1990	166.9	124.4	16.0	18.8	4.0	3.7
1995	134.6	105.6	9.0	13.2	4.0	2.8
2000	131.7	107.2	6.8	10.7	4.4	2.5
2006	118.0	95.5	5.8	10.1	4.1	2.5
2010	109.5	89.2	5.1	8.3	4.4	2.5
2015	98.3	79.9	4.4	6.9	4.0	3.0
2018	92.4	73.8	5.4	6.3	4.4	2.6

数据来源：历年《韩国主要农林畜产食品统计》。

第二节　粮食产业

一、大米

韩国实行主粮大米自给的战略，近几十年来大米基本自给有余，供大于求。为了减轻临时性大米供给波动，韩国政府还于 2005 年启动了一项公共大米储备计划。而旨在增加稻农收入、稳定大米供给的政府收购计划于 2004 年废止。自 2015 年 1 月 1 日起，韩国实行关税化贸易政策，任何国家都可以通过支付 513％的关税出口大米。

（一）供给和需求

韩国大米总产量已经从 2008 年的 484.3 万吨减少到 2019 年的 377.9 万吨（图 3-1）。水稻单产近 10 年都比较稳定，2008 年平均为 5.6 吨/公顷，2019年为 5.52 吨/公顷。但稻田面积从 2008 年的 93.6 万公顷减少到 2019 年的72.9 万公顷。尽管单位面积产量相近，但耕地面积的显著减少，导致了大米总产量的下降。

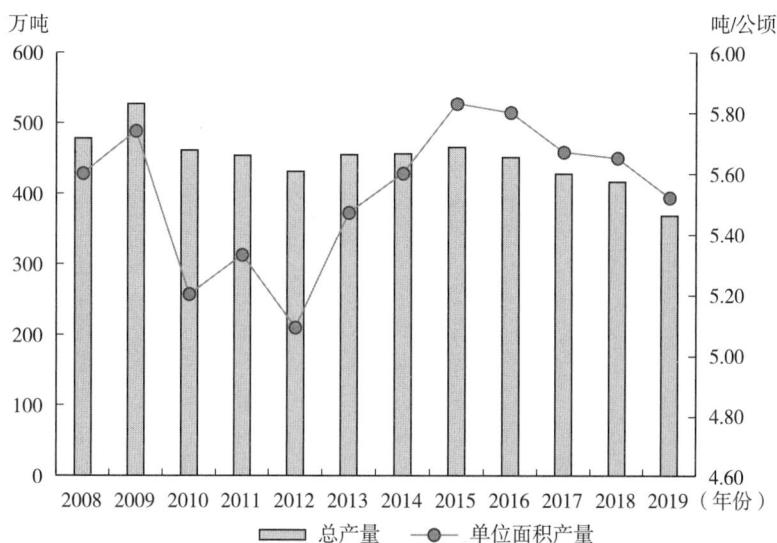

图 3-1 水稻总产量和单位面积产量

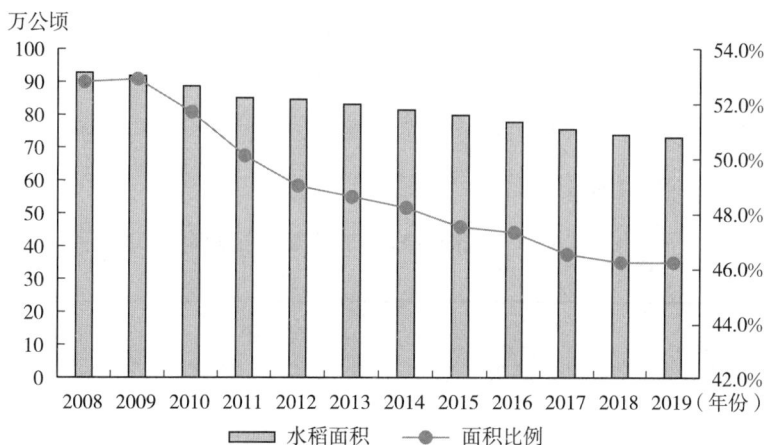

图 3-2 水稻播种面积和占农作物播种面积比例

随着韩国人饮食的日益西方化，年人均大米消费从 1990 年的 119.6 千克减少到 2019 年的 59.2 千克（表 3-4）。20 世纪 90 年代，大米消费量以平均每年 2.3% 的速度下降；进入 21 世纪，年均下降速度提高到 2.9%。与此对应的，大米口粮消费从 1990 年的 512.7 万吨持续减少到 2019 年的 299.4 万吨。考虑到大米人均年消费量的下降趋势，预计未来韩国大米口粮消费量将进一步下降（表 3-4）。

表 3-4　人均大米消费量

单位：千克

销售年度	人均消费量	年度变化率（%）
1990	119.6	−1.5
1995	106.5	−1.7
2000	93.6	−3.4
2005	80.7	−1.6
2010	72.8	−1.6
2015	62.9	−3.1
2016	61.9	−1.6
2017	61.8	−0.2
2018	61	−1.3
2019	59.2	−3

韩国每年的大米需求总量保持在 410 万～560 万吨，主要用于加工、酿造和援助朝鲜。如果大米期末库存量高于适当水平，政府会将一部分大米库存用于加工和酿造。大米的口粮消费在需求总量中的比重从 20 世纪 90 年代早期的90% 水平下降到目前的 70%～80% 水平。

大米价格是政府根据面粉和木薯的市场价格来制定的，这两种农产品是大米的替代品。国内大米基本能满足自给。

表 3-5　大米消费量、库存量及自给率

单位：万吨

年份	消费量	库存量	自给率（%）
1990	544.4	202.5	108.3
1995	555.7	65.9	91.4
2000	511.4	978.0	102.9
2005	521.0	832.0	102.0
2010	470.7	150.9	104.6
2015	419.9	135.4	101.0
2016	422.0	174.7	104.7
2017	443.9	188.8	103.4
2018	481.6	144.2	97.3

数据来源：《韩国主要农林畜产食品统计 2019》。

大米期末库存量每年波动较大，库存量总体维持在 65 万～200 万吨。2000—2019 年，大米种植面积每年都在减少，平均每年锐减约 1.7 万公顷，

2019 年仅剩 73 万公顷。由于大米的价格下降幅度相对高于蔬菜，所以种植蔬菜的稻田越来越多。与此同时，由于大米供应过剩，稻田转化为非农用地变得容易，水稻种植面积显著下降。除了水稻种植面积下降，水稻收成也很差，1993 年每公顷产量仅为 4.2 吨；1995 年，每公顷产量仅 4.5 吨。

由于大米持续低产以及替代农产品价格下跌，大米价格自 1997 年起开始上涨。这导致大米种植面积以平均每年 5 500 公顷的速度增加，2000 年大米种植面积达 107.2 万公顷。1996 年以后，除了大米种植面积增加，良好的气候条件也为水稻连续丰收创造了条件。1996 年和 1997 年，水稻每公顷产量分别为 5.1 吨和 5.2 吨；2005 年以后，水稻每公顷产量逐渐提高，甚至在 2018 年创下了每公顷产量 6 吨的记录。但连续丰收和消费量持续下降再一次造成期末库存增加。2016 年韩国大米期末库存量与消费量之比下跌至 20％，但仍高于 FAO 建议的 16％ 的适当水平。

当大米库存水平上升，反映市场需求下降，库存管理成本将升高。相反，当大米库存水平下降，则意味着发生了歉收等短缺问题。考虑到这点，从 2002 年起，韩国政府开始讨论是否引进公共库存储备，以无形的手来维持大米供需平衡，同时确保粮食安全。

（二）生产政策

在 2004 年粮食政策改革之前，为了鼓励大米生产，韩国政府实行了一项收购计划，从而实现粮食的自给自足。直至 20 世纪 90 年代前半叶，韩国政府的收购价格一直高于市场价格，并以此来保护农户。收购价格一直保持在很高的水平，1990—1994 年平均为 124 462 韩元/80 千克*，相当于同期生产成本 69 068 韩元/80 千克的 1.8 倍和收获季节市场价格的 1.2 倍。政府收购大米的数量也很庞大，占国内大米总产量的 22％～30％。由于政府的价格支持，大米产量增加，同时大米消费量不断下降，1991 年年底，大米消耗量与库存量之比达 39％。收购计划确保了农户的大米销售渠道，增加了农户水稻耕作的收入，但也带来了大米供过于求的副作用。

随着 1993 年乌拉圭回合谈判结果的发表和 1995 年世界贸易组织（WTO）的成立，大米政策环境发生了改变。特别是韩国政府承诺减少国内

---

* 韩国习惯用法以每 80 千克为单位计算。——编者注

补贴（总支持水平），从 1995 年的 21.8 万亿韩元减少至 2004 年的 14.9 万亿韩元。以 1989—1991 年的平均 AMS（综合支持量）为基准，其中 91% 的综合支持量源自政府大米收购，政策环境的变化极大地限制了收购计划。

同时，在水稻增产和库存过剩的背景下实施了生产控制政策。2003—2005 年，根据"水稻种植直接支付计划"，2002 年种植水稻的农场每年需要向不种植水稻或种植其他经济作物的农场提供 300 万韩元的补贴。虽然生产控制方案导致了水稻种植面积的减少，但参与该方案的是边际生产率较低的土地，因此对减少水稻产量的影响并不显著。随着 2010 年大米库存量达到 150 万吨，韩国从 2011 年开始实施为期三年的"水稻收入多样化计划"以减少水稻种植面积。同时，如果农场种植的是除水稻以外的农作物，每公顷还可以提供 300 万韩元的补贴。通过这个项目，2011 年有原本种植水稻的 3.7 万公顷土地被改种其他农作物，但是由于后来粮食歉收，2012 年该项目面积下降到 7 500 公顷，2013 年该项目被取消。

（三）收入政策

2004 年，韩国大米政策发生了根本性变化。在 2004 年大米协商期间，预计实行的关税化将带来大米市场的自由化，即使关税化推迟实行大米价格也必然下跌，导致农民担忧加剧。如果国内大米市场由于新关税的实行而放开，那么大米价格国际化、关税和汇率环境等因素将导致大米大量进口，即使新关税推迟实行，市场上的进口大米也会逐年增加，导致大米价格下跌，最终影响稻农的收入。因此，为保障农户的收入，政策手段已经刻不容缓。

为了改善农户收入的不稳定性，韩国政府从 2005 年起对稻农实行收入补偿计划。该计划设定了一个目标价格，用政府财政预算弥补市场价格与目标价格之间差价的 85%。该计划增强了农户收入的稳定性，即使市场价格下跌，包含直接支付的收购价格也不会明显偏离目标价格。对农民的直接支付分为不变支付和可变支付两部分。不变支付不考虑市场价格，支付固定金额（70 万韩元/公顷）属于"绿箱"；而可变支付的支付额度与市场价格相联系，被划分为"黄箱"补贴项目，需要削减。

考虑市场价格政府收购计划的收入效应，目标价格定为每 80 千克 178 300 韩元。不变支付只支付给在基础年份（1998—2000 年）真正生产水稻的农地，条件是目前闲置的农地要维持水田的形状和形式，或是该农地正种植其他作物。可变支付的限制条件与不变支付相同，农户必须种植水稻才能获得直接支付。由于可变支付与产量相联系，这可能会造成大米供过于求。

直接支付水稻收入补偿的目标价格本应该每三年调整一次，但由于2008年的目标价下降了，因此为了维持之前已经上升的目标价，目标价格被冻结在170 083韩元/80千克，并修订了《粮食管理法》的执行法令（每5年修改一次）。5年后，由于需要在目标价格上反映生产成本和通货膨胀，目标价格被提高到188 000韩元/80千克。固定的直接支付是每公顷70万韩元，但2013—2015年，逐渐增加到每公顷100万韩元。

大米收入补偿的直接支付额在2005年达到了创纪录的15 045亿韩元，2012年为6 101亿韩元，为最低水平。2008年、2011—2013年的收成价格高于触发水平，因此没有给出可变的直接支付（表3-6）。

表3-6 直接支付

年份	收获季节价格 （韩元/80千克）	固定支付 （亿韩元）	可变支付 （亿韩元）	直接支付总额 （亿韩元）
2005	140 028	6 038	9 007	15 045
2006	147 715	7 168	4 371	11 539
2007	150 810	7 120	2 791	9 912
2008	162 307	7 118	—	7 118
2009	142 360	6 328	5 945	12 330
2010	138 231	6 223	7 501	13 729
2011	166 308	6 174	—	6 174
2012	173 779	6 101	—	6 101
2013	174 707	6 866	—	6 866
2014	166 198	7 560	1 941	9 501

资料来源：MAFRA，粮食政策数据。

（四）公共粮食储备计划

公共粮食储备计划是指政府会储备一定量的商品以预防自然灾害和紧急情况。大米是主食之一，其价格需求弹性较低，因此在收成不好的年份，价格可能会大幅上涨，从而导致社会混乱。因此，为了粮食安全，保证适当水平的储备是必要的。

多年来，政府收购计划是保障粮食安全，也是通过价格支持提高稻农收入的政策手段。当水稻歉收导致大米的市场供应量减少，政府会通过向市场投放储备米来促进市场稳定。相应地，政府将收购计划的成本，如交通运输、仓储和装卸费用作为公共粮食的储备成本，向 WTO 报告。但通过当时的收购制度保证粮食安全既不符合国际标准，也未遵循公共粮食储备的基本原则。韩国政府的公共粮食储备计划不但没有具体的标准和清晰的目标，而且由于可用份额少，并不能有效应对粮食歉收年份供应量和需求量的平衡。

在 WTO 的框架内，认定一项公共粮食储备计划为"绿箱"政策必须具备如下三个条件：①不能对生产者提供任何价格支持；②保障粮食安全的粮食存货量必须预先设定；③政府必须以市场价格收购，并以不低于市场的价格出售。

自 2005 年韩国政府制定了公共粮食储备计划的实施原则，并将年底的大米公共库存基准量设定为 86.4 万吨，每年大米收购和放出基准量设定为43.2 万吨。同时，韩国政府决定在 3 年后将大米消费量等因素纳入考虑，重新审查公共库存量。

政府向农户收购的用于公共储备的大米价格为收获季节的市场价格。若政府收购公共储备大米时的收获季节价格还未确定，则先支付上年全国平均价格（一级产品标准）的 80%，并在收获季节价格确定后支付剩余的部分。公共储备大米的出售价格同样通过市场价格制定。

随着收入补偿计划和公共粮食储备计划的引进，大米价格可以通过供需关系决定，而不需再通过政府对粮食储备的人为操纵。由于这两项计划的实行，大米市场得以按市场机制运作。

（五）进口政策

通过乌拉圭回合协商，韩国延期执行新关税，交换条件是韩国在 1995—2004 年逐渐将最低市场准入（MMA）数量从基期（1988—1990 年）消费量的1% 提高到 4%。关于 2004 年往后的进口量，韩国已经同意在 2004 年与利益相关的国家进行协商。1995 年，韩国进口 5.1 万吨的食用大米（按精米计算），占当年大米口粮消费量的 1%，而 2004 年则进口了 20.5 万吨大米，占当年大米口粮消费量的 4%。

2004 年，韩国同意将大米义务进口配额从基期大米年消费量的 4% 扩大到7.966%，但前提是大米新关税的执行推迟 10 年。另外，韩国还同意将一定比例的进口量作为食用粮售出，但配额中放入市场销售的数量要从 2005 年的 2.3 万吨逐渐增加，到 2014 年前达到 12.3 万吨。在新关税执行宽限期内，韩国可能改变其进口政策，这要根据多哈发展议程协商的进展或在韩国政府认为有必要的时候再实行新关税。这种情况下，在政策转换期间实行市场最低准入配额数量。

韩国大米进口是根据政府招标公告以进口配额从各个国家收购的，大米要符合公告中指明的一定标准，如质量标准等。国有贸易企业以标价最低的标准选择最有竞争力的标的，中标者在缴纳合同保证金后，国有贸易企业与中标者签订购买合同。由于大米进口采取标价最低的标准，韩国要从海外进口高质量的大米比较困难（图 3 - 3）。

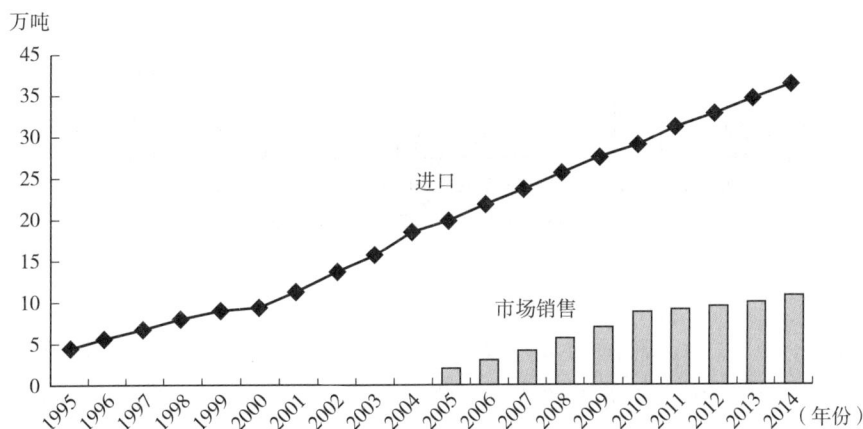

图 3 - 3 最低市场准入进口和市场销售

进口大米通过公开投标系统销售给总分销商。进口价格和销售价格的差额作为补偿归政府所有。以最高报价中标的总分销商将大米销售给零售商店和餐饮服务企业。进口大米中供市场销售的部分主要用于餐饮服务公司或饭馆。

韩国从中国进口的大米数量最多，其次是美国。从中国和美国进口的大米主要是粳米。同时，韩国经常从泰国进口籼米，但数量不多。

二、大麦

(一) 供给和需求

大麦曾经作为大米短缺时重要的粮食作物之一，但由于大米产量和小麦进口量的增加，大麦逐渐失去了主要粮食作物地位。

大麦（包括普通大麦、青稞和啤酒大麦）种植面积从 1990 年的 16 万公顷下降到 2020 年的 3.5 万公顷，而 1990 年的大麦种植面积仅为 1970 年的 22%。1990 年至今，受气候条件影响，大麦每公顷产量在 2.6～4.1 吨之间大幅波动。由于大麦种植面积缩减，大麦产量也从 1990 年的 4.17 万吨下降至 2013 年的 3 万吨。2013 年之后，大麦种植面积逐渐增加，产量也逐年增长，2019 年达到了 3.53 万吨（图 3-4）。

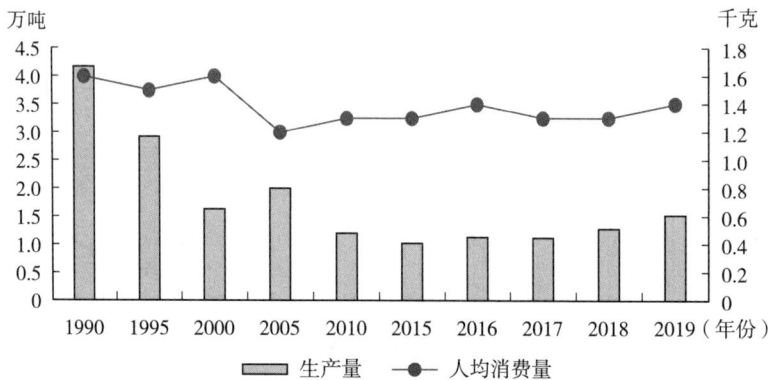

图 3-4　大麦生产量与人均消费量

1990—2002 年，韩国每年人均大麦消费量维持在 1.5～1.7 千克，但 2003—2019 年每年人均大麦消费量下降至 1.1～1.4 千克，导致大麦总需求量从 1990 年的 4.2 万吨下降至 2019 年的 2.92 万吨。大麦总需求中约 15% 以上供口粮消费，其余部分用于加工。

由于大麦口粮消费量的减少，占总消费量 80% 的加工用大麦又主要来自进口，导致韩国国内大麦存量一直上升。韩国大麦存量很高，是每年食用大麦消费量的 4 倍，是韩国大麦总需求量的一半有余。

（二）支持政策

在大麦短缺的情况下，韩国政府引入了政府采购制度，以鼓励大麦的生产。然而，在 21 世纪前十年，大麦的生产保持在 20 万吨的水平，但消费量却有所下降，从而导致库存的增加。从 2007 年开始，政府逐步降低了收购价格，最终在 2012 年取消了大麦采购计划。

三、大豆

（一）供给和需求

韩国每年大豆需求量约为 130 万吨，国内生产和国外进口的大豆都供应给了国内市场。国内大豆产量一直在下降，直到 21 世纪初才有所回升，最近由于政府实施增加国内大豆消费和提高粮食自给率政策，产量有所回升。大豆进口量基本维持在 130 万吨左右。

大豆的食用消费量约占大豆总消费量的 30%，其余用于饲料加工消费。2018 年，韩国大豆的总消费量是 137.1 万吨，其中 103.3 万吨用于饲料加工，33.8 万吨用于食用和其他消费，大豆的食用消费主要有生产豆腐、制作豆酱、生产豆奶等用途。大豆食品消费由国内生产和国外进口提供。1990—2018 年，大豆人均年消费量维持在 7～9 千克，但随着消费者对健康食品的兴趣越来越高，自 2005 年起，大豆每年人均消费量提高到 9 千克，但最近又有所下降。用作饲料的大豆保持在 100 万吨左右，全部由进口提供（表 3-7）。韩国政府曾尝试过许多种支持将水稻田改为种植大豆的方式，以缓解大米供过于求带来的问题。

表 3-7　大豆生产消费基本情况

年份	种植面积（万公顷）	生产量（万吨）	进口量（万吨）	消费量			人均消费量（千克）
				饲料（万吨）	食品及其他（万吨）	合计（万吨）	
1990	15.2	23.3	109.2	86.6	38.8	125.4	8.3
1995	10.5	16.0	143.5	114.2	41.6	133.8	9.0
2000	8.6	11.3	156.7	125.4	43.3	168.7	8.5
2005	10.5	18.3	133.0	99.0	52.3	151.3	9.0
2010	7.1	10.5	146.9	116.1	43.8	159.9	7.6
2015	5.7	10.4	131.7	104.1	43.3	147.4	7.6
2016	4.9	7.5	134.2	106.6	42.0	148.6	8.3
2017	4.6	8.6	129.4	104.5	34.3	138.8	7.8
2018	5.1	8.9	133.8	103.3	33.8	137.1	8.0

数据来源：《韩国主要农林畜产食品统计 2019》。

（二）支持政策

1983—1988 年，韩国实行大豆产量提高计划，逐年提高政府收购价格并扩大国内生产大豆的政府收购比例。政府的国产大豆收购比例从 1983 年的 1.8％提高到 1989 年的 36.1％。大豆收购价格逐年提高，1985 年后超过了市场价格。此外，国家农业合作社联盟反过来在大豆的进口和收购中实施了一项积极的"生产扩张政策"，专门向销售进口大豆的豆农提供优质种子和复合肥料。

尽管政府收购量提高，但三家主要的大豆公司并不购买政府收购的国产大豆，因为其价格比进口大豆昂贵得多。因此，大豆生产扩张计划于 1989 年暂停，同时大豆进口和收购的运作由韩国农渔业贸易公司接管。为了补偿 1989—1991 年间大豆收购价格和进口价格的差额，政府对大豆加工公司实行了一项差价补偿计划。以 1989 年的大豆生产为例，政府为 3.2 万吨大豆支付了 453 万韩元的差价。

随着政府进口自由化政策的实施，大豆收购量明显下降。因此，2001 年政府收购的大豆比例仅为国内大豆产量的 4.7％。1990—1998 年，大豆的政府收购价格几乎固定或者说仅微微上调，1994 年后，政府收购价格低于市场价格，导致政府收购的大豆比例大大下降。1993—2001 年，大豆政府收购量下降至国内大豆产量的 1％～5％（表 3-8）。

表 3-8 大豆产量、收购量和价格

年份	产量（吨）	收购量（比例①）	收购价格②（韩元/千克）	平均价格③（韩元/千克）
1985	233 863	20 270 (8.7％)	900	788
1990	232 786	68 817 (29.6％)	1 300	932
1995	159 640	3 248 (2.0％)	1 430	1 733
2000	113 196	4 113 (3.6％)	2 188	2 431
2001	117 723	5 498 (4.7％)	2 407	2 270
2002	115 024	4 832 (4.2％)	2 407 (4 770)	2 397
2003	105 089	5 441 (5.2％)	2 407 (4 770)	2 850
2004	138 570	10 463 (7.6％)	2 407 (4 770)	3 040

（续）

年份	产量（吨）	收购量（比例①）	价格	
			收购价格②（韩元/千克）	平均价格③（韩元/千克）
2005	183 338	12 552 (6.8%)	3 017 (4204)	2 436
2006	156 404	14 111 (9.0%)	3 017 (3526)	2 037
2007	114 245	4 352 (3.8%)	3 017	2 421
2008	132 674	2 916 (2.2%)	3 017	3 121
2009	139 251	1 272 (0.9%)	3 168	3 081
2010	105 345		3 168	4 593
2011	129 394		3 168	4 329
2012	122 519		3 168	4 427
2013	154 067	8 943 (5.8%)	3 868	3 949
2014	139 267	9 409 (6.8%)	3 868	2 926

注：①收购量占产量的比重；

②括号中的数字为稻田大豆的收购价格；

③平均价格来自 11—12 月农业合作社每月农户统计调查公布的数据。2008—2014 年的数据通过第四季度农产品价格指数计算得出。

数据来源：韩国农林渔业部粮食政策司。

　　韩国政府曾尝试过许多支持水稻田种植大豆的方法，以缓解大米供过于求引起的问题并提高粮食自给率。为了推广稻田大豆种植，韩国政府将稻田大豆的收购价格定在大米的收购水平，比起旱地种植的大豆，政府更倾向于稻田大豆。若大米种植收入为每亩 72 400 万韩元，稻田大豆的收购价格则定为每千克 4 770 韩元。因此，自 2003 年，田埂豆的收购价格高于农家出售的市场价格，政府收购的大豆主要为稻田大豆，而旱地大豆的市场价格也低于政府的收购价格。

　　随着稻田大豆收购价格的上涨，其种植面积明显扩大。但政府收购也带来了大豆价格下降等副作用。2006 年，稻田大豆的种植面积从 2002 年的 4 481 公顷扩大到 2006 年的 11 944 公顷。但大豆单价则从 2002 年的 2 397 韩元/千克上涨到 2004 年的 3 040 韩元/千克，后来又下降到 2006 年的 2 037 韩元/千克。自 2006 年起，稻田大豆收购价格优惠取消，稻田大豆的产量下降，2007 年大豆市场价格又一次上升。而 2007—2012 年市场收购价格一直较为稳定，2013 年和 2014 年大豆收购价格有一定的上升波动，而大豆的产量在 2010 年降到最低水平。

(三) 进口政策

自 1995 年起，韩国开始以现行市场准入（CMA）配额进口大豆，大豆进口以乌拉圭回合谈判设定的关税等值与国内国际价格差额相等的形式实现自由化。大豆 CMA 配额总计 103.2 万吨，其中 18.6 万吨供食用，84.6 万吨供动物饲料。

现行市场准入配额根据 1988—1990 年的大豆进口总量为基准确定。市场准入数量由于国内大豆市场的供需情况提高，市场准入数量超过现行市场准入数量，总量达 60 万～80 万吨，其中每年有 10 万～30 万吨的食用大豆进口。在大豆合作社等大豆加工行业的要求下，食用大豆配额增加。由于大豆配额的提高并不考虑国产大豆的产量，因此人们对提高市场准入配额提出了很多批评，认为这将削弱国内大豆生产的基础。

进口和实施的主体以及适用的关税税率根据进口大豆的用途不同而有所不同。在市场准入配额内的食用大豆必须经过韩国农渔业贸易公司进行国家间的交易，而饲料用大豆则直接由有需求的公司自行进口。以 2004 年为基准，关税等值为 487%（或 956 韩元/千克）。关税配额则为：用于制油和油饼的大豆缴纳关税税率 1%，食用大豆缴纳税率 5%（表 3 - 9）。

表 3 - 9 大豆现行市场准入配额

项目		1995 年	2000 年	2005 年	2006 年	2007 年	2008 年	2009 年	2010 年	2011 年	2012 年	2013 年	2014 年
关税（%）	配额内	5.0	5.0	5.0	5.0	5.0	5.0	5.0	5.0	5.0	5.0	5.0	5.0
	配额外	535.6	508.6	487.0	487.0	487.0	487.0	487.0	487.0	487.0	487.0	487.0	487.0
CMA 配额	（万吨）	18.6	18.6	18.6	18.6	18.6	18.6	18.6	18.6	18.6	18.6	18.6	18.6
进口总额	（万吨）	29.0	33.5	34.0	26.6	29.0	30.8	27.9	27.9	32.6	32.6	28.7	31.2

数据来源：《韩国农业 2015》，韩国农村经济研究院。

国营贸易进口的食用大豆中一部分以政府定价销售，其余在批发市场公开销售。公开销售的进口大豆、正常价格销售的进口大豆和国产大豆之间的价格差异巨大。政府在为其供应的大豆定价时要考虑大豆的国际价格、汇率和运费。2014 年进口大豆的政府供应价格为 1 020 韩元/千克，仅为国产大豆批发价格 4 066 韩元/千克的 25%，进口大豆低廉的供应价格打击了农户生产大豆的积极性。2014 年批发市场销售的进口大豆价格为 3 219 韩元/千克，是国产大豆批发价格的 79.2%，而其他年份进口大豆批发价格平均仅为国产大豆批发价格的 60% 左右（表 3 - 10）。

表 3 - 10　国产和进口大豆的批发价格及政府供应价格

单位：韩元/千克

项　目	2000 年	2001 年	2002 年	2003 年	2004 年	2005 年	2006 年	2007 年	2008 年	2010 年	2014 年
国产大豆价格（A）	3 537	2 616	2 835	3 557	5 353	4 042	2 665	2 639	4 240	4 881	4 066
进口大豆价格（B）	2 133	1 959	1 900	2 032	2 195	1 993	2 407	2 297	3 058	3 163	3 219
进口大豆政府供应价格（C）	660	730	730	600	700	630	580	750	1 050	1 020	1 020
B/A（%）	60.3	74.9	67.0	57.1	41.0	49.3	90.3	87.0	72.1	64.8	79.2
C/B（%）	30.9	37.3	38.4	29.5	31.9	31.6	24.1	32.7	34.3	32.2	31.7

数据来源：《韩国农业 2015》，韩国农村经济研究院。

四、玉米

玉米是政府收购和储备的商品之一，政府收购一定数量的玉米并将其公开销售以稳定玉米价格。韩国国内生产的玉米大部分是嫩玉米，玉米加工的需求主要依靠进口来满足。在以多种补偿价格收购玉米后，政府先将配额内的玉米以收购价格出售，再将其余的玉米以反映国际价格的售价出售给消费者。自 2000 年以来，韩国玉米的自给率几乎全部低于 1%，说明韩国玉米生产规模之小，因此韩国严重依赖玉米进口，而且这一趋势预计在未来还将持续（表 3 - 11）。

韩国玉米生产规模小，1990—2018 年，玉米产量从 12 万吨下降至 7.8 万吨，而同时期需求量却从 641.5 万吨上升到 998.6 万吨。2018 年，用于食用和其他消费的玉米有 231.9 万吨，占总需求量的 23.2%，而用于动物饲料加工的玉米所占比例高达 76.8%。可见国内生产的玉米远远不足以满足国民玉米口粮消费的自我供给（表 3 - 11）。

表 3-11 玉米生产消费基本情况

| 年份 | 种植面积（万公顷） | 生产量（万吨） | 进口量（万吨） | 消费量 | | | 人均消费量（千克） |
				饲料（万吨）	食品及其他（万吨）	合计（万吨）	
1990	2.6	12.0	619.8	494.9	146.6	641.5	2.7
1995	1.8	7.4	887.9	629.0	166.5	795.5	3.3
2000	1.6	6.4	883.0	656.1	202.1	858.2	5.9
2005	1.5	7.3	853.3	662.7	195.7	858.4	4.9
2010	1.6	7.4	905.9	709.7	205.5	915.2	3.9
2015	1.5	7.8	963.2	790.7	212.7	1 003.4	3.6
2016	1.5	7.4	974.3	771.1	223.1	994.2	3.4
2017	1.5	7.3	904.1	697.8	231.3	929.1	3.3
2018	1.5	7.8	998.6	766.7	231.9	998.6	3.2

数据来源：《韩国主要农林畜产食品统计 2019》。

五、小麦

自 1990 年以来，韩国小麦的自给率一直低于 1%。由于国内小麦生产规模小，韩国十分依赖小麦进口。小麦是最先受市场自由化影响的农作物。1984 年政府收购计划废止后，国内小麦产量跌至最低水平。收购计划废止前的 1980 年，小麦产量曾高达 9.2 万吨，但 1990 年小麦产量低于 1 万吨。由于 21 世纪初小麦需求量的增加，2011 年小麦产量增加到 4.3 万吨，但随后在 2019 年下降到 1.5 万吨。

20 世纪 90 年代，韩国小麦年进口量低于 300 万吨，但自 2000 年起，小麦进口量增长至 300 万吨以上。小麦进口量增加的主要原因是用于动物饲料的小麦需求量激增。韩国进口小麦的主要国家有美国、澳大利亚和加拿大。韩国用于生产面粉的小麦很大比例是从美国和澳大利亚进口的，而从加拿大进口的小麦主要用作动物饲料。

1990 年韩国小麦种植面积是 294 公顷，1996 年增长了 8.5 倍，达到了 2 787 公顷，之后开始减少，2008 年之后又开始增加，到 2010 年小麦种植面积超过了 1 万公顷。2009 年之后韩国小麦产量均不低于 1 万吨，但仍不能满足消费需求，平常国内用作动物饲料的小麦完全来源于进口。2016 年，小麦生产量激增，和 2010 年的最高产量持平；自 2016 年之后因小麦种植面积的减少，进一步导致了小麦生产量的减少（图 3-5）。

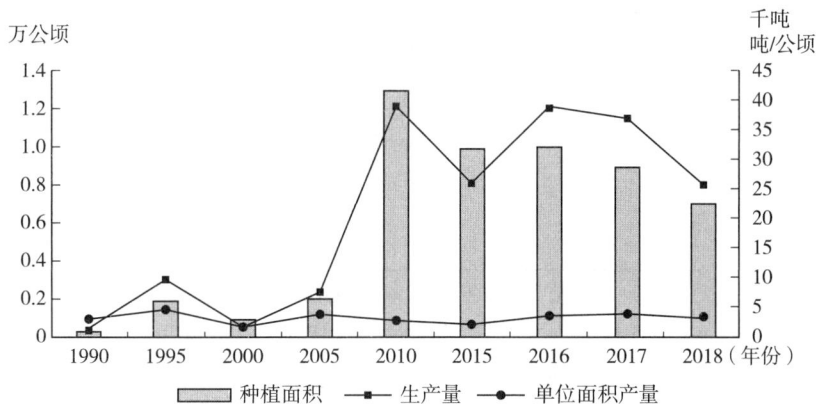

图 3-5　小麦种植面积、总产量和单位面积产量

第三节　畜　牧　业

韩国畜牧业影响国内供需的主要畜禽种类有奶牛、猪、鸡，主要畜禽产品有牛肉、猪肉、鸡肉、牛奶和蛋类等。这一节简要介绍韩国畜牧业的生产和消费情况，其中包括牛肉、猪肉、牛奶、鸡肉和蛋类的生产、消费和贸易。

一、概述

随着国民收入日益提高和人口数量不断增加，韩国畜牧业产量及其在农业中所占比例都在不断攀升。人均肉类消费量从 1990 年的 19.9 千克，以年均 3.3％的增速增加到 2013 年的 42.8 千克，同时肉类产量以年均 2.6％的增速从 77.5 万吨增加到了 158 万吨。同时期，由于肉类消费量的增速高于其产量增速，肉类进口量增加。由此，肉类自给率从 90％下降到 71.7％（图 3-6）。

畜牧产品需求的增长拉动了韩国畜牧业的发展。然而自 20 世纪 90 年代开始，韩国畜牧业不断遭受打击。根据 1994 年乌拉圭回合谈判的结果，畜禽产品进口实现自由化。1998 年，受经济危机影响，韩国畜牧业经历了重组过程。

进入 21 世纪，口蹄疫、禽流感（AI）以及疯牛病（BSE）的相继流行严重影响了韩国国内的肉类消费，导致 2004 年肉类消费量下降，打破了之前持续增长的势头。不过，在 2005 年肉类需求恢复，并开始了新一轮的增长。韩

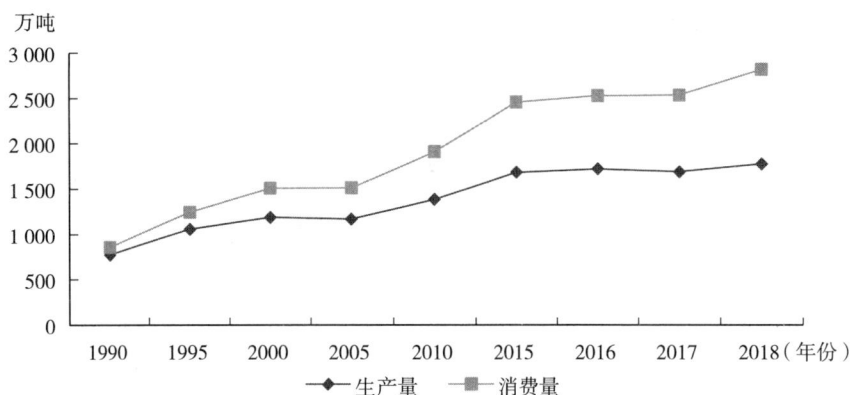

图 3-6 肉类生产量与消费量

国国内肉类消费持续扩大，但国内肉类产量却在 1998 年经济危机后不断下降，因此肉类进口量不断增加。

1990—2018 年，韩国肉类产值从 3.95 万亿韩元上升到 19.78 万亿韩元，肉类产值在农业产值中的比例也从 25.3％上升到 39.5％。自 2018 年以来，韩国畜牧业产值高于大米产值。2018 年，韩国主要畜禽产品产值占畜牧业总产值的比例如下：猪肉 40.3％，牛肉 27.3％，牛奶 11.9％，鸡肉 13.1％，蛋类 7.4％。1998 年以来，猪肉产值超过牛肉产值，说明了经济衰退对韩国牛肉产业影响较大（图 3-7）。

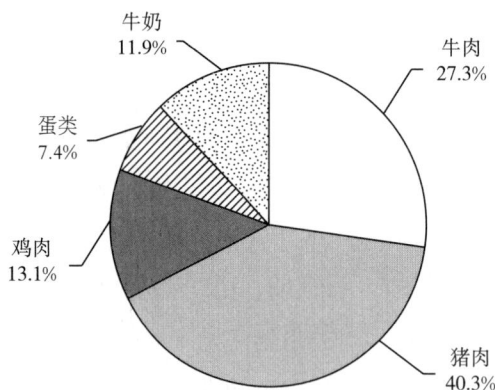

图 3-7 主要畜禽产品的产值比重（2018 年）

二、牛肉

由于肉牛的数量增长和价格上涨，1990—2018 年，韩国牛肉产值从

9 223 亿韩元增加到 50 920 亿韩元。以生产量计算，肉牛在畜牧业中的份额也从 1990 年的 23.5% 上升到 2018 年的 27.3%。

1996 年，肉牛数量达到历史高点 284.3 万头，但由于经济危机，肉牛数量逐渐减少。随着 2001 年牛肉进口关税的实行，肉牛数量减少至 140.6 万头。但随后因为牛肉需求增加和本土牛价格上升，韩国肉牛数量再一次稳定增加。2012 年，韩国肉牛数量超过 300 万头；2013 年以后，肉牛数量再次下降；2016 年又逐渐上升；2018 年肉牛养殖数量为 311.3 万头（图 3-8）。

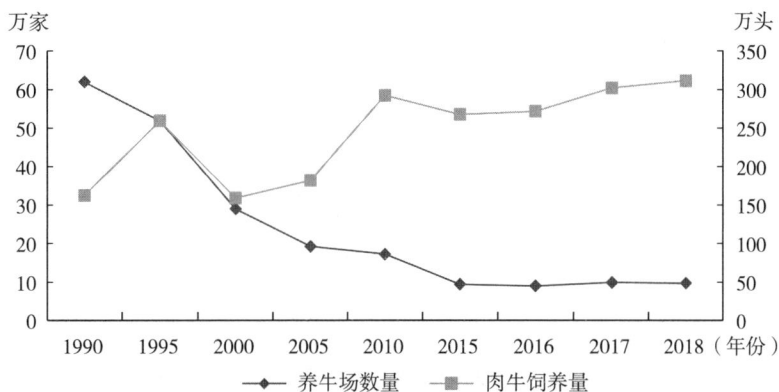

图 3-8 养牛场数量与肉牛饲养量

养牛场数量从 1990 年的 62 万家减少到 2019 年的 9.4 万家。特别是 1998 年的经济危机和 2001 年牛肉关税的实行，养殖规模小于 10 头的养牛场显著减少。在养牛场数量减少的同时，养牛场平均肉牛饲养数量从 1990 年的 2.6 头增加到 2019 年的 34.4 头。

肉牛数量的上升带来了肉牛屠宰量的增加，随之韩国牛肉产量从 1990 年的 9.5 万吨增加到 2019 年的 23.7 万吨。随着国民收入的增加，韩国每年人均牛肉消费量从 1990 年的 4.1 千克增加到 2003 年的 8.1 千克，但由于美国疯牛病的爆发，2005 年韩国人均牛肉消费量下降到 6.6 千克，2018 年缓慢回升到 12.7 千克。2000 年之前，韩国牛肉自给率高于 50%；由于 2001 年牛肉关税的实行，导致牛肉自给率下跌到 42.8%；2003 年进一步下跌到 36.2%；2004 年之后，由于美国牛肉检疫问题导致牛肉进口量急剧下降；随着韩国牛肉产量的增加，2009 年韩国牛肉自给率恢复到 50%；自 2010 年之后，自给率又再次开始下降，2018 年自给率为 36.2%。

1998 年经济危机极大地影响了韩国牛肉的供给和需求。不但牛肉消费量在经济危机余波影响下开始迅速下降，而且进口饲料价格的上涨导致饲料购买价格随之上涨。由于韩国饲养场的盈利能力不断恶化，早先运来的肉牛涌入市场，大大提高了牛肉产量。1999年之后，牛肉产量随着肉牛数量减少而下降，直到2004年牛肉产量才因牛肉消费量增加和本地牛价格上涨而回升（图3-9）。

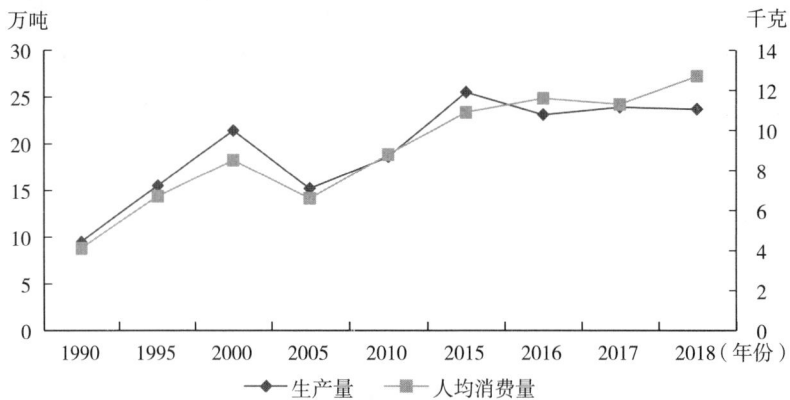

图3-9 牛肉生产量与人均消费量

2003年12月，美国暴发的疯牛病也对韩国国内牛肉消费造成了极大的冲击。此前美国牛肉在韩国进口牛肉中的占比超过60%，由于消费者不再信任美国进口牛肉，2004年上半年韩国牛肉消费量大幅萎缩。2004年下半年随着消费者信心开始恢复，牛肉需求量增加。2005年因为暂停进口美国牛肉而导致供应量减少，牛肉消费量再次下降。不过2006年，韩国国内牛肉产量和澳大利亚牛肉进口数量增加，牛肉供应量恢复上升趋势。2005—2018年，牛肉的生产量和人均消费量总体上呈上升趋势。其中2015年牛肉生产量达到最高水平，随着消费水平的提升而增加，人均消费量在2018年达到最高值。

三、牛奶

（一）生产和消费

20世纪90年代至今，韩国牛奶产业产值从1990年的6.4万亿韩元大幅降至2018年的2.1万亿韩元，牛奶产值在整个畜牧业中的份额从1990年的16.3%下降到2019年的11.9%。

韩国奶牛数量从1990年的503 947头增加到1993年的553 343头，但

2019 年减少到 408 135 头。奶牛养殖场的数量也从 1990 年的 33 277 家减少到 2019 年的 6 168 家。另外，平均每家奶牛养殖场的奶牛数量从 1990 年的 15.1 头增加到 2019 年的 66.2 头。随着小规模奶牛养殖场的关闭，奶牛养殖场的数量持续减少，但是平均每家奶牛养殖场的奶牛数量随之增加（图 3-10）。

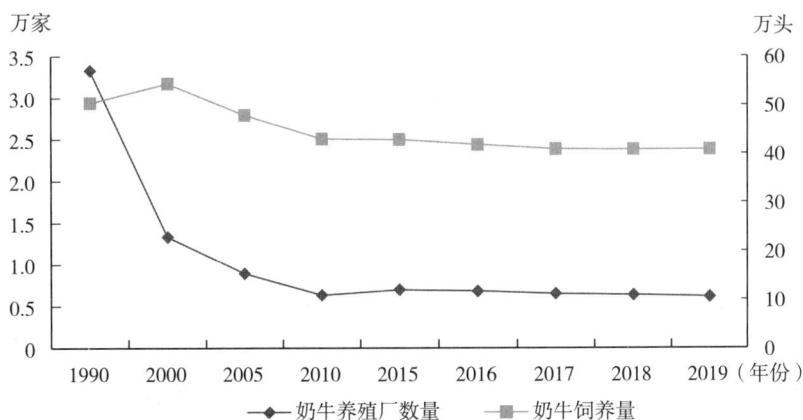

图 3-10　奶牛养殖场数量与奶牛饲养量

　　规模 50 头及以上的专业奶牛养殖场从 1990 年的 659 家增至 2019 年的 690 家，奶牛数量也从 57 455 头增至 102 124 头。

　　尽管奶牛数量减少，但由于每头奶牛的产奶量有所提高，韩国鲜奶产量从 1990 年的 1 751 758 吨提高到 2002 年的 2 536 648 吨，2019 年又减少至 2 049 434 吨。虽然牛奶产量持续增长，但牛奶消费量却停滞不前。针对 2002 年开始出现的奶粉存货过多问题，政府开始采取减少牛奶产量的相关政策，同时奶企业也于 2002 年年底开始对奶牛场实行生产配额制度，因此原料奶产量从 2003 年开始下降。但由于奶牛年产奶量的不断上升，鲜奶产量的下降幅度小于奶牛数量的减少（图 3-11）。

　　韩国每年人均牛奶消费量从 1990 年的 43.8 千克增加到 2002 年的 64.2 千克，但随后停止增长；自 2010 年后人均牛奶消费量开始增加，2018 年达到了 80.1 千克。乳制品中，牛奶的消费量从 1990 年的 1 336 452 吨增加到 2003 年的 1 828 541 吨，2019 年又小幅回落到 1 701 925 吨。黄油消费量从 1990 年的 7 254 吨增加到 2005 年的 8 812 吨，2019 年增加到 10 948 吨。由于牛奶产量的下降，韩国牛奶自给率从 1995 年的 90.1% 下降到 2019 年时的 83%。

万吨

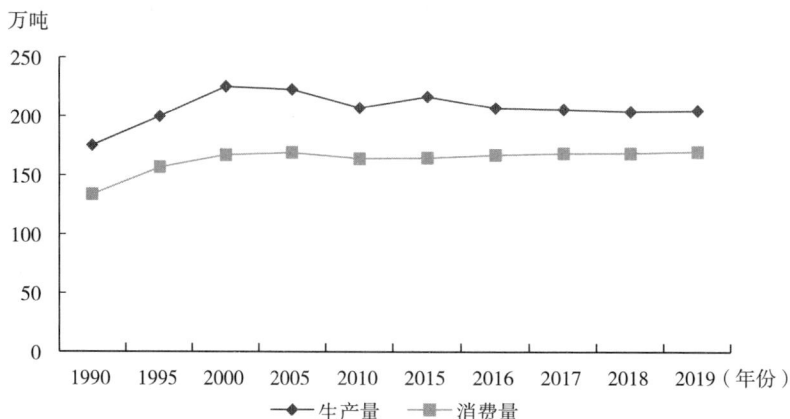

图 3-11　牛奶生产量与消费量

（二）贸易情况

1994 年，韩国乳制品市场实行进口限制，但乌拉圭回合谈判达成协议后，韩国对国内敏感性乳制品以最低市场准入配额的形式放开进口，对配额内的进口征收较低的关税，对配额外的进口则征收高额关税。对于非敏感性乳制品，韩国市场则通过协议关税税率实现自由化。

以鲜奶形式进口的乳制品数量从 1995 年的 195 876 吨增加到 2009 年的 959 125 吨。除牛奶外，由于其他乳制品消费量的增加，韩国乳制品进口量从 2003 年起开始增长，尤其是奶酪、混合奶粉、炼乳和黄油的进口量表现出明显的增长趋势。

2009 年韩国乳制品进口额达 4.99 亿美元，相比 1995 年的 1.67 亿美元有显著增长。在 2009 年的乳制品进口总额中，奶酪进口额以 38.1％占据最大比例。脱脂奶粉和全脂奶粉进口量相对较少，因为其超过关税配额的部分将征收高额关税。由于关税低，以市场价值计算的混合奶粉进口量仅次于奶酪。其中 2010—2011 年乳制品的进口量增加幅度最大，而 2012 年有所下降，2013 年和 2014 年进口量逐渐趋于平稳。2018 年乳清的进口量和进口额大幅度激增，其他乳制品在 2015—2018 年进口量和进口额保持相对稳定的水平（表 3-12）。

韩国主要从美国、新西兰、澳大利亚、荷兰和法国进口乳制品。2009 年，从这五个国家进口的乳制品占韩国乳制品进口总量的 74.7％，其中新西兰占比最高，为 21.7％，其次为澳大利亚占比 19.6％、美国占比 15.5％、荷兰占比 10.1%。新西兰向韩国出口的主要是奶酪和复合牛奶等高端乳制品，而美国向韩国出口的主要是低端乳制品，如乳清。

表 3-12　2005—2014 年乳制品进口量

单位：吨，万美元

年份	乳糖		乳蛋白		脱脂奶粉		乳清	
	数量	价值	数量	价值	数量	价值	数量	价值
2009	11 935	952.8	6 039	4 346.7	9 675	2 338.9	32 219	2 888.8
2010	15 356	1 564.7	5 800	4 745.6	7 903	2 450.0	37 598	4 066.1
2011	19 560	2 675.4	6 472	6 481.4	33 523	12 357.0	30 432	4 293.9
2012	17 932	3 490.7	5 892	5 734.4	18 840	6 155.8	42 451	6 668.7
2013	15 915	2 941.5	6 339	6 561.4	19 749	7 666.6	35 091	6 083.5
2014	19 617	3 099.6	5 856	6 813.1	21 129	9 107.4	31 402	5 783.2
2015	22 861	2 340.4	6 427	5 507.2	21 260	5 505.4	34 419	4 644.4
2016	25 398	2 624.7	6 574	4 287.8	20 611	4 271.3	35 444	3 820.3
2017	22 475	2 808.6	6 979	5 264.3	23 187	5 313.8	33 728	4 276.7
2018	23 117	2 512.0	6 852	4 897.8	24 775	4 933.8	75 826	12 859.2

数据来源：《韩国主要农林畜产食品统计 2019》。

四、猪肉

（一）生产和消费

1990—2018 年，韩国猪肉产值有明显增加，但其在畜牧业产值中的比重几乎未变。1990 年韩国生猪养殖数量为 452.8 万头，2000 年增加到 821.4 万头，由于牲畜疾病和牲畜粪便难处理等问题，2002 年后生猪数量有所下降。2005 年 3 月，母猪数量开始上升；同年 9 月，生猪总量也开始上升，2019 年养殖数量增长到了 1 128 万吨。由于 2003 年年底疯牛病的流行以及猪瘟（PMWS、PED 等）的爆发，市场上生猪的供应量减少，生猪价格一直维持在一个很高的水平。

由于 1999 年口蹄疫（FMD）的暴发导致韩国暂停了对日本的猪肉出口。2000 年后，猪类慢性病的蔓延导致小规模生猪养殖场逐渐倒闭，韩国总生猪饲养量从 1990 年的 452 万头增加到 2019 年的 1 128 万头（图 3-12）。与此相对应的，韩国平均每家生猪养殖场的生猪数量从 1990 年年底的 33.9 头增加到 2019 年年底的 1 839.2 头。

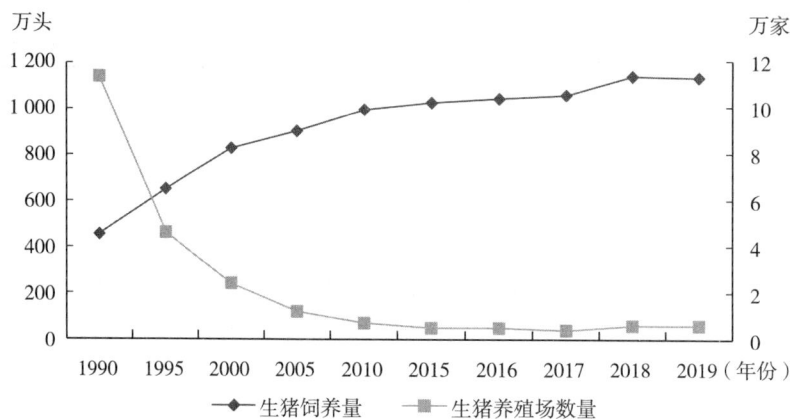

图 3-12　生猪养殖场数量与生猪饲养量

随着生猪数量的增加，韩国猪肉产量从 1990 年的 50.8 万吨攀升到 2018 年的 93.5 万吨。

随着国民收入的增加，韩国人均猪肉消费量从 1990 年的 11.8 千克增加到 2019 年的 27 千克（图 3-13）。由于国内猪肉生产量小于需求量，猪肉进口量上升，导致猪肉自给率从 1990 年的 99.5% 降低到 2019 年的不足 70%。

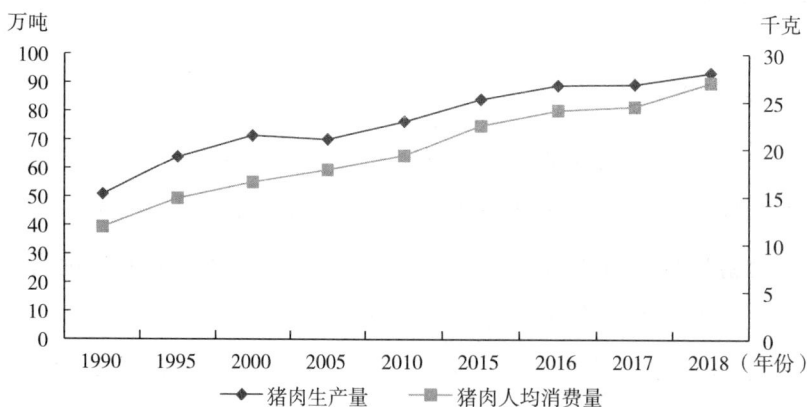

图 3-13　猪肉生产量与人均消费量

（二）贸易情况

根据乌拉圭回合谈判结果，韩国猪肉进口从 1997 年 7 月起完全放开。

1997 年猪肉进口关税税率为 33.4%，1997—2004 年，猪肉进口关税税率逐年等额下降，2004 年降至 25%。2004 年 4 月 1 日，韩国与智利的自由贸易协定（FTA）生效，韩国计划在以后十年内逐年等比例下调进口猪肉关税税率，直至取消关税（表 3-13）。

表 3-13　2010—2019 年韩国从各国家的猪肉进口量

单位：吨

年份	丹麦	比利时	匈牙利	加拿大	美国	智利	法国	澳大利亚	荷兰
2010	9 375	13 791	5 541	54 669	75 278	42 968	14 007	337	13 382
2011	25 513	15 774	10 436	80 215	150 111	40 389	17 882	1 035	20 740
2012	12 368	10 232	4 840	58 551	120 097	36 933	12 243	551	14 513
2013	8 835	8 213	3 216	39 676	100 967	30 365	7 262	371	9 121
2014	9 721	10 562	6 089	34 850	108 037	25 169	10 529	1 029	9 989
2015	17 405	11 617	4 297	41 082	135 619	31 560	9 459	782	14 811
2016	14 355	12 608	4 466	35 237	137 218	32 979	7 361	678	17 070
2017	14 726	9 626	4 358	35 090	152 890	27 410	6 928	954	22 243
2018	15 661	10 758	3 223	39 440	196 284	31 279	7 756	1 690	26 386
2019	13 222	925	180	43 475	181 900	30 409	5 303	1 146	20 357

数据来源：FAO。

韩国猪肉进口量从 2010 年的 229 348 吨增加到 2018 年的 296 917 吨。绝大部分的猪肉进口来自欧洲。2010 年 11 月至 2011 年 4 月，韩国为了抑制猪瘟疫情的暴发，扑杀了 330 万头猪。随着猪肉产量的下降，猪肉进口量在 2011 年达到最高水平，共计 362 095 吨。随着韩国国内猪肉产量的增加，2013 年猪肉进口量下降到 20 万吨；2014 年猪肉进口量为 21 万吨；2015 年猪肉进口量有所上升，达到 26 万吨；2016 年和 2017 年进口量保持稳定；2018 年由于国内猪肉产量的下降，再次增加了进口量，达到 22 万吨；2019 年为 29 万吨。

五、鸡肉

（一）生产和消费

1990—2019 年，韩国肉鸡产业产值从近 0.4 万亿韩元激增至 2.3 万亿韩元，肉鸡产业产值在韩国畜牧业总产值中所占的比重则从 1990 年的 10.0% 上升到 2019 年的 13.1%。

韩国的肉鸡数量从 1990 年年底的 2 694 万只增加到 2019 年年底的 8 874 万只。2003 年禽流感暴发时，肉鸡数量有过短暂的下降，但从 2004 年开始又恢复了增长。

韩国的肉鸡养殖场从 1990 年的 3 547 家减少到了 2019 年的 1 508 家。肉鸡数量增加，但肉鸡养殖场数量下降，肉鸡养殖场的平均肉鸡饲养数量从 7 594 只上升到 58 845 只。

规模 1 万只及以上的专业肉鸡养殖场数量从 1990 年的 1 061 家增加到 2019 年的 1 482 家，肉鸡数量也从 1 641 万只增加到 88 622 万只。专业肉鸡养殖场占比从 1990 年的 29.9% 提高到 2019 年的 98.3%，其肉鸡数量占比也从 1990 年的 60.9% 提高到 2019 年的 99.9%。

随着肉鸡数量的增长，鸡肉产量也显著增长，从 1990 年的 17.2 万吨上升到 2018 年的 93.5 万吨。韩国人均鸡肉消费量从 1990 年的 4.0 千克增加到 2018 年的 14.2 千克（图 3-14）。

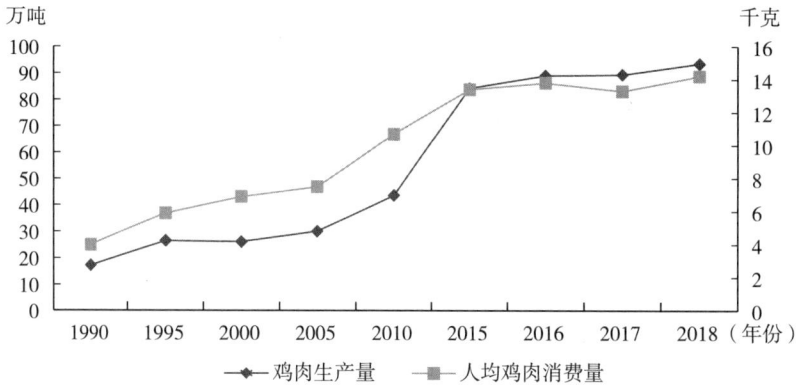

图 3-14　1990—2018 年韩国鸡肉产量与人均鸡肉消费量

(二) 贸易情况

根据乌拉圭回合的谈判结果，韩国于 1997 年 7 月 1 日开始实行 30.5% 的关税税率，开放了冷冻鸡肉市场，并在同年 7 月 30 日提高了冷冻鸡肉最低市场准入配额。2004 年，冷冻鸡肉的关税税率降至 20%。

1990—2002 年，韩国鸡肉进口量从 9 800 吨大幅上涨到 93 842 吨。但

2003 年禽流感暴发，鸡肉进口量随着国内鸡肉需求量的下降而下降。2004 年，由于美国和泰国禽流感的暴发，韩国鸡肉进口量进一步下降。随着 2004 年禽流感在美国流行，欧洲进口数量在 2004—2005 年大量增长。2005 年下半年后，随着美国鸡肉进口逐步恢复正常，丹麦鸡肉进口量明显减少，美国鸡肉进口量逐渐增长。2009 年，韩国鸡肉进口量为 70 625 吨，其中 41.7% 来自美国，2.9% 来自丹麦，42.7% 来自巴西。

自 2010 年起，鸡肉进口量大幅度增加，从 2009 年的 7 万吨增至 2010 年的 10 万吨，2011 年增至 13 万吨，而 2013 年进口总量有小幅度下降，2014 年进口量又增至 14 万吨。2014—2018 年鸡肉进口量总体上保持稳定，2017 年有较小幅度的下降，而 2018 年进口量又再次增加（表 3-14）。

表 3-14 2005—2018 年韩国从各国家的鸡肉进口量

单位：吨

年份	美国	丹麦	巴西	中国	其他	合计
2005	20 651	20 346	1 140	7 165	9 201	58 503
2006	40 482	4 088	15 847	11 484	3 674	75 575
2007	19 921	1 637	22 583	11 889	4 000	60 030
2008	34 123	2 592	21 030	6 576	5 794	70 115
2009	29 423	2 065	30 161	3 516	5 460	70 625
2010	54 744	3 339	34 025	4 246	9 447	105 802
2011	86 620	3 874	24 904	3 255	12 297	130 949
2012	54 479	3 411	56 919	2 379	13 201	130 389
2013	45 308	5 422	59 411	2 468	14 083	126 693
2014	64 937	6 483	52 377	2 384	15 220	141 400
2015	69 372	5 291	49 024	2 310	15 792	141 789
2016	76 541	4 768	40 379	2 848	17 403	141 939
2017	56 064	4 295	53 921	3 491	16 571	134 342
2018	64 963	6 853	50 038	3 898	18 360	144 112

数据来源：FAO。

六、蛋类

韩国蛋类产值从 1990 年的 3 805 亿韩元增长到 2019 年的 1.3 万亿韩元。

蛋类产值占韩国畜牧业总产值的比例则从 1990 年的 7.8% 略微下降到 2019 年的 7.4%。

蛋鸡数量从 1990 年 12 月的 4 243 万只增加到 2019 年 12 月的 7 270 万只。2003 年禽流感暴发时,蛋鸡数量暂时下降,但 2004 又开始恢复增长。韩国蛋鸡养殖场从 1990 年的 3 932 家减少到 2019 年的 963 家(图 3-15)。

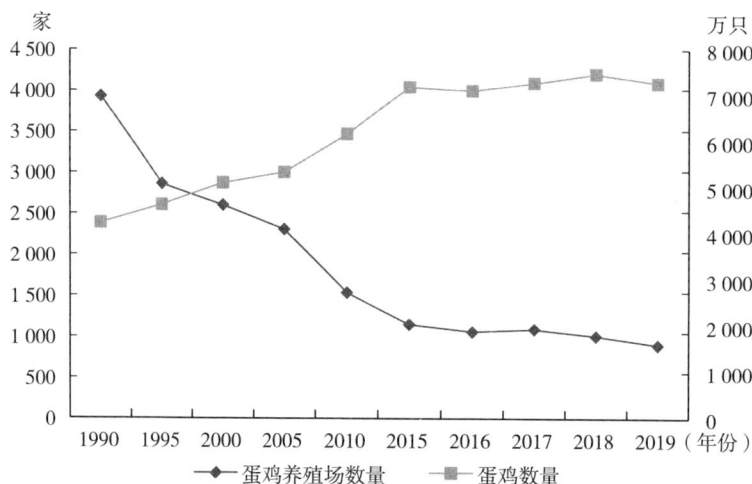

图 3-15 1990—2019 年蛋鸡养殖场数量与蛋鸡数量

随着蛋鸡饲养量的增加,韩国鸡蛋产量大幅增长。蛋类产量从 1990 年的 7 151 百万个增加到 2018 年的 13 818 百万个。韩国每年人均鸡蛋消费量从 1990 年的 167 个增加到 2018 年的 268 个(图 3-16)。与此同时,鸡蛋自给率有小幅下降。

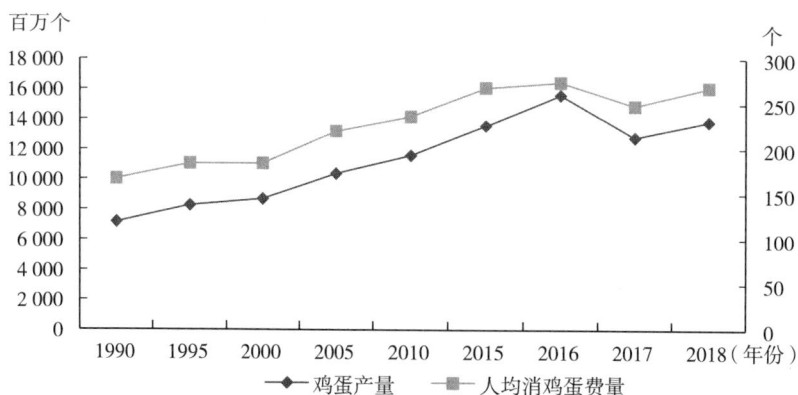

图 3-16 1990—2018 年蛋类生产量和人均消费量

七、畜牧业发展主要措施

韩国政府自1990年起一直积极改变畜牧业市场环境，包括市场自由化。在韩国政府提高国内畜牧业生产率和竞争力的努力下，实施了增强畜牧养殖基础建设，稳定供给、需求和价格，改进畜牧农场管理和畜牧产品产销渠道等一系列政策。

（一）畜牧养殖基础建设

为了稳定韩国畜牧养殖基础，韩国政府通过设施自动化和扩大农场规模，培育了一批专业畜牧业农场。一方面，政府为这些农场提供农用机械、畜舍的固定装置，以及土地流转和饲养管理等方面的支持。政府还执行了一系列计划来保障畜牧业饲料生产基础设施的建设，如对公路、灌溉和牧场等基础设施建设给予支持；另一面，还给农场提供饲料用种子、肥料、机械设备等方面的帮助。

20世纪90年代，畜牧业废料是造成水污染的主要来源，因此处理畜牧业废料不可避免地成了稳固畜牧养殖基础的主要因素。为了保护生态环境，避免水资源污染，韩国政府制定了一系列政策，以期最大限度地再利用粪便等牲畜排泄物。如果再利用比较困难，韩国政府计划对排泄物净化处理后再排放。因此，该政策最初对位于水保护区和特定水质保护区的畜牧业农场的排泄物处理设施提供支持。此外，该政策进一步根据《污水、粪便和畜牧业废料处理法》对更新或安装新的牲畜排泄物处理设施提供帮助。另外，政府还建立了牲畜排泄物储运中心，为液体肥料的运输车辆和喷洒装置提供相应支持。

（二）稳定供给、需求和价格

为了稳定畜牧业的供给、需求和价格，政府实行了畜牧幼牛生产稳定计划和畜牧业信息化等计划；为了刺激消费，实行了牲畜核查计划。其中幼崽生产稳定计划通过在幼牛交易价格低于市场价格时，向饲养者补贴差价，以此来实现促进幼牛生产和提高养殖场管理稳定性的目的。该计划首先于1998年在32个试点城市展开，随后于2000年在全国实行。

根据《促进畜产品消费法》（2002 年 5 月）和《牲畜核查的设立和执行法案》（2007 年 1 月），农户和生产者协会可以自愿建立畜牧业牲畜核查基金，以支持促销活动、供给-需求控制、消费者与生产者教育以及相关的研究。政府也为牲畜核查提供了配套资金。自 2005 年 5 月起，对本地牛养殖场的每头牛强制征收 2 万韩元；2004 年 4 月起，对养猪场的每头猪征收 400 韩元；2006 年 5 月起，对奶牛养殖场的每升奶征收 2 韩元。

（三）牲畜品种改良与农场管理改进

为了改良牲畜品种、改进农场管理，政府实行了许多计划，包括牲畜品种改良计划和其他有关牲畜检疫、牲畜互助救助、畜牧养殖场注册支持等政策。牲畜品种改良计划旨在提高畜牧业生产率，主要通过品种登记、能力检查、品种筛选和计划杂交来选择最优经济效益的品种。为了提高本地牛产业的生产率，"本地牛改良区建设计划"于 1979 年开始实施，1995 年以后参与该计划的农户进一步增多。参加该计划的养殖场不仅可以得到牲畜登记、帮助检查管理成本和奖励农户调查费的支持，而且畜牧促进中心还可以得到固定资产方面的支持，包括设备改进和牲畜品种改良方面的支持。

为了改进畜牧业管理，政府一直在实行预防和治疗牲畜疾病的政策，并通过实行牲畜互助计划以应对自然灾害和火灾等对畜牧业的危害，提高畜牧养殖场管理的稳定性。牲畜互助计划的成员可以得到 50％净保险费的政府补贴。政府还实行了畜牧业登记辅助计划，以此来扩大牲畜登记系统，使其有效运作。

（四）改进畜禽产品产销渠道

为改进畜禽产品产销渠道，政府给予了大量政策支持，特别是"牛肉可追溯系统"与餐馆的"牛肉原产地标志系统"，以此来促进国产牛肉的销量。这两个系统能对牛肉的生产、屠宰、加工和消费信息进行快速确认，防止不合法牛肉的流通。牛肉可追溯计划于 2004 年开始实行，初期该计划涵盖 9 地的 4 万余头肉牛，并于 2009 年 6 月扩大到全国范围。为了防止病牛的销售，牛肉原产地标志系统于 2007 年 1 月开始运营，营业面积 300 米^2 及以上的饭馆被全面强制使用该系统，2008 年 12 月该系统覆盖到全国的所有饭馆。

政府也在试图改进牛肉零售渠道，建立了肉类冷冻分销系统，以鼓励将肉类按照部位、等级和类型分别销售，以此来支持肉类零售分销的计划，如本土牛肉专销店和样板肉店的建立。该计划一直实行至 2003 年。为了扩大进口牛肉专销店的规模以及提高现代化程度，政府对其提供了相应支持。

为了确保屠宰场和加工设备的卫生，政府为屠宰场和畜禽加工提供现代化资助，并于 2003 年 7 月开始对所有屠宰场强制实施危害分析关键控制点（HACCP）。对于加工企业，危害分析关键控制点则在自愿的基础上实行。政府对屠宰场提供危害分析关键控制点的咨询建议，便于屠宰场危害分析关键控制点的应用，以此提高畜禽产品的卫生和安全。为了建立切割肉、冷冻肉和品牌肉的分销系统，扩大其消费，政府建立了畜禽产品加工中心（LPC），同时，还建立了有利价格公平的生产者协会畜禽产品营销中心。此外，政府还建立了畜禽产品交易中心和直销店来改进完善生产者协会的销售渠道。

20 世纪 90 年代，政府通过提高畜产品生产、加工和分销的专业化程度来精简畜牧业，从而减少畜禽养殖场的分销和零售负担，好让畜禽农场可以将精力集中在生产上。此外，政府对生猪和肉鸡的专业养殖场提供饲养设施支持，并对其附属的养殖场提供饲养、加工、分销和零售设施的支持。

为了应对畜禽产品市场自由化，提高产品质量以增加畜禽养殖场收入，韩国政府实施了畜禽产品分级项目。为了满足消费者对安全高质畜禽产品的需求，政府实行了优质畜禽产品品牌认证计划。为了提高品牌肉类的质量以及激励冷冻切割肉的分销，政府对品牌肉类企业的肉类加工厂给予了相应支持，同时为了建立销售渠道，为品牌肉类销售给予品牌特许经营权方面的支持。此外，政府还提供有关管理、金融和品牌方面的专业咨询，帮助企业销售品牌畜禽产品，从而增强它们的竞争力，保证企业的稳定收入。

第四节　园艺与特种农作物产业

园艺产业的产值在韩国农业总产值中的比例基本维持不变。近年来，它已成为韩国农业的主要组成部分，其产值比例超过了粮食作物。然而，由于受到自由贸易的冲击，园艺产业的产值也随着整体农业产值的下降而下降。蔬菜受到进口蔬菜的影响，总种植面积逐年减少。水果种植面积也受进口水果增加的影响而持续下降。鲜花种植面积却随着国民收入的提高而有所增加。蘑菇、人参和茶叶等特种农作物产量呈上升趋势。

一、蔬菜

(一) 生产动态

蔬菜种植面积从 1990 年的 32 万公顷增加至 1995 年的 40 万公顷。但是，自世界贸易组织推进农产品市场自由化以来，韩国蔬菜种植面积一直在下降，2018 年下降至 24 万公顷。虽然蔬菜种植面积以每年 0.6% 的平均速率下降，但蔬菜产量却以每年 0.9% 的平均速率提高，2018 年蔬菜产量约 91.86 万吨，这是设施现代化和技术进步的结果，特别是由于政府对设施现代化的支持越来越大，从而温室蔬菜种植面积的占比稳步上升 (图 3-17)。

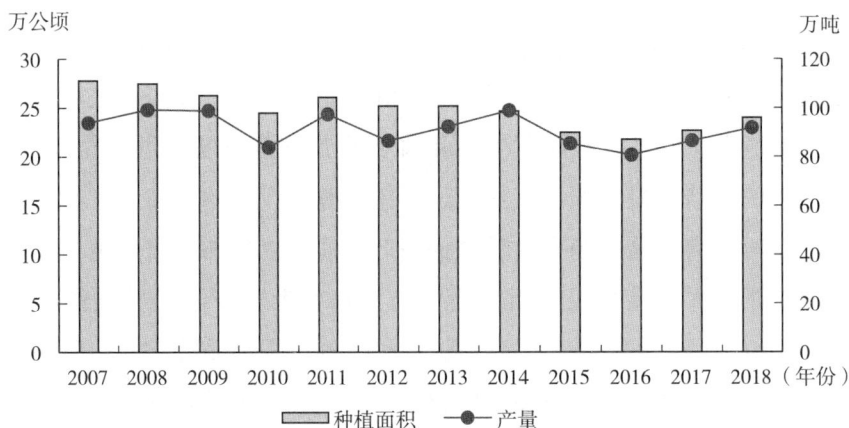

图 3-17　2007—2018 年蔬菜的种植面积和产量

尽管蔬菜产量增加，但由于农产品市场自由化，农业产业整体下滑，蔬菜产值占农业总产值的比例在大幅度下降。2008 年以后，蔬菜产品中的调味类蔬菜，如红辣椒、大蒜和洋葱，种植面积每年减少约 2.7%，而根类蔬菜的种植面积每年减少 4.4%。实际上，调味类蔬菜中红辣椒的种植面积从 2008 年的 1.8 万公顷减少到 2018 年的 1.3 万公顷，与此同时，根茎类蔬菜中的白萝卜种植面积从 2008 年的 1.8 万公顷减少到 2018 年的 1.0 万公顷，但莴苣的种植面积有所增加，最具代表性的茎叶类蔬菜白菜的种植面积也有少量增加 (表 3-15)。

表 3 - 15 2008—2018 年主要蔬菜的种植面积和产量

单位：万公顷、万吨

年份	白菜		萝卜		辣椒	
	种植面积	产量	种植面积	产量	种植面积	产量
2008	3.0	47.1	1.8	47.1	1.8	33.4
2009	3.0	49.4	1.7	41.8	1.8	27.9
2010	3.1	46.0	1.6	30.8	1.8	25.7
2011	3.1	38.0	1.5	29.0	1.7	22.7
2012	3.1	39.5	1.4	17.3	1.7	23.5
2013	3.0	49.4	1.4	28.2	1.7	22.0
2014	3.1	47.5	1.3	30.3	1.6	22.9
2015	3.2	58.3	1.3	26.1	1.5	22.4
2016	3.3	57.6	1.1	23.8	1.5	22.9
2017	3.4	54.5	1.1	26.6	1.3	19.0
2018	3.3	47.5	1.0	20.3	1.3	17.5

数据来源：《韩国主要农林畜产食品统计 2019》。

在蔬菜产品的种植面积中，设施蔬菜占比最高，洋葱种植面积最小。2006年，设施蔬菜种植面积最高，为 7.6 万公顷，其以下依次是辣椒（5.3 万公顷）、其他蔬菜（4.7 万公顷）、白菜（4.2 万公顷）、萝卜（3.0 万公顷）、大蒜（2.9 万公顷）以及洋葱（1.5 万公顷）。而到了 2018 年蔬菜的种植面积有了巨大的改变，面积最大的依旧是设施蔬菜，为 5.5 万公顷，其以下依次是其他蔬菜（4.8 万公顷）、白菜（3.1 万公顷）、辣椒（2.9 万公顷）、大蒜（2.8万公顷）、洋葱（2.6 万公顷），最少的是萝卜（2.3 万公顷），比设施蔬菜少了3.2 万公顷。总体来看，设施蔬菜、白菜和辣椒种植面积呈下降趋势，洋葱有所上升，其他蔬菜和大蒜大致保持不变（图 3 - 18）。

设施蔬菜面积从 2006 年开始每年下降 2.3%，2018 年为 5.5 万公顷，比2006 年下降了 27.6%。辣椒也大致处于逐年下降的趋势，从 5.3 万公顷，每年下降 3.8%，2018 年下降到 2.9 万公顷，下降了 45.3%。白菜和萝卜都是先下降后上升，总体处于下降态势。大蒜和其他蔬菜种植面积大致保持平稳，但是中间都经历了一些波动。洋葱种植面积处于上升状态，从 2006 年的 1.5 万公顷上升到 2018 年的 2.6 万公顷，上升了 36.8%（表 3 - 16）。

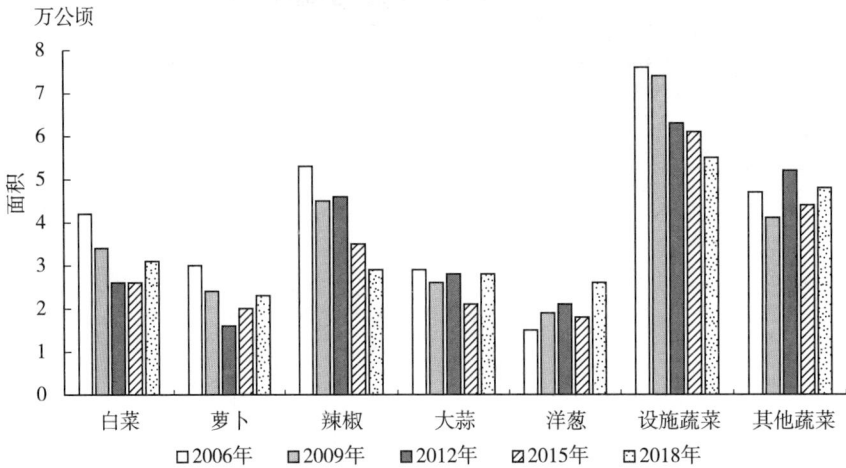

万公顷

图 3-18　主要蔬菜种植面积变化图

表 3-16　主要蔬菜的种植面积和生产量

蔬菜种类	2006 年		2009 年		2012 年		2015 年		2018 年	
	面积（万公顷）	生产量（万吨）	面积（万公顷）	生产量（万吨）	面积（万公顷）	生产量（万吨）	面积（万公顷）	生产量（万吨）	面积（万公顷）	生产量（万吨）
白菜	4.2	274.9	3.4	252.9	2.6	181.6	2.6	206	3.1	239.2
萝卜	3.0	149.5	2.4	125.6	1.6	84.5	2	124.9	2.3	123.5
辣椒	5.3	11.7	4.5	11.7	4.6	10.4	3.5	9.8	2.9	7.2
大蒜	2.9	33.1	2.6	35.7	2.8	33.9	2.1	26.6	2.8	33.2
洋葱	1.5	89	1.9	137.2	2.1	119.6	1.8	109.4	2.6	152.1
设施蔬菜	7.6	320.9	7.4	312.9	6.3	266.9	6.1	255.8	5.5	238.1
其他蔬菜	4.7	120.3	4.1	112.9	5.2	169.3	4.4	122.4	4.8	125.3

数据来源：韩国农林渔业部，历年蔬菜生产记录。

表 3-16 中，主要蔬菜种类生产量与蔬菜种植面积不完全成正比，产量最高的是设施蔬菜，种植面积也是最大，其次是白菜，然后依次是洋葱、萝卜、其他蔬菜、大蒜和辣椒。2018 年辣椒的种植面积大约是设施蔬菜的 57.2%，但是产量只占设施蔬菜的 3%。而白菜种植面积只占了设施蔬菜的 56.4%，但是产量还略高于设施蔬菜。

具体来看，白菜产量在 2012 年达到谷底，随后上升，到 2018 年达到 239.2 万吨；萝卜产量变化与白菜大致相同，2018 年萝卜产量 123.5 万吨比 2009 年 149.5 万吨下降了大约 17.4%；大蒜产量基本不变，2018 年只比 2006

年低了 0.1 万吨；洋葱产量从 2006 年开始到 2009 年有大幅度的上升，从 89 万吨增长到 137.2 万吨，随后到 2015 年逐年下降，2015 年下降到 109.4 万吨，到 2018 年又经历了一个上升，增加到 152.1 万吨；设施蔬菜产量逐年下降，从 2006 年到 2018 年下降了约 25.8%，2018 年为 238.1 万吨；其他蔬菜产量基本稳定，在 2012 年有一个突然的上升，达到了 169.3 万吨（图 3-19）。

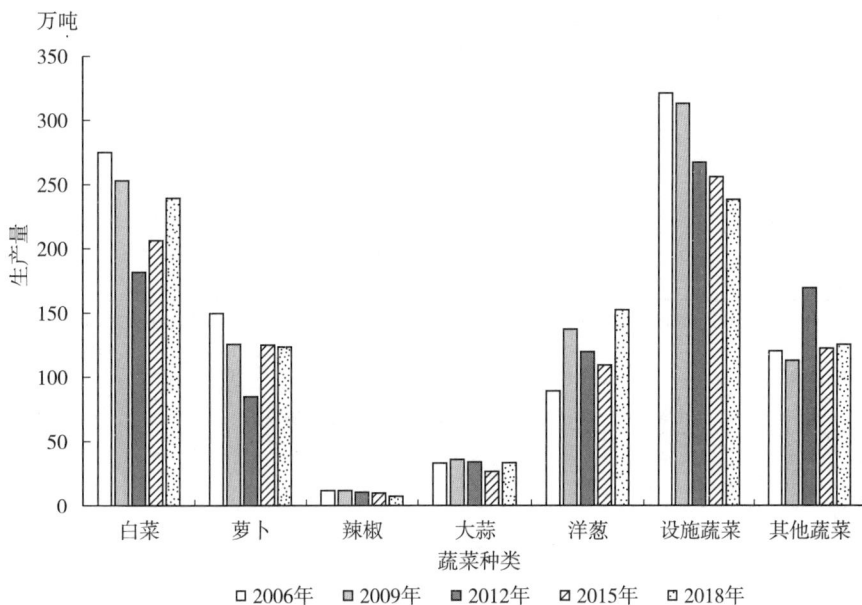

图 3-19　2006—2018 年主要蔬菜的生产量变化情况

（二）消费动态

每年人均蔬菜消费量从 2003 年到 2010 年呈小幅度下降趋势，在 2011 年消费量有大幅度上升，达到了 171.7 千克，随后几年经历了一些波动，2016 年是消费量的最低点 144.3 千克，之后两年逐年上升，到了 2018 年人均蔬菜年消费量为 165.3 千克（图 3-20）。

从图 3-21 可以看出，2010 年之前，其他蔬菜的消费量最高，每年都在 70 千克以上，白菜的消费量排名第二位，洋葱和萝卜的消费量大致相同，大约是白菜消费量的 1/2，辣椒和大蒜消费量都低于 10 千克。2010 年之后，白菜的消费量逐渐超过了其他蔬菜，洋葱消费量在 2011 年超过了萝卜，但是两者十分接近，大蒜和辣椒消费量基本保持平稳。到了 2018 年，白菜消费量在经历了 2014 年至 2016 年的下降之后开始反弹，到 2018 年仍旧是韩国消费量最多的蔬菜，人均消费量为 58.7 千克；其他类蔬菜的消费量排名依次是其他蔬菜（41.2 千克）、洋葱（30.8 千克）、萝卜（23.9 千克）、大蒜（7.6 千克），最低的是辣椒，平均消费量为 3.1 千克。

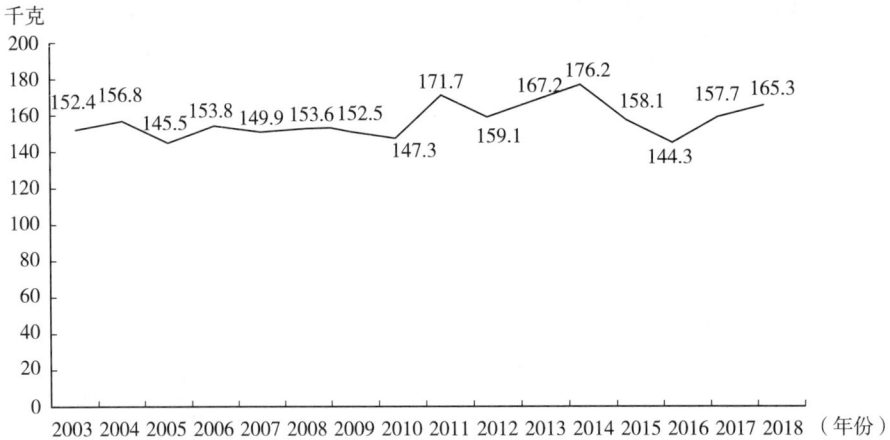

图 3-20 2003—2018年蔬菜人均年消费量变化情况

数据来源：韩国农村经济研究院，历年粮食供需关系表。

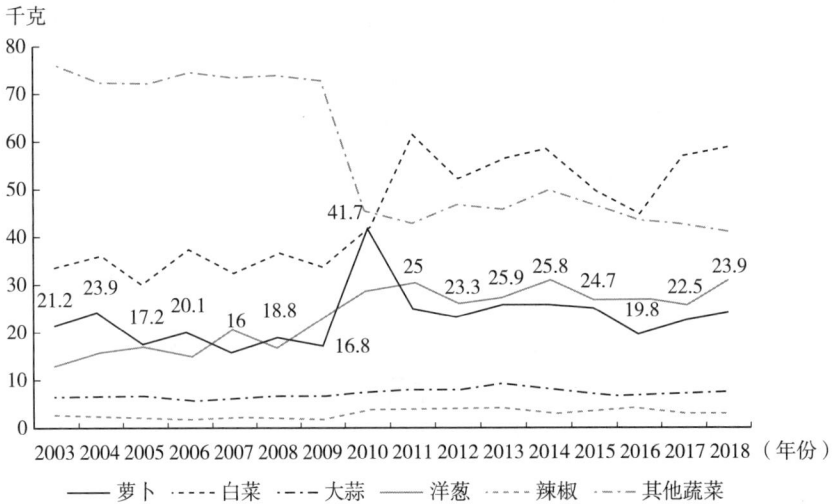

图 3-21 2003—2018年主要蔬菜种类的人均年消费量变化情况

数据来源：韩国农村经济研究院，历年粮食供需关系表。

2010—2011 年萝卜消费量出现了大幅度的上升，从 16.8 千克上升到 41.7 千克，上升了约 148%。在 2010 年，萝卜的人均年消费量与白菜几乎相同，约为 41.7 千克。在 2011 年，白菜的消费量超过了其他蔬菜，是人均年消费量最多的蔬菜，消费量近些年维持在 60 千克左右的水平。

（三）进出口贸易动态

蔬菜出口额从 2005 年的 1 亿美元提高至 2019 年的 2.3 亿美元，增长约 2.3 倍。出口量明显增长的产品主要是水果和蔬菜，包括番茄、草莓、黄瓜和泡菜，以及近十多年出口的甜椒。从韩国进口蔬菜的主要国家是日本，2009 年韩国蔬菜的出口总量中有 64.5% 的蔬菜是到日本，主要原因是地理位置相邻，物流成本低，也有利于产品保鲜。然而，除了在日本具有高市场份额的甜椒和泡菜外，由于原产地标志和食品安全条款的加强，以及居高不下的国内价格等，韩国蔬菜的出口量自 2000 年以来持续下降。

蔬菜进口额受农产品市场自由化的影响，从 2005 年的 2.7 亿美元上升到 2019 年的 6.5 亿美元。韩国进口的主要蔬菜是红辣椒、大蒜、洋葱和胡萝卜，而且这些蔬菜的进口量自 2000 年以来大幅增加（表 3-17）。

表 3-17 1995—2018 年韩国蔬菜进出口贸易趋势

单位：万吨，万美元

	1995 年		2000 年		2005 年		2010 年		2014 年		2018 年	
	数量	价值	数量	价值	数量	价值	数量	价值	数量	价值	数量	价值
蔬菜出口量（A）	5.56	11 043	6.42	18 592	8.89	23 143	9.64	27 675	12.66	31 350	20.48	37 253
番茄	0.21	352	1.27	2 295	0.43	883	0.23	664	0.55	1 374	0.74	1 846
草莓	0.24	486	0.35	953	0.10	441	0.33	2 612	0.37	3 337	0.42	3 741
黄瓜	0.26	553	0.58	989	0.10	155	0.01	16	0.04	88	0.06	147
泡菜	1.25	5 091	2.34	7 885	3.23	9 296	2.97	9 836	2.47	8 403	2.79	9 284
辣椒	—	—	—	—	1.78	5 314	1.62	5 830	2.31	7 961	2.26	7 328
蔬菜进口量（B）	9.32	13 224	22.01	18 726	58.76	38 124	85.39	71 949	89.06	79 777	97.41	88 296
红辣椒	0.48	1 285	0.63	1 082	8.31	5 160	15.61	11 374	17.27	12 862	20.14	14 520
大蒜	1.13	1 057	1.05	912	4.22	2 124	6.40	10 133	4.33	3 042	5.23	6 884
洋葱	0.80	598	0.61	230	4.12	854	2.13	1 118	0.86	626	1.05	762
胡萝卜	0.11	158	1.14	506	7.32	2 924	8.64	4 051	9.94	4 836	12.16	6 147
泡菜	—	—	0.05	20	11.15	5 134	19.29	10 202	21.29	10 440	23.02	11 536
贸易平衡 A-B	—	-2 181	—	-134	—	-14 981	—	-44 274	—	-48 427	—	-51 043

数据来源：《韩国农林畜产食品主要统计 2019》。

二、水果

(一) 生产动态

果树种植面积从 1990 年的 13 万公顷增加到 1998 年的 18 万公顷，随后又有所下降，2008 年约为 16.1 万公顷，2016—2018 年果树种植面积基本维持在 16.6 万公顷左右。虽然果树种植面积从 20 世纪 90 年代后期开始下降，但由于技术改进，水果产量却在增加，2008 年达到最高值，为 274 万吨，之后基本保持在 210 万~240 万吨（图 3-22）。

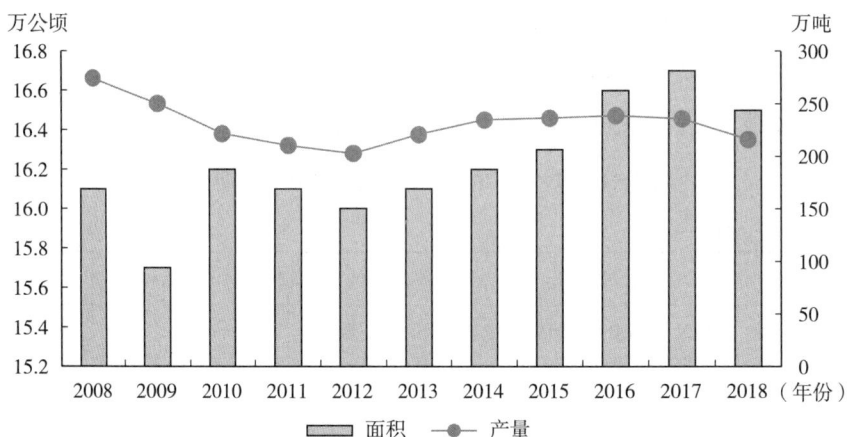

图 3-22　果树种植面积与水果产量

1992 年韩国苹果种植面积达到历史最高的 5.3 万公顷，但到 21 世纪初减少至 2.6 万公顷。2003 年以来，苹果种植面积又转变为上升趋势。近年苹果种植面积的增长应该归因于苹果与其他产品相比价格更稳定。成年苹果树的种植面积自 1995 年起从 3.2 万公顷下降到 1.6 万公顷，但 2006 年苹果种植面积有所增长，到 2018 年增长至 3.3 万公顷。

国民收入的增长引起梨的消费量增加，在 2000 年前，梨树种植面积呈增长趋势，但自 2001 年开始，由于梨的价格下降，果园或关闭、或不再种植梨树，梨树种植面积呈下降趋势。2000 年前后梨的种植面积达到历史最高值，达到 2.6 万公顷，随后开始减少，到 2018 年梨树的种植面积仅为 1.0 万公顷；生产量在 2008 年达到高峰值 47.1 万吨，2018 年降至 20.3 万吨。

1999 年之前，葡萄的种植面积每年增长 7.4%，但自 21 世纪以来，由于农户老龄化严重，葡萄进口量增加，低产果园的倒闭，以及政府对关闭果园的支持政策等，葡萄种植面积持续下降。2008年以后，葡萄树种植面积下降了0.5万公顷，2018年种植面积为1.3万公顷。尽管在1996年韩国与智利自由贸易协定签订后，韩国开始从智利进口葡萄，但温室葡萄的种植面积占比还是得到了很大提高，这主要是因为温室栽培葡萄质量高，而且与进口葡萄相比价格更低，因此温室栽培葡萄的国内需求量上升。

20世纪90年代后期，桃树的种植面积还在下降，但是因为其相对稳定的价格，桃树种植面积在2003年增长到1.6万公顷。2004年受政府关闭果园支持政策的影响，桃树种植面积再次呈现出下降趋势，2012年以后，桃树种植面积一直在增加，2018年增加至2.1万公顷。成年桃树的种植面积同样在增加。

2000年之前，虽然柑橘进口量不断增加，橘树及成年橘树的种植面积每年持续增长超过3%，然而由于2003—2004年政府实行关闭果园支持政策，橘树种植面积大幅减少，之后橘树种植面积一直稳定在2.1万～2.2万公顷（表3-18）。

表3-18　主要水果的种植面积和产量

单位：万公顷、万吨

年份	苹果		梨		葡萄		桃		柑橘	
	种植面积	产量	种植面积	产量	种植面积	产量	种植面积	产量	种植面积	产量
2008	3.0	47.1	1.8	47.1	1.8	33.4	1.3	18.9	2.1	63.6
2009	3.0	49.4	1.7	41.8	1.8	27.9	1.3	13.5	2.1	72.7
2010	3.1	46.0	1.6	30.8	1.8	25.7	1.4	13.5	2.1	61.5
2011	3.1	38.0	1.5	29.0	1.7	22.7	1.4	12.8	2.1	64.5
2012	3.1	39.5	1.4	17.3	1.7	23.5	1.4	13.5	2.1	65.4
2013	3.0	49.4	1.4	28.2	1.7	22.0	1.5	12.7	2.1	65.5
2014	3.1	47.5	1.3	30.3	1.6	22.9	1.6	13.3	2.1	68.8
2015	3.2	58.3	1.3	26.1	1.5	22.4	1.7	15.4	2.1	64.0
2016	3.3	57.6	1.1	23.4	1.5	22.9	2.0	20.8	2.2	61.0
2017	3.4	54.5	1.1	26.6	1.3	19.0	2.1	22.2	2.2	59.7
2018	3.3	47.5	1.0	20.3	1.3	17.5	2.1	20.7	2.2	62.1

数据来源：《韩国主要农林畜产食品统计2019》。

（二）消费动态

由于韩国国民收入的增加和水果进口量的增加，水果整体人均年消费量年均增长 1.7%，从 1990 年的 41.8 千克增加到 2013 年的 63.2 千克（图 3 - 23）。

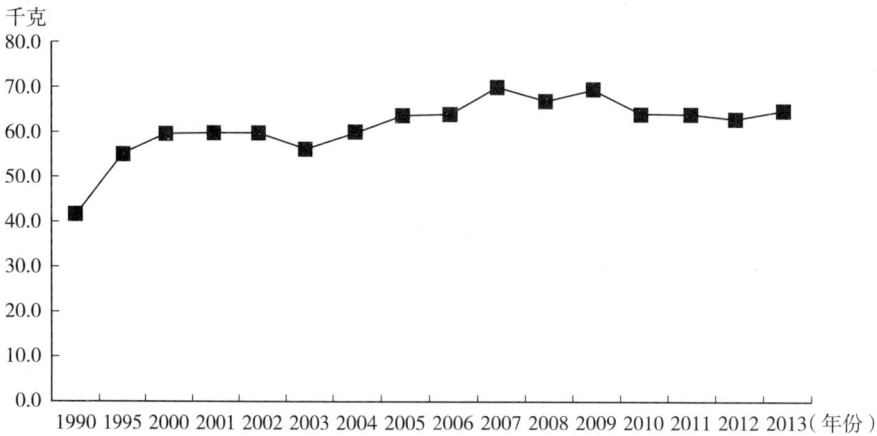

图 3 - 23　水果的人均年消费量

苹果人均消费量从 1990 年的 14.5 千克增加到 1995 年的 15.8 千克，但由于近期种植面积的减少和替代水果消费的增加导致价格上涨，苹果人均消费量下降到 7 千克左右。然而，除了因台风等恶劣天气导致苹果产量急剧下降的年份外，最近几年人均消费量又回升至 9 千克左右。

2010 年。韩国人均梨的消费量为 9 千克，但近期由于水果进口量的增加，梨的人均消费量急剧下降至 5 千克。

由于国民收入和桃产量的增加，桃的年人均消费量维持在 4 千克左右。

20 世纪 90 年代末，甜柿的消费量呈上升趋势，21 世纪初呈下降趋势。

2000 年，葡萄人均消费量飙升至 10.3 千克，但由于受果园关闭支持政策的影响，2013 年下降至 6.3 千克。

随着消费者对水果多样化的偏好以及橘子进口量的增加，橘子的人均消费量呈下降趋势，2013 年的人均消费量约为 13.5 千克。

（三）进出口贸易动态

韩国水果出口额从 2000 年的 0.45 亿美元上升至 2018 年的 3.1 亿美元左右，增长了 4.8 倍。在新鲜水果中，梨和桃的出口额不断增加。此外，自

2008 年以来，柑橘的出口额在波动中增长，2013 年达到 534.3 万美元，之后不断下降，2018 年出口额为 236.5 万美元。2015—2018 年，桃的出口额出现激增的情况（表 3 - 19）。

表 3 - 19　水果出口情况

单位：万美元

年份	苹果	梨	桃	柑橘	其他水果	果汁	合计
2000	181.9	1 710.4	8.2	449.3	665.2	294.9	4 514.2
2008	922.2	4 725.6	1.3	189.3	942.0	4 979.5	15 494.2
2009	1 932.4	5 373.4	2.9	290.3	1 347.0	4 637.1	17 256.6
2010	1 752.3	5 405.4	12.3	160.2	1 294.4	6263.8	19 542.2
2011	835.6	4 726.1	15.6	273.5	1 422.3	6 742.9	19 951.9
2012	553.5	4 981.5	23.5	473.6	1 553.8	8 127.9	22 195.5
2013	698.0	5 486.9	28.4	534.3	1 253.1	8 019.6	23 338.8
2014	543.0	6 295.6	50.8	402.8	1 721.6	9 562.9	25 948.0
2015	818.1	5 771.3	48.2	328.9	1 724.4	8 935.6	25 017.1
2016	874.8	6 535.6	101.3	260.2	1 875.1	10 786.8	29 910.3
2017	701.4	6 667.7	157.4	209.2	2 069.0	9 036.8	27 329.9
2018	696.5	7 999.9	205.0	236.5	2 883.2	9 672.8	31 088.8

数据来源：《韩国主要农林畜产食品统计 2019》。

三、花卉

（一）生产动态

韩国花卉种植面积持续增长，从 1990 年的 3 503 公顷增长至 2006 年的 7 688 公顷，是 1990 年的 2.2 倍。但由于经济衰退和花农大多改种青椒，2018 年韩国花卉种植面积减少至 4 353 公顷。此外，花卉产值从 1990 年的 2 393 亿韩元增加到 2005 年的 1 万多亿韩元，增长了 4.2 倍，但在 2019 年降至 5 174 亿韩元（图 3 - 24）。

20 世纪 80 年代，花卉主要由观赏植物构成，比如用于装饰公园的中国柏木和枫树。然而，进入 20 世纪 90 年代，菊花和玫瑰等插花以及以兰花为主的盆花，种植面积增加至花卉总种植面积的一半以上。由于国民收入的增

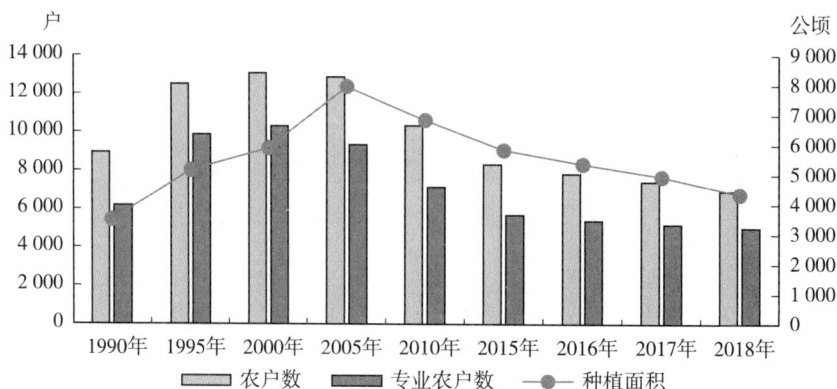

图 3 - 24　花卉种植基本情况

长、消费者偏好改变以及政府的支持政策，保障了花卉稳定的高种植率，插花产量的快速增长在花卉产业中扮演了至关重要的角色。然而，近年来插花的种植面积增长停滞，而兰花和草本观赏植物消费量的增加，使盆花种植面积开始增长。

20 世纪 90 年代初，菊花一直是韩国插花的主要品种。然而，自 1992 年起，玫瑰种植面积快速增长，这不仅反映了消费模式的转变，而且选择玫瑰作为栽培植物的花圃可以在政府设施现代化项目中获得政策资金。但由于政策资金在 1998 年转变成贷款形式，玫瑰种植面积此后保持不变，玫瑰和菊花的种植面积比例仍然很高。盆花的构成品种很多，包括观音棕竹、仙人掌和兰花。但自 20 世纪 90 年代中期以来，由于国民收入的增加，兰花的种植面积急速增加，开始成为主要的盆花品种。但由于最近经济状况恶化，兰花又价格昂贵，其目前产量有所下降，而其他低价的草本观赏植物，如牵牛花、紫罗兰和秋海棠，产量显著增加。

（二）消费动态

由于鲜花被认为是非必需品，直到 20 世纪 90 年代早期，人均年消费额都低于 1 万韩元。但随着经济增长，国民收入的增加，鲜花消费额逐年增长，1990 年人均年消费额为 5 646 韩元，2009 年增至 16 749 韩元，增长了 3 倍。然而，由于受近期经济衰退的影响，2013 年花卉消费额下降至 14 452 韩元，呈现明显的下降趋势。插花的人均年消费额大幅增长，从 1990 年的 1 382 韩元增至 2005 年的 9 383 韩元，但由于花卉种植面积的减少，2009 年降至 6 642 韩元。盆花的消费额也在逐年增长，从 1990 年的 2 321 韩元增至 2009 年的 8 973 韩元，但由于种植面积的减少，2013 年消费额下降至 5 236 韩元。盆花消费额在 20 世纪 90 年代后期出现轻微的下降，但由于对插花偏好等消费模式的改变，近年盆花消费额又开始呈现上升趋势。

（三）进出口贸易动态

20 世纪 90 年代中期以前，花卉的进口额都超过了出口额，但 1997 年金融危机之后，高价位和高品质的兰花消费额明显降低，由于汇率升高，鳞茎类花卉的进口额也在下降，使得花卉进口额由 1995 年的 2 673.9 万美元迅速降至 1998 年的 1 033.6 万美元。2010 年曾经出口达到 1 亿余美元，但近些年逐年下降，2018 年出口额为 1 868.5 万美元，其中，插花出口额占首位。插花出口主要集中在玫瑰、菊花和百合上，在 2010 年这三种花的出口额占花卉总出口额的比重为 73.6%。以玫瑰、菊花和百合为主的插花几乎都出口到了日本，这是因为日本是世界上鲜花消费量最大的三个国家之一，日韩的地理优势有利于保持花的新鲜，而且与其他国家相比，韩国物流成本较低。近年来花卉进口额持续增加趋势明显，2014 年净进口 1 658.8 万美元，2018 年增加到 6 211.4 万美元（表 3 - 20）。

表 3 - 20 1995—2018 年主要花卉进出口额

单位：万美元

年份	1995	1998	2000	2005	2010	2014	2018
花卉出口额（A）	636.3	1 148.4	2 888.8	5 214.2	10 306.7	4 062.5	1 868.5
玫瑰	4.7	341.9	1 032.4	1 059.7	3 423.5	780.7	159.1
菊花	231.8	338.8	439.5	1 084.8	2 784.5	1 230.9	692.2
百合花	15.2	27.2	468.2	857.7	1 380.2	472.3	144.1
仙人掌	331.2	226.6	273.6	188.1	275.6	454.4	393.1
兰花	21.6	66.0	325.0	1 666.8	1 927.9	642.9	198.9
花卉进口额（B）	2 673.9	1 033.6	1 947.2	2 884.5	4 474.4	5 721.3	8 079.9
兰花	1 335.4	660.3	1 082.6	1 454.6	2 402.3	2 253.2	1 601.5
百合花	406.0	106.3	331.1	529.0	548.8	443.7	305.7
贸易平衡（A - B）	-2 037.6	114.8	941.6	2 329.7	5 832.3	-1 658.8	-6 211.4

数据来源：《韩国主要农林畜产食品统计 2019》。

四、特种农作物

(一)生产动态

人参栽培面积从 1990 年的 12 184 公顷下降到 1996 年的 8 940 公顷，但由于人参在自由活跃的农产品市场中是一种公认的高利润作物，其栽培面积从1997 年开始上升，2009 年人参栽培面积达到了最高点 19 702 公顷，之后开始下降，2018 年为 15 452 公顷。在 1996 年前人参产量随着栽培面积的减少有所下降，但 1996 年后开始提高，2009 年人参产量达到最高点 27 460 吨，是 1996年产量的 2.7 倍，2018 年减少至 23 265 吨（图 3 - 25）。

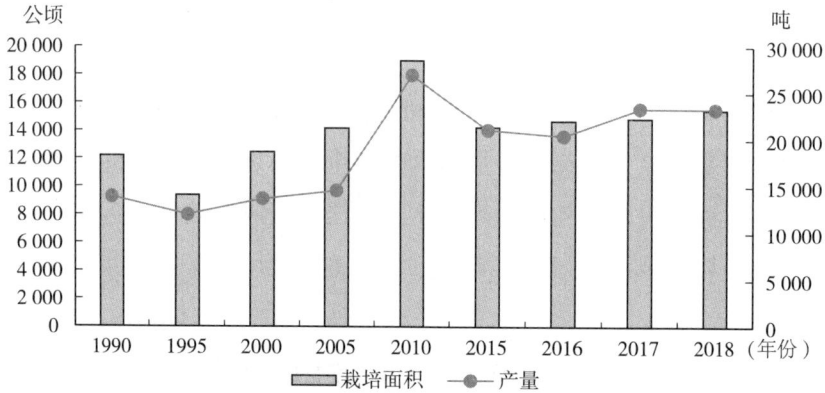

图 3 - 25　1990—2018 年人参栽培面积和产量

由表 3 - 21 可知，一般人参的栽培面积在 1996 年前有所下降，但从 1997年开始有所增加，而订单栽培人参的面积稳定增加。近期总栽培面积和订单栽培人参面积增长是由于：①随着红参垄断体系废止，私人公司参与人参栽培；②4 年红参的生产；③红参消费量和出口量的增长（表 3 - 21）。

表 3 - 21　分种类人参栽培面积和产量

单位：公顷、吨

年份	总栽培面积	一般人参（4 年参）		订单栽培人参（6 年参）	
		面积	产量	面积	产量
1990	12 184	8 955	11 619	3 229	2 270
1995	9 375	5 642	9 720	3 733	2 251
2000	12 445	9 811	10 939	2 634	2 725

（续）

年份	总栽培面积	一般人参（4 年参）		订单栽培人参（6 年参）	
		面积	产量	面积	产量
2005	14 153	8 856	11 277	5 297	3 284
2010	19 010	9 742	18 271	9 268	8 673
2015	14 213	6 364	8 966	7 849	12 077
2016	14 679	7 689	9 806	6 990	10 580
2017	14 832	8 808	11 624	6 024	11 686
2018	15 452	10 489	14 078	4 963	9 187

数据来源：《韩国主要农林畜产食品统计 2019》。

　　食用菌被分为栽培在农业副产品上的农业菌菇和从树林里采摘或人工段木上培养的林业菌菇。由于韩国消费模式的转变和食用菌进口量的增加，1990—2005 年农业菌菇的栽培面积以每年 6.7% 的平均速率高速增长，从 1990 年的 483 公顷增加到 2005 年的 1 361 公顷，但这一数字在 2005—2018 年间下降了 69.8%，截至 2018 年仅剩 411 公顷。农业菌菇的产量自 1990 年起逐年增长，到 2010 年达 173 577 吨，自那之后产量开始下降，2018 年农业菌菇的产量为 135 598 吨（图 3 - 26）。

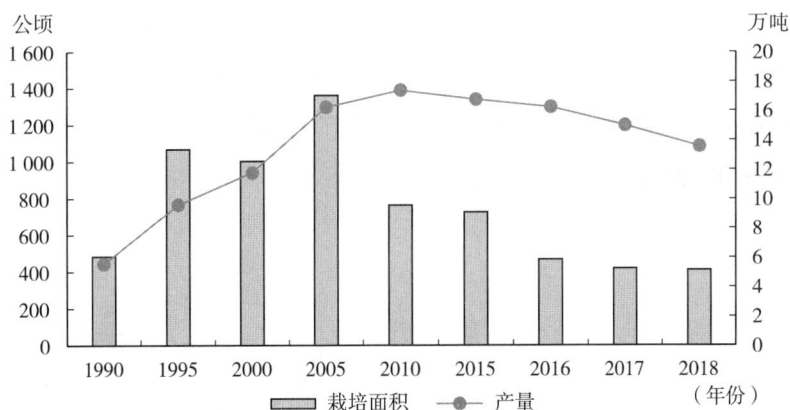

图 3 - 26　农业菌菇的栽培面积与产量

　　据农业菌菇的生产状况显示，自 21 世纪中期，木耳的栽培面积在减少，但后来由于栽培面积增加以及袋栽和瓶栽等先进技术的引进，木耳产量得到了大幅提高。因为蘑菇的栽培方式（基质栽培）需要大量的劳动力，所以其栽培面积迅速下降。同时，与其他菌菇相比，金针菇由于有利可图，需要的劳动力少、管理成本低以及消费量上升等原因，金针菇的栽培面积自 2015 年迅速增加（表 3-22）。

表 3-22　分类食用菌栽培面积和产量

单位：公顷、吨

年份	蘑菇		平菇		日本火绒		金针菇		景平菇	
	面积	产量	面积	产量	面积	产量	面积	产量	面积	产量
1990	54	10 281	335	43 732	94	810	0.2	404	0.2	41
1995	121	15 723	542	72 801	393	3 346	10	3 867	0.6	81
2000	148	21 813	670	70 759	100	653	61	23 837	23	552
2005	174	18 985	556	56 866	91	448	84	40 161	456	45 629
2010	125	22 635	215	45 191	26	650	45	53 187	353	51 914
2015	92	9 732	168	62 467	18	140	18	37 554	430	57 473
2016	92	10 173	167	58 784	21	211	29	38 092	158	55 032
2017	94	10 638	158	53 532	13	97	34	28 535	110	57 088
2018	102	11 348	121	39 497	11	79	35	28 532	142	56 142

数据来源：《韩国主要农林畜产食品统计 2019》。

1990 年茶树的栽培面积仅为 448 公顷，2010 年其栽培面积显著增加到 3 616 公顷。由于消费者越来越关注健康食品，导致茶叶消费量增长，从而茶树的栽培面积每年增长 12.3%。随着茶树种植面积的增加，茶叶产量逐年提高。受市场经济影响，2010 年之后茶树种植面积逐渐趋于平稳，没有太大波动，但在高新技术的影响下，茶叶产量仍在不断提高，2018 年茶叶种植面积为 2 700 公顷，产量 4 000 吨（图 3-27）。

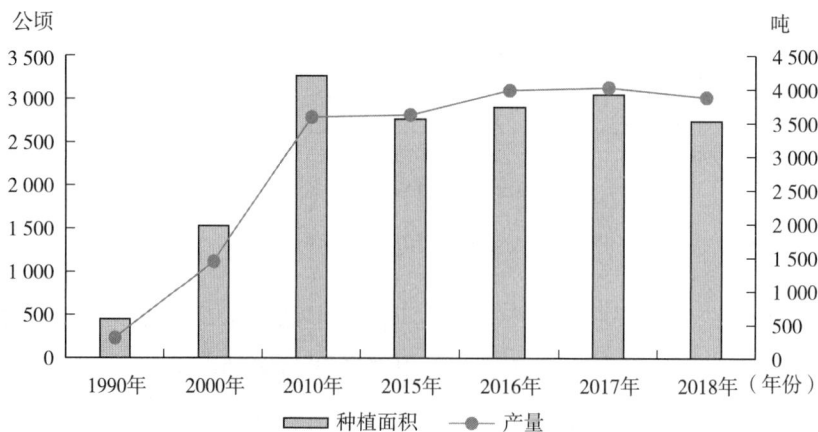

图 3-27　茶树的种植面积与产量

（二）消费

过去人参主要是作为礼品购买，但随着国民收入的增加，居民消费水平的提高，人参的人均年消费量每年增长 3.2%，从 1995 年的 0.23 千克增加到 2013 年的 0.37 千克。随着消费者健康意识的增强，茶叶的人均年消费量每年增长 12.4%，从 1995 年的 0.01 千克增加到 2009 年的 0.05 千克。20 世纪 90 年代中期以前木耳和蘑菇的人均年消费量一直在增加，从 1995 年的 2.29 千克增加到 2013 年的 3.32 千克，增长了 44.7%。与此同时，金针菇的人均年消费量从 1995 年的 0.1 千克增加到 2008 年的 0.8 千克。

（三）进出口贸易

人参是韩国主要的出口产品，21 世纪初，人参每年的出口量大约为 2 000 吨；近年来人参出口量大幅增长，2018 年为 7 512 吨，出口额达 1.8 亿美元。人参的出口的数量和价值还在持续增长。

食用菌的出口量从 1995 年的 97 吨迅速增加到 2010 年的 2.1 万吨，2018 年为 1.9 万吨。目前，由于中国低价食用菌的进口量显著增加，韩国贸易逆差逐年扩大，但近年食用菌的进口数量和价值略有减少，2018 年与 2014 年相比，进口价值下降近 20%（表 3 - 23）。

表 3 - 23　特种农作物进出口情况

单位：吨，万美元

品　种		1995 年		2000 年		2005 年		2010 年		2014 年		2018 年	
		数量	价值	数量	价值	数量	价值	数量	价值	数量	价值	数量	价值
出口	人参	2 527	14 000	2 078	7 900	2 098	8 250	3 298	12 420	5 819	18 350	7 512	18 770
	食用菌	97	120	187	560	504	280	21 178	3 890	15 397	3 690	19 822	4 960
	茶叶	366	130	371	100	1 481	480	708	440	452	500	—	—
进口	人参	37	80	107	320	297	610	160	400	52	340	146	370
	食用菌	7 600	1 040	11 801	910	17 411	1 540	16 185	1 380	31 770	2 450	26 850	1 970
	茶叶	117	70	410	170	850	400	585	420	891	1 200	—	—

数据来源：《韩国主要农林畜产食品统计（2019）》。

总体来说，随着农产品市场自由化发展，韩国园艺产业面临全球化挑战。进口量随着自由贸易的深入推进而大幅增长。同时韩国也在进行产业结构调整，通过引进先进技术和建立技术体系来生产高品质的园艺作物。

第五节　亲环境农业

一、亲环境农业实施背景

农业对环境既能产生有利影响，也能产生不利影响，这主要取决于所采取的耕作方式以及农业自然资源的管理。由于农业政策主要关注提高农户收入和在有限的土地面积上养活大量人口，高投入高产出的集约型农业耕作方式越来越广泛，导致农业生产的环境负荷持续加重，尤其是为了提高生产力而过量使用化肥和农药，造成农业环境恶化，土壤和水源被污染。另外，依赖于大规模饲料进口而进行密集型畜牧生产引起的牲畜排泄物增加，而其不恰当的处理方式导致环境污染负荷进一步加重。食品加工升级也进一步加重了环境负荷。

水污染和土壤污染等环境问题由于密集型农业生产的持续增加而加重。因此，以农业和环境相和谐为目的的亲环境农业发展成为农业部门的主要课题。韩国亲环境农业于1994年12月开始实行，正值农林渔业食品部可持续农业司成立。随后，韩国在1997年制定了《亲环境农业促进法》，之后又在1999年为促进亲环境农业实践引进了直接补贴制度，为培养亲环境农业建立了制度基础。韩国亲环境农业立法的目的在于建立寻求农业与环境之间和谐关系的可持续农业。《亲环境农业促进法》中的第二条款将亲环境农业概念定义为生产安全的农产品和牲畜产品，要通过以下方式来维持和保护农业生态系统环境：①不用或尽量少用化学品，包括农药、化学肥料、抗生素和抗菌剂；②循环利用农业生产和牲畜养殖中的副产品。换句话说，亲环境农业在追求农业生产盈利性的同时保护生态系统，并保证农产品的安全性。

《亲环境农业促进法》在韩国由常规农业向可持续农业转变的农业政策中扮演着重要的角色。为了亲环境农业的发展，韩国农林渔业食品部积极制定和实施了许多政策项目。

二、亲环境农业生产销售

(一)亲环境农产品生产

20 世纪 90 年代初,韩国亲环境农业的实践者主要是私营组织。由于 90 年代中期政府大力实施亲环境农业促进政策,从 20 世纪 90 年代末期开始,有资质认证的生产亲环境农产品的农户数量明显增加。实行亲环境耕作的耕地面积每年增长 60%,从 2000 年的 2 039 公顷增加到 2009 年的 210 688 公顷,占总农地面积的 11.6%。2000 年,在得到认证的亲环境农产品中,有 14.5% 为有机产品,43% 为未使用农药的产品,42.5% 为使用少量农药的产品。2009 年种植有机作物的农地面积比重有所下降,相对而言,使用低量农业化学剂的农地大量增加;种植有机农作物的农地面积占比为 6.6%,而未使用农药的农地面积占比和使用少量农药的农地占比分别为 35.2% 和 58.2%。2010—2013 年,亲环境耕作的耕地大幅度下降,少使用农药农地面积和未使用农药的农地面积也呈下降趋势。2015—2018 年,环境友好型农地面积趋于稳定水平(图 3 - 28)。

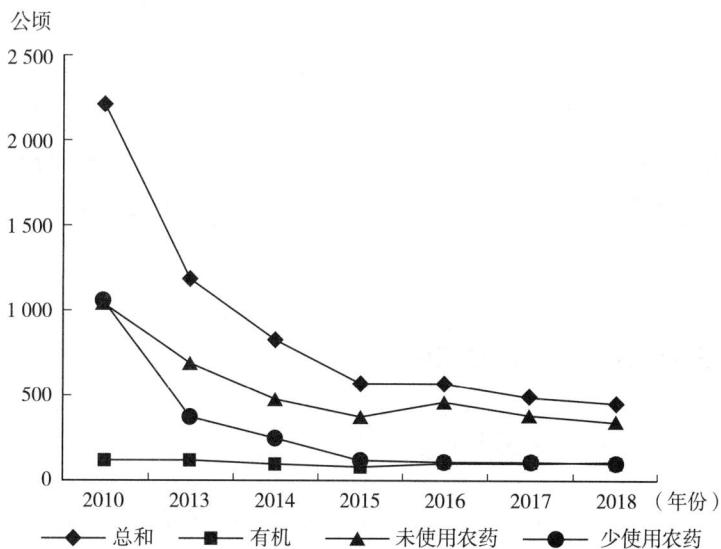

图 3 - 28 经认证的环境友好型农地面积变化

从各省(道)经认证的亲环境农地的面积来看,亲环境农地占比最高的是全罗南道 105 024 公顷,占全国经认证的亲环境农地总面积的 52.1%;其次是庆尚北道 23 916 公顷、忠清南道 15 597 公顷和庆尚南道 13 282 公顷，分别占全国亲环境农地总面积的 11.9%、7.7% 及 6.6%。实行亲环境农业的农地面积由于各省（道）亲环境农业政策的实施水平不同而相差极大。

（二）亲环境农产品的销售

随着近年来亲环境农产品需求量和生产量的增长，市场规模的扩张，现今市场上存在着众多的亲环境农产品营销渠道。为了与普通农产品相区别，亲环境农产品的生产和销售保持紧密联系，各种销售网络已经建立。总体上，亲环境农产品的营销渠道可分为三类：一是与消费者的直接交易；二是通过生产者组织（韩国农业协会、亲环境农业组织）和消费者合作社分销；三是通过专门的营销公司供应给专业的分销商和百货公司。

据估计，有 10%～15% 的亲环境产品通过直接交易进行买卖，50%～55% 通过生产者组织和大型零售商（包括 Hanaro 市场）售卖，15%～20% 通过消费者组织售卖，还有 20%～25% 通过特许商店和互联网售卖。近年来，通过直接交易和消费者组织分销的亲环境农产品的占比有所下降，而通过大型零售商和专业分销商分销的占比明显提高。

近年来，亲环境农产品的分销渠道扩张到所有的一般营销渠道，包括大型折扣商店、超市、亲环境产品专门店和网上商场等特殊市场。同时，由于部门之间、折扣商店和专卖店之间的竞争非常激烈，大型零售商正在发展自有品牌（PB）。2009 年年底，韩国大约有 1 900 家亲环境产品分销商，例如农业合作社商店、大型折扣商店和百货公司，而近年专卖店的数量还在明显增加。

三、亲环境农业主要政策项目

（一）亲环境农业促进五年计划

根据《亲环境农业促进法》，政府每五年都要重新制定并实施亲环境农业发展的政策目标和基本计划。亲环境农业促进法的第一个五年计划的制定和实施期是 2001—2005 年。随后，2006—2010 年制定的第二个五年计划在生产、流通、消费和与亲环境农业相关的制度领域实施了多个项目。

第二个五年计划的政策目标是：①到目标年 2010 年，使农业化学剂和化学肥料的用量比 1999—2003 年期间的平均用量减少 30％；②将亲环境农产品的产量增加到全部农产品产量的 10％。

第二个五年推进计划的基本方向可以总结为以下五个方面：①为农业与环境之间的和谐，发展循环农业；②通过供应安全高质的农产品来改善公民的生活质量；③通过亲环境农业增强国内农产品竞争力；④提高实行亲环境农业的农户收入并保证其有利可图；⑤通过对农业环境资源的亲环境管理对国土环境保护做出贡献。

第三个五年计划（2011—2015 年）体现了“在公众与自然的和谐相处中实现亲环境绿色产业”的愿景，其有七大战略目标，包括生产设施建设、营销和消费激励、促进农产品加工产业和农业材料产业的发展、发展技术和培养专业人才、发展亲环境畜牧业与林业部门、建立农业资源和环境资源管理系统等。

（二）亲环境农业园区的建立

亲环境农业园区促进项目分为亲环境农业区建设项目和亲环境农业综合体建设项目。亲环境农业区建设项目的政策目标是围绕水源保护区和需要亲环境农业的地区，采用各种方法创造实行亲环境农业。该项目以农民和地区（村庄）生产者组织为实施对象，希望建立亲环境农业区，但只有拥有超过 10 户农户且其拥有的农地面积之和超过 10 公顷的农村地区才有资格参与该项目。该项目为村庄提供建设亲环境农业生产、流通和教学的设施和设备，并且提供资金支持，根据规模和实施条件不同，每处的资金支持金额在 20 亿～100 亿韩元。2008 年该项目的预算规模达 300 亿韩元，2009 年和 2010 年分别为220 亿韩元和 240 亿韩元。

亲环境农业综合体建设项目的目标是为牲畜养殖和作物生长建立大规模亲环境农业区。该项目从 2006 年开始实施，目标是通过将小规模、高成本的亲环境农业改变为低成本、高效率农业，从而显著扩大亲环境农业的实施面积。该项目为亲环境农业材料和设备的生产设施与亲环境作物与畜禽产品的生产与分销设施的建设提供了资金支持，也为种植养殖循环中心的建设和教育、旅游设施的建设提供支持。该项目实施区域十分广阔，农地面积超过 600 公顷。各区域的项目预算取决于农地规模，在 60 亿～100 亿韩元不等，预算中的 40％由中央政府支付，40％由当地政府支付，还有 20％由受益人支付。项目的实行期为 3 年，10％的预算在项目规划、设计和最初设备购买的第一年支付，50％的预算在主要设备安装的第二年支付，还有 40％在项目实施的第三年支付。从 2006 年到 2013 年，总共有 50 个地区计划建立亲环境农业综合体。对该项目的评估显示，其在增加实行亲环境农业的农户数量以及促进亲环境农产品营销方面有显著的贡献。

（三）直接补贴制度

为了积极促进农业和农村环境的保护，韩国政府于 1999 年为亲环境农业引进和实施了直接补贴制度，以此补偿农户实践亲环境农业生产在早期发生的收入减少和生产成本增加等问题。直接补贴在为期 3 年的时间（分 3 次）支付给那些根据《亲环境农业促进法》已经获得亲环境农产品生产资格的农民和农民团体。支付金额根据土地的认证等级和农地类型（水田或山地）的不同有所不同。2010 年，种植有机作物的每公顷山地直接补贴额是 79.4 万韩元，种植不使用农药农产品的每公顷山地直接补贴额是 67.4 万韩元，种植使用少量农药农产品的每公顷山地直接补贴额是 52.4 万韩元。如果是水田，农户除种植稻米的收入外，政府给每公顷种植有机作物的农地直接补贴额为 39.2 万韩元，给不使用农药农产品的种植农地补贴额为 30.7 万韩元，使用少量农药农产品的种植农地补贴额为 21.7 万韩元。直接补贴制度的大米收入补偿单位固定直接补贴额在农业促进地区为 74.6 万韩元/公顷，非农业促进地区为 59.7 万韩元/公顷。亲环境农业直接补贴项目的预算投入规模在 2008 年达到 263 亿韩元，2009 年达到 413 亿韩元，2010 年为 490 亿韩元。

（四）天敌治虫项目

在建立一个安全的、亲环境的农产品生产体系的政策目标指引下，韩国于 2005 年开始实施一项以天敌为基础的害虫控制项目。该项目意图使用害虫的天敌，转变为生物学害虫控制体系，从而减少农业化学品的使用。为了在 2013 年之前将 5 万公顷（约一半）温室园艺植物栽培土地改造成害虫的天敌控制区域，项目提供试验性天敌治虫工程和相关政府雇员及咨询人员的培训教育。项目的实施对象为种植特种作物面积超过 3 000 米^2 的农民、农业协会企业和农业公司。此项目涵盖的作物种类涵盖了草莓、番茄、辣椒（柿子椒）、黄瓜等 9 种作物。项目 20％的资金支持由中央政府支付，30％由地方政府支付，50％由受益人支付。投入该项目的财政预算在 2008 年达 88 亿韩元，2009 年与 2010 年为 91 亿韩元。

天敌的害虫防治微生物项目在 2009 年开始实施，通过采用微生物的生物学害虫防治方法代替使用化学农药，将农业生产转变为安全和高质的生产体系，从而减少农药的使用。项目的实施对象是面积超过 1 000 公顷的农地，为其提供 42 亿韩元的资金支持，其中 20％的资金由中央政府支付，30％由当地政府支付，50％由受益人支付。该项目涵盖的作物有 10 种，包括草莓、番茄、辣椒（柿子椒）、黄瓜、西瓜、南瓜、莴苣、香菜、紫苏种子和大白菜。

（五）亲环境肥料支持项目

亲环境肥料支持项目可以分为有机肥料支持项目和土壤改良剂支持项目。

有机肥料支持项目的政策目标在于通过以下手段扩大亲环境循环农业的实施：①促进农业、林业和畜牧业副产品的循环使用；②保护农地土壤环境；③减少化学肥料的投入。有资格参加该计划的农民和农业协会企业可以得到 3 种有机肥料：混合压榨饼肥料、混合有机肥料和有机复合肥料，还有畜禽粪便堆肥和一般堆肥 2 种副产品肥料的支持。中央政府支付的支持资金为固定数额，20 千克袋装有机肥料资助 1 500 韩元；而动物粪便堆肥则根据其质量等级资助：A 级 1 200 韩元、B 级 1 100 韩元、C 级 900 韩元；一般堆肥 A 级资助 1 100 韩元，B 级资助 900 韩元，C 级资助 700 韩元。除了中央政府的支持外，地方政府根据各自财政状况，也尽量为 20 千克袋装有机肥料提供 600 韩元的资助。有机肥料支持项目的预算规模于 2008 年达 1 160 亿韩元，2009 年为 1 218 亿韩元，2010 年为 1 450 亿韩元。

土壤改良剂支持项目意图通过在低硅酸盐含量与酸性的土壤中使用土壤改良剂（石灰和硅酸钠）来改善土壤，以此建立实行亲环境农业的基础。由于作物生长严重依赖向本来就是酸性容矿岩的土壤中添加化学肥料，这使得韩国的土壤酸化问题日益严重。土壤改良计划的目标是通过以下几种方式建立起实行亲环境农业的基础：①改良酸性土壤；②通过向农地添加含有少量硅酸盐的土壤改良剂（石灰和硅酸钠）来改良土壤；③维持和保护土壤肥力。这一项目以《农田法》第 20 款（改良和保护土质）和它的执行法令第 24 款（改善和保护土质各项目的实施）为基础，从 20 世纪 60 年代开始实施。全国所有在农地耕作的农户都有资格参与该项目。项目支持对象有：①可用硅酸盐低于130毫克/千克的稻田；②火山灰土壤的农地；③pH6.5的酸性石灰石农地；④含有重金属的农地。该项目财政支持中的80%由中央政府支付，20%由地方政府支付。该项目的预算规模在2008年达504亿韩元，2009年为814亿韩元，2010年为1 101亿韩元。

（六）绿肥作物种子购买支持项目

绿肥作物种子购买支持项目的实施目标是通过种植绿肥作物，增加土壤有机质含量，提高土壤肥力和保护农业生态环境。绿肥作物以茎叶代替肥料，有固氮的作用。政府正在积极地实施该项目，在2013年前将农地有机质含量提高到3.0%（2009年农地有机质含量为2.49%）。所有希望在闲置农地上种植绿肥作物（紫云英、黑麦、多毛野豌豆等）的农户和农业协会企业都有参与该项目的资格。该项目的财政支持中的50%由中央政府支付，其余50%由地方政府支付。

（七）亲环境农产品流通和消费促进项目

为了促进亲环境农产品的流通和消费，政府向生产者和消费者组织提供培训，增开了亲环境农产品专卖店，增加了亲环境农产品直接交易的财政支持。另外，政府正在审核扩大批发市场亲环境农产品的交易和建立一个专门的亲环境农产品流通中心的措施。其他举措包括经加工亲环境农产品的开发和为亲环境农产品寻找新的大需求客源，如学校和医院的饮食服务部门。

为了鼓励亲环境农业的发展并保护消费者，亲环境农产品认证项目由特殊的认证机构，根据严格的标准，通过复杂的审核程序来认证亲环境农产品的安全性和质量。农产品的认证标准基于农地管理、种植和包装过程，以及使用的水源、种子、栽种方法和质量管理。牲畜产品的标准则基于牧场和养殖条件、饲料自给基地、牲畜种源和引种、喂养和营养管理、动物福利及疾病和品质控制而制定。农作物认证分为三个等级（有机、未使用农药和使用少量农药）。但自2010年以来，新的低量农药使用认证已经停止，于2016年取消。牲畜产品的认证分为两个等级（有机和不使用抗生素）。亲环境农产品的认证是由公营的韩国农产品质量管理服务中心进行，也可以由民间认证机构执行。

(八) 农业水资源质量改善项目

农业水资源质量改善项目的目标在于通过水质改善和水源（如水库和淡水湖泊）的泥沙处理，来为农业用水、农村生活用水提供清洁的水资源。该计划根据《环境政策框架法》由韩国农村社区公司实行，为水资源质量"稍差"或更差的农业用水水库提供优先支持。该项目还要求受到严重水污染和泥沙很多的农业用水水库进行试验性泥沙处理，试验已在 2009 年启动。为改善水质的财政支持可用于建造的成本开支（包括材料成本）、购买土地的补偿和附加设施的费用（如工程建设监理成本和项目管理成本）。以泥沙处理试验项目为例，资金可用于支付建设成本（包括材料成本）、底泥疏浚和处理、购买土地和附加设施的费用（如详细设计费、工程建设监理成本和项目管理成本）。该项目的财政支持全部由中央政府提供，2008 年达 59 亿韩元，2009 年为 205 亿韩元，2010 年为 206 亿韩元。

(九) 牲畜排泄物处理设施支持项目

牲畜排泄物处理设施支持项目是通过将牲畜排泄物制成堆肥和液态肥料循环使用，以此来防止水污染和保护生存环境，从而达到鼓励亲环境畜牧业发展的目的。该项目包括：①养殖场的牲畜排泄物堆肥和液化、畜牧养殖区的各个设施以及农业协会企业（包括区域性农业和畜牧业合作社）；②农业协会和私营公司建立的集中循环设施；③安置村重建地区（全国麻风病人安置村）；④液体肥料配送中心。对于单个设施，财政支持可用于安装堆肥和液化肥料设施、能源设施（如沼气、净化和排水设施）、辅助机器和设备（如谷壳粉碎机、鱼片切割设备及禽畜排泄物运输罐）和采集堆肥设施。以联合回收设施为例，资金可用于购买将排泄物回收为堆肥、液体肥料和能源的设施和设备，同时，安置村改组地区可将资金用于牲畜排泄物处理设施和设备。对于液体肥料配送中心，财政支持仅限于购买收集、运输和喷洒液体肥料的设备，如真空汽车、液体肥料喷洒车、液体肥料喷雾器。单个设施的支持资金 30% 由中央政府支付，20% 由地方政府支付，50% 为政府贷款；收集回收设施的支持资金 50% 由中央政府支付，30% 由当地政府支付，20% 通过政府贷款支付给肥料堆制和液化设施；能源设施的支持资金 30% 由中央政府支付，30% 由地方政府支付，20% 为政府贷款，还有 20% 由受益人支付。每个农户的单个设施的财政支持限额为：养猪补贴 4 亿韩元，养本地牛和奶牛补贴 2 亿韩元，养鸡补贴 2 亿韩元。在法人实体的情况下，限额为：养猪 20 亿韩元，养本地牛和奶牛 8 亿韩元，养鸡 1 亿韩元。联合回收设施的财政支持为：堆肥和液体肥料 40 亿韩元，能源设施 70 亿韩元。政府已扩大牲畜排泄物处理设施支持项目，目的是逐步减少牲畜排泄物倒入海洋，到 2012 年则全面停止牲畜排泄物倒入海洋。2007 年投入预算 597 亿韩元、2008 年预算 927 亿韩元、2009 年预算 1 141 亿韩元、2010 年预算 1 219 亿韩元。

四、亲环境农业项目绩效

得益于 20 世纪 90 年代中期亲环境农业促进政策的实施，韩国亲环境农业已经取得了瞩目的成绩。截至 2009 年年底，实行亲环境农业的农户占农户总数的 16.6%。另外，亲环境农作物的种植面积占农地总面积的 11.6%，经认证的亲环境农产品数量占农产品总量的 13.1%。在因密集投入农业生产而造成生态衰退的地区，亲环境农业的实行对环境保护、生态恢复具有很大贡献。

回顾目前实施的所有亲环境农业政策，现已经取得了丰硕的成果，包括亲环境农业的可行性得到的认可和实行亲环境农业的农户数量的增加。然而，在改善农业生态系统环境质量上的可实施成果还不充分，仍然需要鼓励性政策措施来调整农业生产规模和耕作方法，从而保障不同条件和水系统的地区能够合理保护生态系统和物质平衡。尤其农业部门需要大量的投资和有力的支持来促进亲环境农业。

从生产的角度看，一方面，迄今为止的亲环境农业集中在扩大亲环境农业区域和增加经认证的亲环境农产品数量。另一方面，却相对忽视了与农业生产活动的环境承载力相关的问题，尤其很少关注农业生产中已经非常严重的水污染问题，包括因过量添加氮素外溢而造成的地下水污染和因添加过量的磷素外流而产生的富营养化。另外，由于没有建立起与牲畜养殖业的规模化和专业化相适应的牲畜排泄物处理系统和亲环境牲畜产品生产系统，牲畜养殖部门的环境问题已经成为一个社会性问题。除此之外，由于亲环境农业政策项目并没有建立起合适的农地受益状况监测系统，在亲环境农业的工作评价和目标、方向的建立上仍然存在困难。

作为亲环境农业政策中最早实施的项目，土壤改良剂支持项目对韩国土壤管理做出了很大的贡献。但是，该项目还需要改进，加强与教育和公共关系项目之间的系统联系，使农民能识别与土壤污染有关的问题。亲环境农地开发项目在区域层次上对亲环境农业的发展做出了十分显著的贡献。特别是该项目通过在大范围农地而不是单块田地上实施亲环境农业为农业部门转型做出了极大贡献。作为亲环境农业促进中一项重要的相互协同政策，直接支付制度被认为是增加亲环境农户数量的重要政策手段。但是，据一项在亲环境农户中开展的关于直接支付制度的调查显示，该项制度的单位支付金额还需要进行一个由下至上的修订。评估说明牲畜排泄物处理设施支持项目通过牲畜粪肥循环利用（堆肥或液体堆肥）对改变牲畜养殖户对亲环境牧场运作的理解发挥了巨大作用。另外，这一项目还通过牲畜粪肥的循环利用提供有机肥料，减少化学肥料和农业化学剂的使用量，促进了亲环境农业的发展。尽管对牲畜排泄物处理有大量的政策资金投入，但在一个区域内由于其在缓解牲畜排泄物堆肥和液体堆肥供需不平衡方面与种植作物的农田缺少联系，可看到的成绩并不充分。

五、亲环境农业主要实施计划

（一）亲环境农业基础设施建设

要想有效实施亲环境农业发展的行动计划，必须绘制一张按阶段划分的循环性农业（作物生产部门）和亲环境牲畜放养（畜牧业部门）发展的路径图。亲环境农业基础设施必须通过技术进步和人力资源开发、监测系统的建立、促进流通的支持及相关各方的分工来建立。在技术进步方面，最好的管理行为需要依据各地环境情况来制定和开展，从而使亲环境资源管理得到应用。在人力资源开发方面，要保证各地年轻、有天赋的农民来经营友好型农地。通过倡导亲环境农民参加国内外环保培训项目，让这些农户在亲环境农业实践中发挥引导者的作用。另外，必须建立农业环境监测系统数据库并制定农业环境指标来持续观测和分析农业生产活动对环境承载力的影响，尤其是要建立一个区域性的监测系统来测量农业环境，包括水、土壤和生态系统的变化，这对发展合理的亲环境农业十分必要。因此，需要设计一个运用GIS绘制区域性农业生态地图并建立农业环境承载系统，这是一个循序渐进的中长期项目。

（二）亲环境资源管理实践

为了扩大韩国农业可持续发展系统的应用，考虑环境污染带来的社会成本，反对短期收益最大化，需要进行一次从耕作方式上的产量最大化到考虑环境特质的产量最优化的转变。韩国亲环境农业首要任务是要通过考虑区域情况、作物特性，充分利用信息技术（IT）、生物技术（BT）及环境技术（ET），推广综合营养管理（INM）和综合害虫管理（IPM），建立一个韩国式的精细农业模式。因此，还需要依据各地土壤和作物生长的不同状况建立一个作物生产管理系统。此外，也需要培养专家在现场开发和推广 IPM 和 INM 项目技术。

（三）地区性资源循环型农业系统的建立

为了建立区域层次的资源循环型农业系统，作物种植和牲畜养殖过程中产生的副产品必须最大限度地循环使用，同时根据地区特点进行土壤、养料、害虫和灌溉的综合管理。区域性资源循环农业系统应该首先在示范区中应用，随后扩大至整个地区，这样作物种植可以依据地理位置条件与畜牧部门系统地联系起来。为了减少化学肥料和农业化学品的使用以及它们在农业生态系统中的外溢，使用的化学成分总量的精确分析应该与减少化学品使用的种植技术开发同步进行。尤其是在建立区域性循环系统中，应该包含一个可以实现包括食物和可循环利用牲畜排泄物在内的循环有机资源综合利用系统。

（四）为实现系统平稳运行而营造市场

在生产上，亲环境农产品必须在市场上完全得到区分才能实现循环型农业系统的正常运作。另外，生产与消费联系项目，例如能够被市场上的消费者所信任的绿色营销制度，需要注意的有两点：①循环农业系统的区域环境评价；②亲环境农产品盈利性。在所有影响消费者行为的活动中，绿色营销考虑社会和环境，允许消费者在参观产地的同时，体验和检验亲环境农产品。互相交流项目在其中扮演着重要的角色，尤其是政府在营造与市场功能相关的角色，重点应该放在支持绿色旅游上，让大家认识到亲环境农产品除了改善环境外，产品质量也具有商业价值。

（五）经济激励和规范约束的混合政策

影响亲环境活动的经济激励措施包括补贴、环境税和相互协同制度。将补贴结合到规章条例中，作为一项十分有效的经济激励措施应用。该项目的实施以与亲环境农业资源管理相联系的菜单式直接支付制度为依据，包括以下扶持对象：①冬天种植护田作物（紫云英、黑麦等）的农户；②在水库或湖泊支流附近的农地种植水资源净化作物（睡莲、荷兰芹等）的农户；③出于地区水平的物质平衡需要而减少牲畜养殖规模的农户。除了现有的支持措施外，还需要以亲环境农业区域发展项目相关的区域循环为基础，根据物质平衡成就水平制定和实施可以提供更多好处的激励措施。另外，亲环境的相互协同项目必须限制在地区环境和水系可以承载的范围之内。除此之外，畜牧业部门在中长期要开展养殖密度规范和牲畜饲养权交易系统检查。

（六）分工合作体系的构建

为了高效地建立可持续农业系统，需要构建一个由农民、政策制定者、消费者、研究者和相关组织人员各自承担适当角色的系统。

作为生命产业中的主要元素，农民要扮演绿色企业成员的重要角色，承担起食物供应者和农村社区环境管理者的重大职责。消费者要扮演检查农民区域环境保护工作和监督区域环境及亲环境农业实施的双重角色。研究者必须努力加强他们在政策与实地研究之间的联系作用，以及通过在农业生产基地应用信息技术、生物技术、环境技术和纳米技术等最新技术，加快推进可持续农业项目。中央政府必须为推进可持续农业提供支持，包括中长期计划的规划与实施、相关项目的修订、新型环保洁净技术的发展以及预算。地方政府必须负责区域性可持续农业发展计划的规划和实施，以及为农民提供培训和已开发新型环保技术的推广营销。国家农业协会等的生产者组织必须扮演好在亲环境农产品分销、农民培训和政府政策实施监督中的角色。

为了扩大区域性循环农业体系的接受程度，必须合理分配相关团体的角色。另外，还必须建立这些团体之间紧密合作的体系。在这方面，具有区域性环境保护知识和意识的当地居民就成了主要的推动者。

韩国亲环境农业在国家改善环境质量和反映农产品安全的社会需求上扮演着重要的角色。尤其是随着 2008 年"低碳、绿色、增长"的未来国家发展战略的宣告，政府将亲环境农业定为农业部门绿色发展的重要领域。为了反映这一时期的情况，韩国农林渔业食品部提出了"公众与自然一道实现亲环境绿色产业"的愿景，努力推动亲环境农业发展。由于政府积极的政策，亲环境农业的比重会持续增加，从 2009 年占全国农业的 11％，增加到 2010 年约占 13％，到 2020 年占比超过了 20％。

第四章 CHAPTER 4
农业产业链相关行业 ▶▶▶

第一节　农业食品营销

在韩国，农业食品有着复杂的行销渠道，特别是主要由小农场生产供应的新鲜农产品，在营销过程中要经历许多环节。20 世纪 80 年代中期，随着韩国公营批发市场的建立，农产品营销开始现代化。近年来，大型零售商的出现促进了农业食品营销整体效率的提高。

一、农业食品营销渠道

农业食品营销渠道这一概念主要是指包括农业食品从生产到最终消费的一系列物流服务。它包括农业食品的分级、包装、存储、加工和运输，同时还包括交易体系和促销活动。整个营销过程是作为生产和消费的中间步骤，因而它不仅会影响消费者的消费和购买行为，同时也会受消费和购买行为影响。另外，这个过程也与生产和生产者的运输方式相互影响。

（一）农产品消费方式的变化

在过去的 30 多年时间里，韩国食品消费结构发生了巨大的变化。国民收入的快速增长使得人们对大米和其他谷物的消费支出持续减少，而水果、蔬菜和肉类的消费支出不断增加。城市化和非粮食类消费的增长需要一个有效率的运销体系能够向大城市区域的消费中心供应越来越多的新鲜农产品。

近十年，人们对水果、蔬菜和肉类的消费量已经基本稳定。虽然近些年来农产品的消费在数量上基本保持不变，但在农产品消费品质上却发生了明显的变化。

从 2010 年到 2017 年，大米的消费量略有减少，下降了 7.4%，蔬菜和肉类的消费量基本呈逐年上升的趋势，分别上升 2.2% 和 12.4%，这说明农产品消费品质正得到改善（表 4-1）。

表 4-1 不同种类农产品人均消费量

单位：千克

年份	小麦	大米	蔬菜	水果	肉类
1990	31.7	70	108.4	38.8	26.0
2000	32.6	64.6	102.4	41.5	28.8
2005	31.7	61.4	96.3	43.1	28.5
2010	32.7	59.5	88.1	36.6	29.1
2015	32.8	54.6	90.4	34.9	30.7
2017	33.1	54.1	90.0	34.2	32.7

数据来源：《韩国主要农林畜产食品统计 2019》。

韩国的农产品生产一直到 20 世纪 90 年代中期都在快速增长，由于农业市场自由化和进口农产品的增加，到了 90 年代后期，在国内市场上农产品供过于求。供给过剩和更高的国内国民收入水平使得农业食品由于产品品质不同而产生了价格差异。越来越多的消费者开始关注食品安全和亲环境型农产品，亲环境型农产品市场规模从 2000 年的 1 500 亿韩元上升到 2005 年的 7 600 亿韩元。随着农业食品产品的品质不断提高，小包装产品也日渐流行。随着家庭规模越来越小，消费者开始青睐单价相对更高的小包装食品和预先烹饪好的食品。这种变化促使人们对改进包装和加工设备、改进包装材料及方法的要求越来越高，预先加工食品的市场规模估计有将近 3 000 亿韩元。随着国民收入的不断增长，市场上出现了一群追求便利的消费者，他们偏爱大型的一站式购物中心。随着越来越多的人开始外出用餐，农产品行销渠道也必须进行相应的变革以保持食品供应的顺畅。

（二）复杂的农产品营销渠道

由于农产品小批量生产的独特生产体系，导致高额的营销成本，因而整个农产品营销体系非常复杂。同时，韩国消费者往往对新鲜农产品的质量要求很高，这也给产品分销网络带来了更多的挑战。

大米和其他谷物的流通过程是从农场到大米加工综合体（RPCs）或者碾米厂，然后到零售市场，最后到消费者。在全国各地有 302 个大米加工综合体负责进行大米的干燥、储存、加工及销售工作。由于过去对市场有着重要影响的政府采购政策已经被废除，民营经济实体掌控着这些流通过程。谷物是一种可被储存的标准化产品，因而批发市场在大米行业中的作用并不大。大部分谷物产品都是从产地（当地加工公司）直接供应给零售市场，然后再进行销售的（图 4 - 1）。

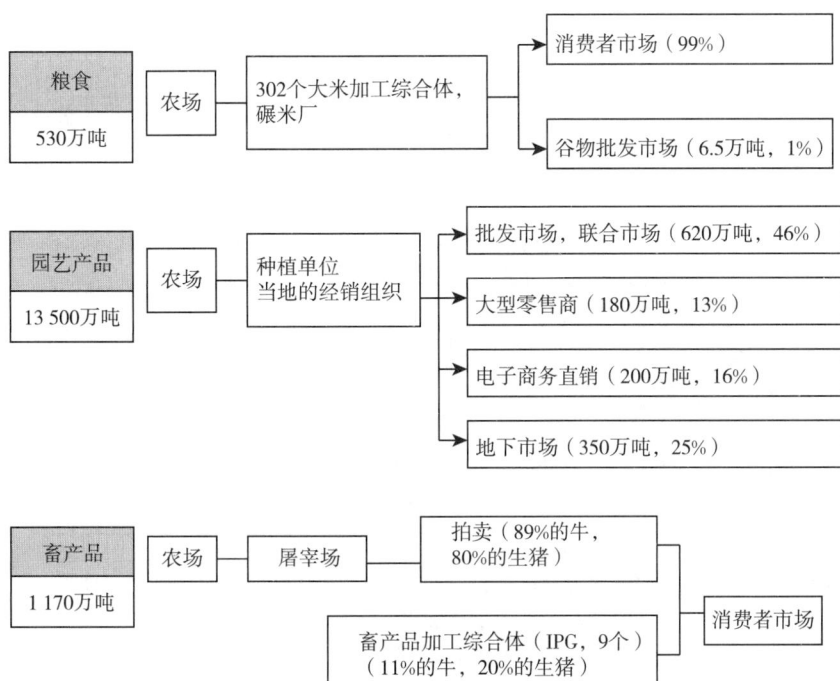

图 4 - 1　主要农产品的基本分销渠道

蔬菜、水果以及其他园艺产品的流通则首先是从农场到当地的经销组织，然后批发市场，再到大型零售市场，最后到消费者。由于园艺产品很难被标准化，也很难被储存，所以它们很难进行联合运输，因此它们要经历一个多级的分销流程。地方的运输机构包括农业合作社（或种植单位）和农协公司，另外，地方性的经销商（收购商）也在当地进行运营。消费者市场以大型零售商为特征，例如折扣店、超市连锁店、传统批发市场以及日益增加的大规模分销中心。另外，电子商务直销也开始流行。园艺产品由于前述原因，有着不同于其他农作物的复杂分销系统。

畜产品分销网络是先从农场生产者运送到屠宰场，再到批发市场（拍卖），然后到达零售市场，最后到消费者。但是，畜产品加工综合体（Livestock Processing Complexes）正在不断取代从屠宰场到批发市场这个阶段流程的工作。

在韩国，水果和蔬菜的营销渠道是比较复杂的。水果和蔬菜从生产者组织或地方经销商运送到批发公司，然后再被运送到批发市场中的中间批发商，再到零售商，最后到达消费者。尤其是叶类蔬菜和根茎类蔬菜，它们往往有着最复杂的营销渠道（图 4-2）。

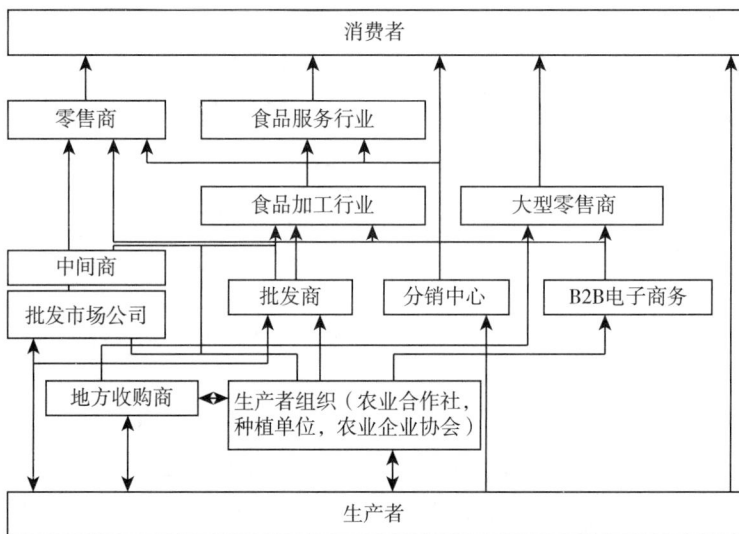

图 4-2 农产品总体的营销渠道

（三）营销渠道的快速多样化

韩国经济的飞速发展引起了社会的巨大变化。国内国民收入快速增长，改变了消费结构，而消费结构的变化又导致了农产品营销渠道的多样化。20 世纪 80 年代中后期，建立了 32 个公营批发市场，到 90 年代中期大型零售商不断增加，这些都使得农产品的营销体系发生了剧烈的变化。

1998—2006 年，一方面，从对营销渠道的利用率看，批发市场的利用率始终稳定在 48%，而地下市场（pseudo-market）则从 42% 下降到 24%。另一方面，大型零售商们取得了很大的成功，所占营销渠道比例从 4% 上升到14%，而直销和电子商务则从 6% 上升到 15%。

截至 2013 年，在主要农产品零售总额中，营销费用占 45％，农场获得产品单价在 55％左右。从每个营销阶段的费用占比来看，发货占 9.1％，批发占 12.3％，零售占 23.6％，个人和公司两者之间没有太大区别（表 4-2）。

表 4-2　各阶段农产品营销费用占比（2013 年）

单位：％

| 分类 | 农场收到的价格比例 | 市场营销费用（顾客销售价—农场收到价格） | | | | | | |
| | | 通过个人 | | | 通过公司 | | |
		合计	装运	批发	零售	直接花费	间接花费	利润
所有农产品	55.0	45.0	9.1	12.3	23.6	14.3	17.3	13.4
粮食	72.3	27.7	10.6	4.3	12.8	12.9	8.1	6.7
多叶和根茎蔬菜	32.2	67.8	25.4	14.8	27.6	30.2	12.3	25.3
蔬菜、水果	59.0	41.0	10.8	9.5	20.7	16.3	13.3	11.4
调味蔬菜	48.7	51.3	17.6	11.9	21.8	18.6	13.0	19.7
水果	51.4	48.6	14.1	10.1	24.4	18.7	14.6	15.3
畜产品	51.3	48.7	2.3	17.3	29.1	9.5	25.4	13.8

数据来源：韩国农林渔业食品部，农业公司的调查。

各类市场营销费用构成在农产品价格中的占比，直接费用占 14.3％，间接费用占 17.3％，商家利润占 13.4％。就每种成分在按商品计算的销售费用中所占的比例而言，园艺作物（蔬菜、水果）的直接费用和利润占比大于间接费用。而在畜产品方面，间接费用所占比例大于直接费用和利润所占比例。

从表 4-3 可以看出，2008 年到 2013 年这 6 年当中，营销费用比例基本不变，保持在 43％左右，其中，将近一半的利润被零售商占有。物流运输成本逐年下降，批发商的利润逐年上升。

表 4-3　各阶段园艺产品营销费用变化情况

单位：％

分类		2008 年	2009 年	2010 年	2011 年	2012 年	2013 年
营销费用比例		44.5	44.1	42.3	41.8	43.9	45.0
营销阶段	装载	10.3	12.2	11.1	10.0	9.1	9.1
	批发	9.6	9.3	7.9	8.6	12.1	12.3
	零售	24.6	22.6	23.3	23.2	22.7	23.6

注：营销费用占比按营销总费用除以零售价计算并将其转换为百分比。

数据来源：韩国农林渔业食品部，农业公司的调查。

二、当地生产者的农产品营销

(一)小型当地生产者营销的增长

在生产领域，大部分农产品都是通过当地农业合作社进行运输，其次是通过个体供应商和联合供应商进行运输。农业合作社提供系统运输服务，完成个人结算、联合包装和运输等服务，而联合供应商则提供联合的分级、运输和支付服务。多叶和根茎类蔬菜往往由个体或者系统运输体系提供；水果和果菜类由联合运输或系统运输提供；而调味蔬菜则由系统运输供应。近些年，联合运输和系统运输已经被广泛应用，近11%的水果和果菜供应都是使用联合支付（联营）。

在个体农户的努力和政府的支持下，大规模的运输组织得以建立，地方生产者的个体运输不断减少，联合运输不断增加。地方性联合运输组织包括当地分销机构以及联合营销组织。当地分销机构所发挥的作用逐渐已经由韩国农业协会和农业协会企业承担。由于活跃的行销活动，它们获得了政府的支持来建立农产品包装中心。联合营销组织主要运作集体性的营销活动。根据韩国农渔贸易公司关于地方生产者分销组织的综合评估报告，共计有711个地方性生产者营销组织（除了3个水果合作社联盟），其中599个是农业合作社，112个是农业协会企业。在地方生产者营销组织中，有409个组织参与了市场推广项目，其中有22个是联合营销组织，专业性组织是287个，一般性组织是100个。参与供给稳定项目的地方性营销组织有474个。另外，在206个农产品包装中心的组织中，有155个既参加了市场推广项目也参加了供给稳定项目。

随着装运规模成为选择销售点区位一个越来越重要的因素，农产品的装运规模和产品特点大致决定了其销售地点。个体运输的平均装运规模是2.6吨，而每一个联合运输的平均装运规模是15.6吨。据调查，批发市场交易量半数以上是每单交易少于10个包装单位（即集装箱）的交易规模。依赖于小农场的产品生产结构可以解释这种类似的小规模装运和交易，而联合运输组织在这方面则运作得更好。因而，在物流活动中这种营销结构效率更低，导致了交易成本如搜索成本等的增加。

(二)农产品包装中心的运营

农产品包装中心（APCs）是指配备有促进水果和蔬菜的包装和标准化装

运的分级、包装设备以及低温储藏设备的场所。在主要生产区域，政府扶持农产品包装中心建设以促使其发挥作为地方生产经销中心的职能，同时通过整合生产和营销运作来强化市场的议价能力，并克服小规模农场经常要面临的限制性问题。而且，技术装备先进的农产品包装中心在市场环境中能更好地应对市场环境的变化。

三、批发市场

（一）农产品批发市场概况

农产品批发市场有多种经营方式，公营批发市场是农产品批发的主要渠道。根据《农产品流通和价格稳定法》，公营批发市场由中央政府和地方政府同时出资，并由区域政府参与其建立和运作。其他的批发市场包括联合市场和地下批发市场，联合市场是由城市和省级政府主办，由农业合作社和中央农协（NACF）共同经营的市场；而地下市场不由地方政府管辖，在中央或地区政府的监督之外。

1985 年，第一个公营批发市场在首尔可乐洞（Garak - dong）建立，到 2018 年 12 月，总计有 9 个中央批发市场和 23 个地方批发市场成立，其中包括首尔江西（Seoul Gangseo）批发市场和光州西部（Gwangju Seobu）批发市场。

通过公营批发市场进行分销的水果和蔬菜（包括土豆）交易量从 1998 年的 460.7 万吨增长到 2009 年的 651.1 万吨。2009 年公营批发市场水果和蔬菜的交易量占所有交易量的 55.1%，表明其在农产品营销渠道中的重要性（表 4 - 4）。

表 4 - 4　公营批发市场交易额占总交易额比率

单位：万吨

种类/年份	1998	2000	2002	2004	2005	2006	2007	2008	2009
蔬菜	856.2	970.7	832.0	931.8	842.4	9，05.3	848.4	8，96.3	892.7
水果	200.7	226.4	268.2	224.7	241.7	233.4	256.3	251.5	268.5
土豆	19.8	22.5	21.0	21.4	24.2	19.5	20.3	20.2	20.6
交易额总计（A）	1 076.7	1 219.6	1 121.2	177.9	1 108.3	1 158.2	1 125.0	1 168.0	1 181.8
公营批发市场交易量（B）	460.7	527.3	564.2	575.2	592.5	606.7	633.1	658.9	651.1
公营批发市场在总流通量中所占比重（B/A，%）	42.8	43.2	50.3	48.8	53.5	52.4	56.3	56.4	55.1

注：（1）流通量＝生产量×商业化率（蔬菜 92.6%，水果 93.2%，土豆 90.8%）；
（2）除去谷物和畜产品。
数据来源：MIFAFF，农业关键数据，农海产品有限公司，批发市场统计年鉴。

在批发市场中的农产品交易是通过委托采取竞卖投标的形式，但是偶尔也会出现落定价、选择性交易以及非上市交易的情况。落定价和选择性交易主要用于市场上产品交易量少、参与中间批发商也较少的一些许可产品。在这些交易类型中，批发市场公司将会给中间批发商一个固定的报价。在一些场外交易的情况下，当市场上的某种特殊产品数量很少时，这种产品会被中间批发商直接购买或委托给中间商。

现在大部分的交易都是采取上市交易的形式，在这种情况下，供应商通过委托的形式把他们的产品卖给批发公司。江西（Gangseo）批发市场成立后，在 2004 年创立了市场批发商体制，新体制促进了交易量的增长。市场批发商由市场经营者来指定，他们进行农产品的收购和流通工作，是市场中的中介和批发商（既是购买者又是代销者）（表 4-5）。

表 4-5　不同类型的批发市场交易情况（2013 年）

单位：万吨，亿韩元

	上市交易（批发公司和联合市场）			非上市交易（非上市项目中间商）			市场批发交易		
	拍卖投标	固定价格	总计	委托销售	采购销售	总计	委托销售	采购销售	总计
交易量	536.2	68.0	604.2	39.2	14.5	53.7	18.0	9.8	27.8
交易额	84 098	12 221	96 319	4 285	3 201	7 486	3 365	1 992	5 357

数据来源：韩国国家统计局，农业行业普查。

（二）公营批发市场的成就和存在的限制

自 1985 年以来，共计建立了 32 个公营批发市场，这些批发市场的经销渠道使得农产品的交易量显著增加，同时在受限于由小型农场主导的农业体系的情况下，使得生产者建立起了稳定的销售网点。另外，上市拍卖体系和公平定价系统的建立，使生产者能够稳定地为市场供应农产品，在此基础上，一种支付结算系统开始形成。虽然国内城镇化不断加速，但批发市场仍能为消费者提供稳定的农产品供给。

近些年，批发市场交易因为一系列问题和限制，发展逐渐停滞。第一，批发市场不能迅速应对快速增长的零售商和消费者购买结构的变化。自从 20 世纪 90 年代后期，大型零售商的数量急剧增加，然而批发市场却不能高效地销售其产品，因为他们不提供小包装、加工、分级以及产品安全管理等服务。虽然现在大型零售商的影响越来越大，但是批发市场其实并没有完全发挥出其在产品收购、流通和应对市场变化方面的作用。第二，批发市场缺乏农产品交易设备来建成一个先进的市场体系。批发市场没有足够的低温系统和加工包装系统。另外，能够削减营销成本的机械化搬运设备同样发展滞后。第三，批发分销商缺乏适当的产品收集和流通能力，批发公司只被用来作为一个委托和拍卖的销售系统。这样，他们就无法完全贯彻作为生产者的销售代理角色，也无法发挥满足消费者变化需求的收集功能。小中间商缺乏流通能力，导致营销成本增加。因此，批发市场必须加强其在生产基地的运作能力，同时加强对零售商的支持。未来的批发市场必须集中关注可改进营销效率的经营运作，而不仅仅是关注如何维持公平交易系统的运作。为了实现这个目标，批发市场必须确保灵活的交易体系，通过合并批发市场公司与中间商的方式来实现发展壮大。

四、大型零售商

（一）大型零售商概述

随着 1996 年营销服务市场的开放，大型零售商数量快速增长，从 1999 年的近 100 家增加到 2005 年的 300 家，2008 年增加到 386 家，销售额高达约 3 万亿韩元。自 2000 年以来，大型零售商开始主导零售市场。

大型零售商通过整合其连锁网络中的采购和价格领先权，巩固了他们在市场中的地位。零售市场的开放，采用先进营销技术的大型零售商的增加，开始逐渐把传统市场和中小型零售商排挤出市场。在韩国，超市可分为传统超市、百货公司和大型零售商。

1995 年，传统超市在整个超市数量中占据了 75.7％的比重，但到 2005 年这个比重就降低至 24.7％。同一时期，百货公司也失去了其在市场中的份额，从 16.0％跌至 6.1％。然而，这一时期大型零售商在总体市场的份额有所增加，从 8.3％上升至 69.2％。在韩国，大型零售商的主要产品是食品，这样就使得他们和传统超市在这一领域展开了直接的竞争。因为传统超市往往规模很小，数量也较少，导致传统超市在价格领先和产品选择上无法和大型零售商（如折扣店等）进行竞争。

从表 4 - 6 可以看出，2012—2016 年这 5 年中，大型超市的市场规模逐年扩大，并以约 0.83％的年均增长率逐年增加。

表 4 - 6 **2012—2016 年大型超市的市场规模**

单位：亿韩元

	2012	2013	2014	2015	2016	复合年均增长率（％）
销售额	385 000	391 000	392 000	394 000	401 000	0.83

数据来源：韩国统计局。

韩国农业协会（NACF）管理着 15 个由政府支持的分销中心，并从生产基地向一路超市（Hanaro Mart）、一路俱乐部商店（Hanaro Club Stores）等的零售网络供应农产品。随着分销中心数量的增加，农产品总销售额从 1998 年的 8 572 亿韩元上升到 2005 年的 2.8 万亿韩元，增长了近 320％。

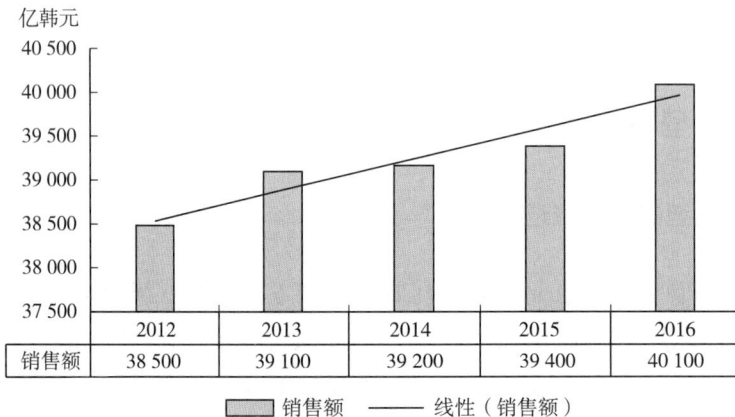

	2012	2013	2014	2015	2016
销售额	38 500	39 100	39 200	39 400	40 100

□ 销售额　——线性（销售额）

图 4 - 3 2012—2016 年大型超市的市场规模

分销中心创建了独立于批发市场的新营销渠道，使农产品的流通网络更加多元化，提高了整体效率。通过利用这些分销中心（包括大型零售商的直接采购），产品的流通链经历了从只包含"生产者"到"当地运输组织"，再到"分销中心（大型零售商）"，最后到"零售商"或"消费者"这三个或四个阶段。但是，在经过批发市场的流程时，还要包括批发市场公司和中间批发商，使得流通链中增加了更多的环节。

零售商之间的激烈竞争促使提高营销效率的需求更加迫切。因此，零售商们之间的合同交易和分销流程的纵向合并在不断增加。随着商店的数量越来越多，大型零售商会直接从供应商购买产品来强化他们自身的批发职能。自2000 年以来，折扣商店的数量急剧增加，对产品的直接采购也在增加。在折

>>> 第四章 农业产业链相关行业

扣店中，水果比蔬菜更容易以一种包装和标准化的单位被购买，而且水果在直接采购中所占的比例很高，从 1999 年的 35.4% 上升到 2005 年的 61.3%，比例增了近两倍。这一时期，蔬菜直接采购的百分比从 21.9% 上升到 51.3%，增加了两倍多。

大型零售商（折扣店）的采购市场主要由采购商主导。虽然大部分供应商都能供应同样优质的农产品，少数大型零售商却能够选择当地供应商来供给产品。这样，市场被采购集团控制，而大型零售商统治了整个市场。在零售市场，销售额排名靠前的 4 家公司所占的市场份额从 1995 年的 2.0% 上升到 2006 年的 42.9%（图 4-4）。

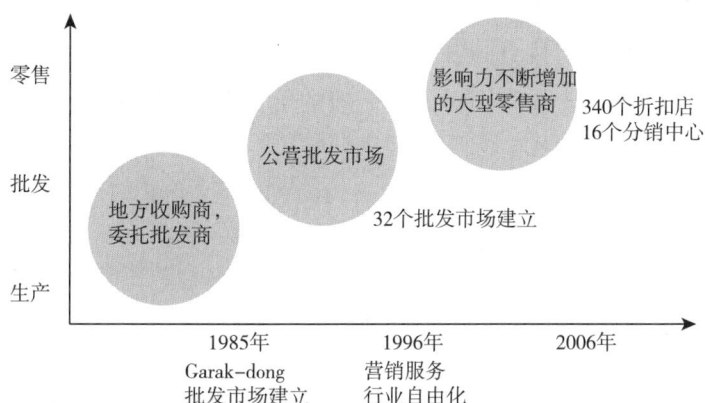

图 4-4 营销行业领导者的变化

从表 4-7 可以看出，不论是国内产品还是进口产品，大型零售商直接向生产者采购水果和蔬菜的比例都在逐年上升，其中，在国内的水果产品收购中，大型零售商占比从 1999 年的 35.4% 上升到 2005 年的 61.3%，蔬菜从 1999 年的 21.9% 上升到 2015 年的 51.3%，说明营销渠道正在趋于扁平化，减少了营销渠道的中间环节，这也在一定程度上有利于降低营销成本。

表 4-7 大型零售商直接向生产者采购水果和蔬菜的变化

单位：%

种类	1999 年	2002 年	2005 年	2010 年	2014 年
水果	35.4	47.5	61.3	31.0	47.0
蔬菜	21.9	37.5	51.3	—	—

数据来源：金东焕（Kim Dong-hwan）等，《韩国农业 2015》。

121

（二）大型零售商市场主导地位的优缺点

大型零售商通过引导采购市场，增加生产规模，改进产品质量，增强生产者组织的能力，给市场带来了一系列积极的变化。

大型零售商通过创建在生产者、供应商和自身物流中心之间的纵向关系营销和渠道整合，建立起供应链管理（SCM）系统以实现其稳定、高效的农业食品采购。也就是说，大型零售商试图通过这些系统来提高物流效率。另外，大型零售商还可以准确预计消费者的需求，并相应地调整他们的生产线，同时大型零售商也带来了积极的购物体验和便利的一站式购物。

大型零售商的市场主导地位正在不断加强，他们在市场上利用他们的杠杆作用来扩张其自身的"自有品牌"战略路线。生产者往往被迫改变他们的产品来迎合零售商的具体要求，同时以更低廉的价格向他们供应产品，还要承担营销和物流费用。

五、营销包装

（一）提高农产品物流效率

20 世纪 80 年代中期建立的 32 个公营批发市场和现在激增的大型物流中心，使得市场基础设施不断完善。然而，营销效率低下、保证食物安全和维持产品新鲜度的要求，以及不断上升的包装成本，都导致了高额的营销成本，而且这种营销成本占总采购价的比重已经达到了 43.5％。物流成本有近 8.1 万亿韩元，占了总流通成本的 35.3％，其他流通费用包括包装费用、加工费用、装卸费用、食物损耗和清洁费用等，这些其他流通成本要比物流成本明显高出很多。装卸过程中的机械化比例从 2003 年的 14％上升到 2006 年的 23％。但是，这种机械化程度仍然很低，大部分的装卸活动还是人工操作，物流效率正在逐渐改进。物流效率是耗费性的物流成本除以总物流成本，这个指数从 1999 年的 67.4％下降到 2000 年的 58.7％，在 2006 年下降到了 53.3％，表明物流效率正不断提高。

（二）农产品标准化包装和安全管理

农产品标准化水平高低代表着其营销效率水平的高低。农产品中包装产品所占的百分比从 1998 年的 75％上升到 2006 年的 89％，与此同时，采用标准化包装的产品运输率从 17％上升到 50％。标准化装运在运输水果的情况中更常见，而在蔬菜运输中则较少。

现在，消费者对产品质量和食品安全标准要求越来越高。为了满足这种需求，亲环境型农作物的培养快速增长，亲环境型的农产品占比持续提升，在 2020 年已超过 20％。此外，贴有原产国标签的产品比例在 1998 年为 93％，2006 年就达到了 97％，几乎所有的农产品都贴有原产地标签，反映农产品标准化包装和安全管理水平也达到一个较高水平。

第二节　农产品质量认证和安全管理

一、食品认证体系

韩国已经建立起食品质量管理的认证体系。2010 年，42 种传统食品和 427 家生产工厂进行了传统食品质量认证。韩国标准加工食品认证体系向符合体系质量要求的加工食品授予韩国标准（KS）认证书。2009 年，总计制定了 152 个标准，有 92 家公司（158 家工厂）收到了 38 种产品的认证书。而在农业地理标志（GI）体系中，在 2009 年有包括宝城（Bosung）绿茶在内的 60 种产品进行了注册。

危害分析与关键控制点认证（HACCP）主要对象是畜禽产品，用来防止细菌感染和抗生素残留在肉类和其他畜禽产品里。HACCP 食品主要适用于牛肉、猪肉和家禽以及火腿、香肠、净肉、牛奶、奶酪、黄油、冰激凌、蛋制品（表 4 - 8）。

表 4 - 8　农产品认证体系

认证体系	具体内容	认证机构
地理标志体系	保护食品原产地	国家农产品质量管理服务局
良好农业操作规范（GAP）	确保农产品安全生产	私营认证机构（NACF，E - Mart，Lotte Mart，韩国江陵大学等）
环保农产品认证	确保产品的生产没有使用人造杀虫剂和化肥	国家农产品质量管理服务局和私营认证机构
传统食品工匠大师认定	评定传统食品工匠大师	韩国农林渔业食品部

(续)

认证体系	具体内容	认证机构
传统食品质量认证	评定使用国内食材制成的优良传统食品	韩国食品研究所
KS加工食品认证	确保农产品达到质量标准	韩国食品研究所
危害分析与关键控制点认证（HACCP）	确保科学安全管理系统的操作，防止细菌和抗生素残留	HACCP畜产品认证标准

数据来源：韩国农林渔业食品部。

二、农产品安全管理系统

农产品追溯系统记录和管理农产品生产、流通和销售信息，确保任何可能出现的质量和安全问题都可以在其生产链中追根溯源。这是一个跟踪食品的系统，它能够采取快速而有效的措施来解决食品中出现的问题，确保食品安全，从而树立起消费者对产品的信心。农产品追溯系统是在2006年1月建起的一个自愿注册的系统，它记录和管理与农产品生产、流通和最终消费等有关的信息。追溯体系和良好农业操作规范体系是针对农产品相互独立的两个项目，但追溯体系是良好农业操作规范的前提条件。

良好农业操作规范（GAP）体系（图4-5），主要是确定在收获和包装期间的农药残余及在土壤、水或产品中存在的重金属和其他有害生物或材料的标准，从而确保农产品的安全。GAP体系通过让消费者了解在农产品收获、加工和储藏过程中可能发生的农药、重金属和微生物残留的管理，把对环境的损害降到最小化，并为消费者提供安全的农产品。

图4-5　GAP认证体系标志

为了提高国内农产品的竞争力，在联合国粮农组织、食品法典委员会和其他国际组织之间进行了国际谈判，在 2003 年 4 月政府采用了 GAP 体系。GAP 试行体系从 2003 年开始运行，当年有 9 个农场、5 种产品认证，到 2009 年扩大到 70 612 个农场和全部产品认证。为了使 GAP 体系法律化，政府于 2005 年修改了农产品安全管理法，并于 2006 年 1 月重新组织了法律和执行条款。为了顺利推进 GAP 体系，政府还建立了标准制成准则，高级农产品管理标准和产品历史管理标准。标准制成准则从 2003 年的 67 条发展为 2004 年的 82 条，到 2009 年共有 105 条准则。农产品管理标准包括 GAP 产品在检查时，生产者、配送者和零售商都必须遵守的记录和信息管理标准，共有 110 个条款（表 4 - 9）。

表 4 - 9　已经通过 GAP 认证的农场和农产品项目个数

单位：个

年份	农产品项目	农场
2003	5	9
2005	47	95
2007	100	30 557
2009	全部产品	70 612

数据来源：韩国农林渔业食品部。

从 2006 年开始，韩国和欧盟一样，GAP 认证是由官方监管的民营机构负责认证。政府监督和管理这些民营认证机构，而这些机构也承担着认证和管理农场的任务。到 2009 年，政府指定了 20 个认证机构，其中包括韩国中央农业协会（NACF）、韩国农水产品流通公社、易买得超市（E - Mart）和乐天商场（Lotte - Mart）等。GAP 项目面临最直接的问题就是增加消费者对这个项目的了解，以及培养 GAP 教育和认证有关的专业人才。

食品安全危机正在变得越来越突出，消费者对健康食品也变得更加关心。同时畜产品暴露出越来越多的使用有害药物问题和危险。畜产品 HACCP 认证就是防止在畜产品中发生与食品相关的生物、化学和物理的危险。1997 年，HACCP 项目首先应用于屠宰场和肉类加工中心；2003 年 7 月，国内所有的屠宰场都被强制要求遵守 HACCP 准则。在 2004 年，政府制定了与肉类生产相关的运输、储藏、仓储和销售的 HACCP 适用标准；在 2009 年，143 个屠宰场，461 个畜禽产品加工工厂和 81 个复合饲料厂采用了 HACCP 标准（表 4 - 10）。

表 4 - 10　HACCP 项目在肉类生产的实施现状（2009 年）

单位：个

屠宰场	畜禽产品加工工厂	复合饲料厂	总计
143	461	81	685

注：加工畜禽产品的工厂包括奶业、食用肉加工业、蛋类加工业和食用肉销售业。

数据来源：韩国国立兽医科学检疫院。

第三节　农业投入产业

农业投入产业是一个重要的产业，主要提供农业生产基础的投入品，现在也已成为出口产业。伴随着水稻生产的机械化，农业机械行业也在蓬勃发展。自 1980 年开始，政府的农业机械供应方案开始实施，目前水稻产业机械化率已达近 100％。国内农业机械市场的饱和导致制造商扩大对外出口。化肥行业在 20 世纪 70 年代实现自给自足，并迅速成为出口产业。亲环境型农业的扩大创造了一个新兴的生态友好型肥料产业。通过与制药和材料产业的不断结合，并积极努力利用纳米技术开发新的种子，现在种子产业已经发展成一个新型融合产业，与传统杂交育种的简单方法相去甚远。为促进种子产业的发展，韩国政府实施了 2020 年种子产业的促销策略。

一、农业机械行业

（一）农业机械供需变化

2000 年以前，韩国政府还允许农业机械补贴时，主要农业机械生产趋势显示有 89 000 台动力耕耘机、29 000 台水稻插秧机和 51 000 台锄地机。但自 2000 年以后，政府的补贴政策转向贷款制度后，农业机械的生产大幅下降，动力耕耘机的生产与 2008 年相比下降 94％。政府取消了为农业机械提供半价的政策，导致国内消费下降，从而农业机械公司的生产经营活动也开始收缩。伴随着农业机械公司总体上运营率的下降，企业规模也越来越小。公司员工在 50 人以上的农机企业所占的比例逐年下降，1995 年时所占比例为 21.9％，2005 年时为 10.6％，2008 年时为 8.1％。在此期间，员工人数少于 10 人的小企业所占比例不断攀升，从 1995 年的 19.7% 攀升至 2008 年的 46.0%，增长了 26.3%（表 4 - 11）。

表 4 - 11 不同规模的农业机械企业数量

单位：个

企业规模	1995 年	2000 年	2005 年	2006 年	2007 年	2008 年
总和	132 (100.0%)	285 (100.0%)	284 (100.0%)	323 (100.0%)	329 (100.0%)	372 (100.0%)
少于 10 人	26 (19.7%)	73 (25.6%)	111 (39.1%)	123 (38.1%)	123 (37.4%)	171 (46.0%)
11～30 人	59 (44.7%)	119 (41.8%)	119 (41.9%)	143 (44.3%)	147 (44.7%)	142 (38.2%)
31～50 人	18 (13.6%)	44 (15.4%)	24 (8.4%)	26 (8.0%)	27 (8.2%)	29 (7.8%)
51～100 人	14 (10.6%)	24 (8.4%)	12 (4.2%)	13 (4.0%)	14 (4.3%)	13 (3.5%)
101～150 人	7 (5.3%)	19 (6.7%)	15 (5.3%)	15 (4.6%)	15 (4.5%)	14 (3.8%)
501～1 000 人	2 (1.5%)	6 (2.1%)	3 (1.1%)	3 (0.9%)	3 (0.9%)	3 (0.8%)
1 000 人以上	6 (4.5%)	—	—	—	—	—

数据来源：韩国农业机械产业，韩国农业机械协会，每年的农业机械年鉴。

注：括号内的数据为不同规模的农业机械企业占比。

从表 4 - 12 可以看出，截至 2018 年，韩国主要农业机械数量最多的是动力耕耘机，其次是锄地机、农场拖拉机，最少的是联合收割机，动力耕耘机的数量逐年减少，从 2005 年的 81.9 万台降至 2018 年的 54.4 万台。而农场拖拉机的数量不断上升，2005 年到 2018 年增加了将近 7 万台。在 2013 年左右，农场拖拉机的数量超过了水稻插秧机的数量。

表 4 - 12 不同年份所拥有的主要农业机械

单位：台

年份	动力耕耘机	农场拖拉机	水稻插秧机	割捆机	联合收割机	锄地机	谷物干燥机
2005	819 684	227 873	332 393	60 008	86 825	392 505	70 363
2010	698 145	264 834	276 310	—	81 004	407 997	77 830
2013	639 517	277 649	235 612	—	78 854	407 571	78 282
2014	609 864	277 234	220 204	—	75 970	396 550	76 859
2015	598 279	282 860	213 405	—	78 984	407 134	78 311
2016	582 352	285 968	202 320	—	77 349	408 247	78 589
2017	567 070	290 146	195 704	—	77 012	407 203	79 029
2018	544 411	290 258	187 466	—	74 700	402 782	76 554

数据来源：《韩国主要农林畜产食品统计 2019》。

农户拥有的拖拉机数量从 20 世纪 90 年代迅速上升，2005—2018 年拖拉机数量仍在增加，从 22.8 万台增长至 29 万台，拥有量持续上升。联合收割机的拥有量自 2005 年以来处于下降趋势，2018 年有近 7.5 万台。水稻插秧机的数量同期也在下降，从 2005 年的 33.2 万台下降到 2018 年的 18.7 万台。谷物干燥机、锄地机十多年中相对稳定，略有增长。

（二）水稻生产机械化

韩国水稻种植平均机械化率从 1990 年的 68%，上升到 2004 年的 90%，2018 年达到 98.4%，水稻产业几乎达到了完全机械化。在干燥环节的机械化率自 2006 年以来上升很快，过去这一环节是机械化的短板，2006 年只有53.2%，2018 年为 93.9%（表 4 - 13）。

表 4 - 13　水稻种植的机械化率

单位:%

机械化项目	2006 年	2010 年	2012 年	2013 年	2014 年	2015 年	2016 年	2017 年	2018 年
平均	89.9	91.5	94.1	94.1	97.8	97.8	97.9	97.9	98.4
耕种	99.1	99.9	99.9	99.9	100.0	100.0	100.0	100.0	100.0
插秧	98.4	99.8	99.8	99.8	99.9	99.9	99.9	99.9	100.0
收割	99.4	99.9	99.9	99.9	99.9	99.9	100.0	100.0	100.0
干燥	53.2	58.5	71.6	71.6	90.1	90.1	92.6	92.6	93.9
害虫防治	99.5	99.3	99.7	99.7	99.0	99.0	97.1	97.1	98.1

数据来源:《韩国主要农林畜产食品统计 2019》。

衡量水稻种植机械化水平的另一项指标是每 10 英亩*的劳动力投入时间，在 1980 年劳动力投入时间为 130.5 小时，2005 年下降至 20.8 小时，并在2009 年降至 16.3 小时。近三十年劳动力投入时间降幅达到 87.5%，这要归功于水稻的种植、收获、病虫害防治各生产环节的迅速机械化。农地租用的兴起和共享机械合作组织的扩大，也促进了农业机械化的快速发展。

（三）农业机械的生产前景和任务

韩国中央农业协会（NACF）实施农业机械租金计划，正在积极探索利用农业综合基金购买新的农业机械，这个计划会对韩国农业机械行业产生较大影

---

　*　英亩为非法定计量单位，1 英亩≈4 046.86 平方米。——编者注

响。因此，农业机械的生产和分配水平，在某种程度上取决于农业机械租金计划的实施。

此外，农机行业面临的主要问题涉及以下方面：农机的出口型号和尺寸达到标准化以确保国际竞争力；通过翔实的市场研究已达到在海外市场的专业化；行业内公司之间的产品线调整，以防止固定设施对盈利能力造成不必要的阻碍。

二、肥料产业

（一）生产和消费条件的变化

在韩国目前共有9个化肥生产厂家，包括南海化工、东部韩农化工、三星精细化工，销售总额为112.84亿韩元，其中30%来自化肥销售。

化肥在20世纪70年代达到了自给自足，化肥每年出口约150万吨。由于出口量的下降和2000年后国内需求的降低，化肥行业的经营水平降低至80%。虽然单一化肥如尿素的产量下降，但园艺肥料和低密度复合肥料的发展，使行业的复合化肥生产能力比1980年增加了一倍。复合化肥占化肥生产总量的70%。

韩国的化肥消费量（根据成分）在20世纪80年代末每公顷超过了450千克，但自1990年之后韩国的化肥消费量持续下滑，在2009年降至267千克/公顷，与1990年的水平相比下降了41.7%。2018年化肥消费量为每公顷268千克，与2000年相比，单位面积化肥用量下降了约30%（表4-14）。

表4-14　肥料供应情况

年份	产量（B）（万吨）	消费（C）（万吨）	自给率（B/C）（%）	耕地消费（千克/公顷）
2000	154.6	80.1	211	382
2005	146.1	72.2	202	376
2010	100.6	42.3	238	233
2015	77.5	43.9	177	261
2016	76.9	45.0	171	268
2017	84.3	44.2	191	270
2018	85.3	44.6	191	268

数据来源：《韩国主要农林畜产食品统计2019》。

继 1999 年开始的大规模援助朝鲜后,韩国直到 2007 年平均化肥出口量每年为 1.3 万~1.8 万吨。因为 2008 年后停止了对朝鲜的化肥援助,出口量下降至近 1.4 万吨。复合肥料、尿素和硫酸铵是韩国最大的出口产品,大多数化肥出口到了东南亚国家,包括泰国、菲律宾、马来西亚和印度尼西亚。2018年化肥总出口额为 2.76 亿美元,出口数量为 116.2 万吨(表 4-15)。

表 4-15 肥料的进口量与出口量

单位:万吨,百万美元

进出口量		2005 年	2010 年	2015 年	2016 年	2017 年	2018 年
出口量	数量	147.9	152.9	69.1	86.5	116.8	116.2
	金额	292	809	250	249	191	276
进口量	数量	131.5	71.4	67.0	72.1	73.1	73.4

数据来源:《韩国主要农林畜产食品统计 2019》。

化肥生产的主要原料,包括氯化钾和天然磷酸钙,这些几乎完全依赖进口。

(二)化肥价格和分配政策的变化

在 1962 年政府成立了一个专用肥料账户,以低于市场的价格为农家提供肥料,其中的差价通过这个专用账户来支付。1988 年 1 月,韩国开放了化肥市场,一方面减少政府的财政负担,另一方面通过市场力量来加强化肥的生产和销售。同时,中央农业协会建立了自己的化肥供应计划,以确定最佳的化肥采购和销售价格。

化肥市场贸易自由化和农业协会在供应链管理的参与使化肥的供应和分配效率显著增加。由于化肥库存大大降低,物流和仓储成本下降,更多的私人经销商开始进入零售市场,并提供比农业协会更有竞争力的服务。

市场贸易自由化并没有从根本上创造新的分销系统。化肥市场几乎被农业协会完全控制,其园艺肥料的市场份额从 2000 年的 54.5%,提升到了2013 年的 80.6%。2013 年农业协会所占的整体肥料市场份额为 99.1%,见表 4-16。

表 4 - 16　NACF 在肥料市场所占的份额（2013 年）

肥料类型		韩国农业协会					市场销售		合计
		联合会	比例	区域合作社	比例	合计	比例	市场销售	比例	
数量（万吨）	化肥	84.3	96.6%	2.2	2.5%	86.5	99.1%	8	0.9%	873
	园艺肥料	28.3	62.3%	8.3	18.3%	36.6	80.6%	88	19.4%	454
	其他	447.5	88.9%	48.2	9.6%	495.7	98.4%	79	1.6%	5 036
	小计	560.1	88.0%	58.7	9.2%	618.8	97.2%	175	2.8%	6 363
金额（亿韩元）	化肥	5 414	97.5%	90	1.6%	5 504	99.1%	50	0.9%	5 554
	园艺肥料	1 812	70.5%	256	10.0%	2 068	80.4%	503	19.6%	2 571
	其他	8 632	93.3%	473	5.1%	9 105	98.4%	151	1.6%	9 256
	小计	15 858	91.2%	819	4.7%	15 858	95.9%	704	4.1%	17 381

注：其他肥料包括有机肥料、副产品肥料和 4 种复合肥料。

数据来源：《韩国主要农林畜产食品统计 2019》。

（三）肥料产业前景

由于补贴制度的取消，材料价格的上涨以及对化肥需求量的下降，造成了化肥行业整体销售减少并降低了化肥行业的利润。虽然发展中国家的化肥消费量是呈上升趋势的，但是先进的工业化国家倾向于越来越少使用肥料。近年来油价暴涨暴跌带动原材料成本大幅波动，世界化肥市场充满了不稳定性。

2005 年，世界贸易组织的倡导和全球补贴政策的变化导致韩国取消了价格支持制度，日益普及的环保理念和有机食品，以及对食品安全的关注让化肥行业站在了一个转折点上。对化学肥料需求量不断下降，而环保肥料已开始流行。工业化和城市化，农业户籍人口老龄化，以及不断上涨的粮食进口，这些都导致了国内农业生产的收缩，这将不可避免地导致化肥的需求量下降。

肥料行业需要业务运作多样化以应对这些环境变化，从而实现稳定增长。其必须在协同效应最大化方向上追求多元化，必须对人力资源结构进行改革，采用新的业务管理系统。各化肥企业需要以优化生产结构转型，发展最有竞争力的肥料。在化肥市场需求下降的情况下，企业就必须扩大环保肥料的开发和生产。

三、种子产业

(一) 种子市场和相关政策

20 世纪 90 年代,国际大型种子和植物遗传学公司已经开始意识到种子产业在未来的发展潜力,并开始收购小型种子公司,或相互形成各种合作关系。外国种子公司正式进入韩国市场是在 1997 年和 1998 年爆发金融危机时,韩国主要蔬菜种子公司被外国公司收购。1997 年外国种子公司控制了 65% 的市场份额,国内企业控制了其余的 35%。金融危机后,韩国种子公司崛起,包括韩国农友生物、韩龙和韩国东部高科在内,使韩国企业的市场份额在 2008 年增长到 48%。

直到 1997 年,韩国政府出台《种子管理法》用来监督与种子植物相关的企业(表 4 - 17)。自 20 世纪 90 年代起国际知识产权在种子行业开始得到应用。对此,1998 年政府通过了集成的《种子产业法》以应对这些国际市场的变化,并增强国内同行业的竞争力。

表 4 - 17　种子管理系统

项目		主要谷物种子	商用种子
种类		水稻、大麦、小麦、大豆、马铃薯、甘薯、玉米、红豆、花生、绿豆、芝麻种子、油菜籽	蔬菜、花卉、水果、蘑菇
相关法规	1997 年之前	《主要作物种子法》	《种子管理法》
	1998 年之后	《种子产业法》	
种子培养机构		国家研究院	私人与公共研究院
基因资源保护		农村发展管理局	农村发展管理局,私人部门
种子生产		韩国种子和多样性服务部门	私人部门
种子分配		韩国种子和多样性服务部门	私人部门

目前,在国内种子供应占比方面,粮食作物的国内种子占比高达 95%,蔬菜的国内种子占比高达 90%,特殊作物的国内种子占比高达 80%。然而,只有 20% 的水果种子和 5% 的花卉种子是韩国自己供应。外国种子的使用需要支付特许权使用费,这增加了农场的经营成本。外国进口的水果品种往往存放时间更长且相对不需支付特许权使用费,但多数生长在韩国的花卉所涉及的品

种都需向外国所有者支付特许权使用费。

（二）种子供应

种子产业是指一个有关种子的行业，例如开发生产作物的新品种，并通过加工和准备，来推广发达的作物品种。韩国种子市场规模有大约 6 880 亿韩元，据估计，第一是花卉植物种业有 2 592 亿韩元，占了市场最大份额，第二是蔬菜种子 2 368 亿韩元，第三是水果种业 1 166 亿韩元，第四是粮食作物种子 754 亿韩元。此外，饲料作物和绿肥作物种子 435 亿韩元。种子企业从 1998 年的 332 家增加到 2012 年的 1 073 家，数量增加了 3.2 倍。水果种子企业所占比例最高，为 31.6%；其次是蔬菜种子企业，占比 19.5%；后面依次是花卉种子企业占比 16%，蘑菇种子企业占比 11.1%。

政府每年指导的粮食作物种子生产和供应超过 3.5 万吨，从对种子的需求和认证种子的供应来看，种子替换率并不高，2010 年和 2011 年，政府供应的 6 种粮食作物种子更新率分别是 34.1% 和 31.6%。其中水稻换种率最高，2010 年为 40.9%，2011 年为 40.2%；其次是玉米，2011 年换种率为 37.9%。

蔬菜种子的生产分为海外生产和国内生产，在 20 世纪 90 年代以前，大部分蔬菜种子都是国内生产的。此后自引进国外种子后比例迅速增加，国外种子在 1991 年仅占比 15.4%，在 2009 年增长到 78%。国外种子比例增加的背后原因包括韩国国内的条件恶化，不断增加的土地价格，劳动力成本高以及像气候等一些对生产不同特点、不同类型种子的限制性因素，这些都增加了国内种子的生产成本。

花卉种子的销售额继续逐年增加，2013 年达到约 96 亿韩元，比 2000 年增加了 5 倍（表 4 - 18）。

表 4 - 18　花卉种子销售情况

单位：百万韩元

项目	2000 年	2001 年	2002 年	2003 年	2004 年	2005 年	2006 年	2007 年	2008 年	2010 年	2013 年
种苗	1 605	2 220	2 881	3 692	4 619	15 639	9 349	7 897	7 024	12 949	9 657

数据来源：韩国农林渔业食品部。

种子出口主要是蔬菜种子，占到了出口总额的 90%。蔬菜种子出口额从 1990 年的 609.5 万美元持续增加到 2014 年的 3 981.6 万美元，增长了

5.5 倍。据出口市场数据显示，出口日本、美国、中国和印度的蔬菜种子占出口总额的 73.3%；按照蔬菜种类，红辣椒、萝卜、白菜和大白菜占到蔬菜种子出口总额的 74.6%。据预测，种子产业极有可能发展成为一个成功的出口行业。

表 4 - 19　蔬菜种子的进出口趋势

单位：万美元

进出口额	1990 年	1995 年	2000 年	2005 年	2009 年	2010 年	2014 年
出口额（A）	609.5	738.8	1 800.2	1 527.7	1 956.3	2 304.2	3 981.6
进口额（B）	239.7	783.5	1 152.1	571.0	795.4	972.9	1 599.7
A - B	369.7	-44.7	648.1	956.7	1 161.0	1 331.3	2 381.9

数据来源：韩国种子协会。

1990 年，韩国蔬菜种子的进口额为 239.7 万美元，2014 年为 1 599.7 万美元。出口额从 1990 年的 609.5 万美元增长到 2014 年的 3 981.6 万美元，贸易顺差大幅增加，从 1990 年的 369.7 万美元增加到 2014 年的 2 381.9 万美元（表 4 - 19）。

第四节　乡村旅游和农业第六产业化

一、乡村旅游

韩国与欧洲的发达国家不同，老百姓开始享受乡村旅游的时间不长，农场规模和房屋也很小，人们还没有真正在意农村景观。游客留在农场享受各种乡村活动的乡村旅游市场在韩国并没有兴起。因此，韩国政府实施相关政策，努力引进乡村旅游文化，开发乡村旅游市场。

韩国政府认识到仅仅依靠农业来增加农场收入是有根本性限制的，开始寻求增加非农业收入的政策，其中一项措施就是开发乡村旅游。自 1984 年以来，政府一直制定政策支持乡村旅游。刚开始韩国农林渔业食品部曾发布《农村旅游资源开发政策》，其目的是支持非农业创收，发展观光农场。观光农场是指配备有农业体验中心、住宿和餐馆的设施，为游客提供度假和休息的场所，在当时的韩国观光农场是一个新概念。政府对观光农场的支持包括间接的现金支付，以低利率向拟建立的观光农场提供高达 37 万美元的资金支持。此外，政府放宽了对乡村旅游村和观光农场的规定，并对土地用途进行了评级，帮助农场建设旅游项目设施。在政府的支持下，从 1984 年到 2000 年，全国共建立了 491 个观光农场。

由于政府对观光农场的支持，特别是放宽土地使用政策，农场获益很大。韩国土地市场的一个特点是土地价格因土地使用目的的不同而不同，因此一些城市居民假借生活在农村的名义，以获取政府支持政策。由于这些问题的产生，政府从 1997 年起逐渐减少了支持资助。此外，由于 20 世纪 90 年代末的亚洲金融危机，导致大多数观光农场破产。尽管如此，观光农场作为韩国乡村旅游首次出现的一种形式，有助于提高韩国人民对乡村旅游的认识。

2002 年，韩国政府开始积极推动乡村旅游村发展项目，并将其作为一种新型的乡村旅游政策。政府推出了这个支持政策，是因为考虑到城市公民对旅游业的需求稳步增加，乡村旅游是增加非农业收入的有效战略，同时也避免了对单个农场直接支持引起的社会诟病。

在乡村旅游村发展项目中，政府通过公开竞争，评选出具有特殊旅游资源的乡村或能够主动参与乡村旅游的带头人，并给予相关村庄资金支持。由政府财政支持的村利用资金为村内乡村旅游联合运营建立设施、制定方案、开展营销活动。这是一种以社区为基础的商业模式，其特点与以前对观光农场的支持有很大不同，先前关注的是个别农场。

乡村旅游村发展项目的候选人是通过一场竞赛选出的，政府对希望开办乡村旅游业务的村庄居民的商业计划进行评估，并选择目标村庄。这与政府之前的政策不同。之前支持政策是以自上而下的方法来执行，政府选择目标地区，并决定有哪些地方居民可以使用补贴。相反，在乡村旅游村，受益者是通过竞赛选出的，通过自下而上的方法决定居民如何利用政府补贴。

由于村庄一旦被指定为乡村旅游村，就可以获得 30 万美元以上的资金，许多村庄申请了这一项目。包括农业粮食和农村事务部、公共行政和安全部以及文化和旅游部在内的多个部委都在竞相推动这一项目。

除了中央政府的乡村旅游村发展项目外，一些地方政府也推动了类似的项目。如果将中央和地方政府开展的所有类似项目加总起来，在 2002 年至 2014 年期间，全国各地实施了约 1 900 个乡村旅游村项目，目标村庄约占韩国 36 300 个乡村村庄总数的 5.2%。

　　为了依法支持农村旅游村发展项目，政府于 2008 年颁布了《促进城市与农业或渔业村相互交流法》，依法引入乡村旅游村登记制度，帮助乡村旅游村顺利经营旅游及相关业务。根据法律规定，希望经营乡村旅游业务的社区理事会或产品合作社，可以通过提交旅游业务经营计划和规则以及当地居民填写的同意书申请乡村旅游村的工商登记。此外，任何已登记为乡村旅游村经营者的实体，都被特别允许销售农业、森林和渔业产品并可为游客提供住宿和食品服务，且不受现行法律和条例的约束。具体来说，乡村旅游村的经营者如果使用总建筑面积小于等于 1 500 米^2 该村的联合设施作为乡村旅游企业的住宿，则不受《公共卫生管制法》的约束；经营小于 3 000 米^2 的户外骑马课程或小于 1 500 米^2 的室内骑马课程不受《体育设施安装和利用法》的约束；作为农村活动和度假项目的一部分，提供食品或制造、销售或加工当地农业、森林和渔业产品制成的速食食品的经营者不受《食品卫生法》的约束，等等。《促进城市与农业或渔业村相互交流法》还规定了培训课程认证制度，包括乡村活动指导和农场文化旅游导游等认证制度。

　　根据这些法律和条例，登记为乡村活动和度假村的农村企业可以很容易地经营旅游业务，不受其他对设施、地点和卫生的法律限制。由于得到这些法律支持，在中央或地方政府支持的乡村旅游村中，登记为乡村活动和度假村的数量一直在增加。截至 2014 年年底，全国约 700 个村庄被登记为乡村活动和度假村。

　　除了实施乡村旅游政策外，韩国政府还制定了法律，允许农业和渔业村庄的居民利用他们的房屋经营 B&B 业务（近似中国农村的民宿），该法于 1994 年颁布。根据该法，农业和渔业村（包括农场和非农场）的居民可以经营规模小于等于 1 500 米^2 的民宿业务。根据法律规定，截至 2014 年，全国农村地区共有 27 975 家企业注册。政府不直接向这类企业提供资金支持，但承认这类民宿为农房，使经营者免受有关住宿地点的规定，他们也可以在未经批准的情况下提供早餐。因为规定的放宽，一些企业在有名的旅游景点和优美的自然景观周围经营农家乐。

　　引发韩国乡村旅游扩张的最大因素是中央政府稳健有力的扶持政策。特别是根据《促进城市与农业或渔业村相互交流法》，农村活动和度假村的商业登记制度为农村旅游村庄的业务提供了法律依据，并使其具有活力。然而，仍有一些人批评政府领导的乡村旅游是不可持续的。个体村级旅游业务在前期得到政府支持时经营状况良好，但一旦政府支持停止，企业进入自我运营阶段时，居民参与程度明显降低。大多数乡村旅游村都建立了民宿、活动体验中心和餐馆，但这些设施并没有得到频繁和有效的利用。农村旅游村是以松散的乡村联合团体为基础，而不是建立在明确的法律基础上运营的，这也影响了农村旅游的可持续性。

针对这些问题，政府自 2014 年以来努力将乡村旅游与第六次产业化政策或乡村旅游业务产业化相结合。乡村旅游产业化旨在营造一个乡村旅游企业能够在市场竞争中独立生存的环境，而不是依赖政府的支持。为此，政府实施了乡村旅游和观光农场分级制度，对乡村旅游的设施和服务质量进行评估。在农场民宿方面，过去禁止的早餐服务得以允许。同时，与美食、骑马和射箭有关的活动设施和项目正在多样化经营，以满足消费者对乡村旅游的各种需求。

然而，韩国乡村旅游市场仍然由政府引导，在乡村旅游发达的欧洲国家，乡村旅游市场是由从事乡村旅游的工作人员组成的私人组织来处理相关工作，包括乡村旅游设施和服务的检查、安全装置的安装以及服务的标准化和分级。相反，韩国缺少由乡村旅游工作人员组织开展的此类活动，这是韩国乡村旅游产业向前迈进的一大挑战。近年来，乡村旅游概念内涵扩大，与欧洲一样，韩国也出现了对乡村旅游的多样化需求。发展乡村旅游，至关重要的是结合新兴价值，如慢生活、品当地美食和农业文化遗产。乡村旅游以年轻一代为目标，这是一群具有个性的新消费者。随着乡村旅游市场的全球化，也有必要为外国游客推出具有韩国文化特色的节目。

二、农业第六产业化

(一) 概念

农业第六产业化也称农村融合产业或第六次产业化，是以农民为中心，依托农村有形和无形资源，利用第一产业的低附加值产品，通过第二产业和第三产业的加工和服务活动，创造高附加值的产品。即将农产品或农特产品（第一产业），制造业及加工业（第二产业），包括流通、销售、旅游观光、休闲体验等行业在内的服务业（第三产业）进行融合，创造新附加值的一种经济活动。

（二）出现背景

第六产业化是以农业为基础的拓展价值链战略的一种表现，世界各国早就在推进农业价值链扩张战略。韩国政府自 2013 年起将农业第六产业化作为国家重点目标，原因在于农业收入和地方经济的停滞越来越严重。此外，考虑到韩国的大量农业企业规模较小，这第六产业化是可以培育具有强大创新能力和提高农业附加值的小型农场的有效战略。

为了推广第六产业化，韩国政府于 2013 年 7 月公布了第六产业化综合计划。内容包括培养专业顾问以支持第六次产业化的措施，为第六产业化提供创业资金，运行第六产业经营者认证制度，加强区域层面的网络联系产业化，创造第六产业化地区。2014 年 5 月，政府颁布了《农村融合产业发展和扶持法》（简称《第六产业化法》），为实施《第六产业化法》产业化计划确立法律依据。同时为支持第六产业化，实施了各种产业化政策，包括资金支持、咨询、出口支持、专利申请和认证支持、设施和业务支持、营销品牌支持，以及有活动的旅游项目。这些政策进一步分为利用现有政策和《第六产业化法》特别资助政策，例如该基金资助农业食品出口项目也适用于农业第六产业化。

现在政府进一步支持第六产业化发展，《国土计划法》允许在生产管理地区内建造餐厅、住宿等设施；培育运营主体，将扎根农村可能性高的青壮年培养为乡村旅游的主力；支持开发集餐饮、住宿、体验一体化的特色项目；培育乡村旅游解说员；制定鼓励农民使用太阳能等再生能源的相关法律依据，有利于增加农民收入来源和扩大再生能源利用，等等。

（三）农业第六产业化的具体内容

农业第六产业化发展事业包括以下方面措施，即政策扶持及组织机构、法律法规、财政投资、认证程序以及事后管理方面内容。其中农业第六产业化认证程序分为 4 个阶段，包括申请阶段、经营体认定阶段、制订详细计划及实施阶段、调拨资金阶段。

为了加速第六产业化新项目的开发，政府采取以下措施：一是政府建立第六产业化经营者认证制度，旨在为利用农业和农村资源从事第六产业化经营的企业提供认证。二是培养第六产业经营者，资金资助是以政策性低息贷款的方式，向需要资金购买设备和经营的农业协会企业、农业企业和组织经营者提供贷款。要申请贷款，需提交第六产业化计划，并被选为受益者。三是在每个省都建立了第六次产业扶持中心，现有 11 家第六次产业扶持中心。这些农村融合扶持中心主要业务是为第六产业化进行资源调查和开发，制订和实施商业计划，研究和分析市场，开发新品牌，并进行营销和推广。另外，还对第六产业化的经营者进行培训，提供相关产业经营等咨询服务、相关技术的研发扶持，以及跟踪融合产业项目推进情况等。

农业第六产业化综合体的创建，是指以相关区域的独特资源为重点，或以农场产业的经营主体为连接点，对相关产业进行专业化的上下游产业整合，并且配套资金用于制造、销售和活动等联合设施的安装和运营，以期实现第六次产业化的指定区域项目。

地方政府也通过与中央政府的对接，实施各种政策来振兴农业第六产业化。地方政府支持改善农业食品加工设施，开发包装材料和设计，提供出口、营销、参加展览和交易会、振兴直销、开发新品牌和开拓新的国外市场的物流费用。几个地方政府在省长的领导下运行独立的质量认证体系。

由于中央和地方政府实施的政策，截至 2013 年，估计有 10 097 家农业企业与农业第六产业化有关。具体而言，乡村旅游公司作为第一产业和第三产业的组合在第六产业化中的占比为 33.4%，所占比例最大；其次是负责农产品加工和销售的营销和分销公司占比为 18.2%，以及直接销售和分销初级产业农产品的营销公司占比为 17.5%（表 4-20）。

表 4-20　第六产业化中各类农业企业现状（2013 年）

类　　型		企业数量（个）	比例（%）
第一＋第二		1 019	10.1
第一＋第三	营销（直接交易/买卖）	1 777	17.5
	旅游	3 369	33.4
	外出就餐	301	3.0
	小计	5 447	53.9
第一＋第二＋第三	复合型	1 630	16.1
	营销（农产品加工/销售）	1 839	18.2
	旅游	132	1.3
	外出就餐	30	0.4
	小计	3 631	36
合计		10 097	100.0

数据来源：韩国农林渔业食品部。

农业第六产业化的结果取决于多种因素，包括经营者的管理能力和市场反应能力，并不是政府的支持。第六产业的农业公司创造了约 35 800 个正规就业机会和 347 000 个临时就业机会。

第五章 CHAPTER 5
农村社区和区域发展 ▶▶▶

第一节 农村社区

　　20 世纪 60 年代开始的快速工业化使韩国农村社区发生了前所未有的变化。农村人口的减少和老龄化是这些变化的动力和结果。1990 年农村人口减少速度开始减缓，这些数量和质量的变化极大地影响了农村社区中家庭结构和村庄结构。传统的大家庭被单身老人或只有老人组成的老年夫妇家庭所取代。在乡村一级，以家庭和地方关系为基础的农业组织和合作社被大型区域间的经济和社会团体所代替。农村社区的这些快速变化已经使农村居民的意识和价值观走上了更为进步的道路。此外，国际间婚姻的增加和多元文化家庭的兴起以及越来越多的城市居民"回归农业"或者由于各种原因搬到农村地区居住，导致农村居民结构迅速多样化。

一、人口老龄化与多样化

（一）人口减少

　　在 1970 年，韩国几乎有一半的人口参与了农业生产，从事农业的家庭数量为 248.3 万家，占总家庭数量的 42.4%，并且从事农业生产的人口占总人口的 44.7%。然而，这些数据在 48 年后的 2018 年分别下降为 5.1%（农业家庭 102.1 万家）和 4.5%（农业生产人口 231.5 万人）。

　　农村人口占总人口的比重持续下降，1970 年为 58.8%，1980 年为 42.7%，1990 年为 25.6%，2000 年为 20.3%，2008 年为 18.9%，2018 年为

18.8%。近些年，农村社区（韩国行政单位邑和面，相当于中国的乡镇）人口的减少速度已经有所减缓，或者说在农村人口占比降至18%～19%时已处于相对稳定的状态。从2005年到2008年，这些社区的人口已经有所增长，例如从1990年到2008年，面区域的人口数量年均下降2.9%，而邑则有年均0.8%的增长（表5-1）。

表5-1 农村人口的变化

单位：万人

项目	1990年	1995年	2000年	2005年	2008年	2015年
全国范围	4 341.1	4 460.9	4 613.6	4 727.9	4 954.0	4 763.0
邑和面	1 110.2	957.2	938.1	876.4	935.7	876.4
-邑	360.4	348.4	375.6	394.4	417.5	394.4
-面	749.8	608.8	562.5	482.0	518.2	482.0
邑和面比重（%）	25.6	21.5	20.3	18.5	18.9	18.4

数据来源：韩国统计局。

（二）老龄化

在韩国，年轻人减少是农村人口下降的主要原因，这导致了人口的快速老龄化和婴幼儿减少。65岁以上的人口占总人口的比例从1975年的3.5%上升至2018年的14.4%，增加到了原来的约4.1倍。然而，农村人口老龄化更为迅速，在2018年农村老龄化居民达到了总人口的21.5%，而城市仅为12.8%。随着城市化和工业化的开始，这一差距不断加大。预计到2030年，应该有25.4%的农村人口超过65岁，而国家总体老龄化平均水平为16.1%（图5-1）。

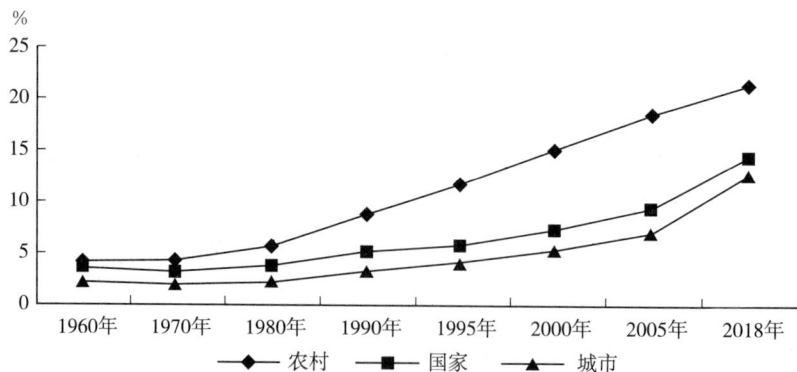

图5-1 老龄化趋势

在农村社区存在不同的老龄化趋势。2018 年，邑和面的老龄化人口比例分别为 15.4% 和 27.9%，这表明"面"级行政区已经成了一个超老龄化社会。

二、农村家庭结构变化

同时农村人口的下降和快速的老龄化导致了家庭结构的变化。自 1985 年以来，随着单代家庭占总家庭的比例上升，在农村地区的单代家庭比例一直大于城市家庭。2010 年，农村地区单代家庭比例高达 35.8%，而城市的比例为 20.5%。全国两代同堂家庭的比例总体上下降了，但在农村地区下降得更快。2010 年，农村地区两代同堂的家庭比例为 54.7%，而城市地区为 71.5%。在农村三代人所组成的家庭曾经是非常普遍的，但是目前这种家庭的数量正在快速减少，而且当前城市和农村中这种家庭所占的比例相近。单个人家庭在全国范围内都呈上升趋势，但是在农村中上升得更快。

鉴于农村社区中有大量的老年人家庭，所以一代人或单个人家庭很可能就是由老年夫妇或子女生活在城市的单身（伴侣去世）组成。由两代人或者更多代人所组成的家庭数量减少和这类家庭在农村地区更快减少，都表明家庭代际组成的结构变化。

近些年，家庭结构的显著变化是单亲家庭和祖父母当家的家庭数量快速增长。全国范围内独居的老年公民家庭从 1995 年的 349 020 个增加到 2010 年的 1 066 365 个。同时，由祖父母当家的家庭数量也发生显著增长，从 1995 年的 35 194 个增加到 2010 年的 119 294 个。在农村社区，由单个老年人组成的家庭数量，从 1995 年的 198 976 个增加到 2010 年的 440 726 个，同时，由祖父母当家的家庭数量也从 1995 年的 16 356 个增加到 2010 年的 32 626 个（表 5 - 2）。

表 5 - 2　祖父母当家的家庭及单个老年人构成的家庭状况

单位：个

地　区	1995 年			2000 年			2010 年		
	家庭总量	单个老人构成	祖父母当家	家庭总量	单个老人构成	祖父母当家	家庭总量	单个老人构成	祖父母当家
全国	12 958 181	349 020	35 194	14 311 807	542 690	45 225	17 339 442	1 066 365	119 294
城市（洞）	100 311 978	150 044	18 838	11 229 476	263 233	25 996	14 031 069	625 639	86 668
农村（邑 & 面）	2 926 203	198 976	16 356	3 082 331	279 457	19 229	3 308 353	440 726	32 626

备注：数据将外国人家庭和群居家庭排除在外。由单个老人组成的家庭指家庭中仅有一名成员且在 65 岁以上。

数据来源：韩国统计，人口普查（1995 年，2000 年，2010 年）。

根据 2010 年韩国发布的《2010 年韩国老年人统计》，2010 年独居的城市老年人数量为 1 021 008 人（估计），占比 6.0%，这一数字可能在 2030 年达到 3 338 354 人，占比 10.0%。

独居老人之所以成为一个社会问题的最大原因，不仅仅在于大多数独居老人经济贫穷、身体不健康，还在于他们没有得到社会保障体系的良好保护。他们不为人知的死亡、抑郁和因与世隔绝而自杀，正日益成为社会问题。另外，由韩国卫生和社会事务研究所编写的《2009 年福利小组分析报告》显示，在医疗支出补助、免费膳食、基本生活用品、家庭护理和送餐服务等方面，农村社区的独居老人所获得的福利少于城市社区的独居老人。

以祖父母为户主的家庭逐渐变成一个复杂的社会问题，他们在收入、健康、教育方面均有不同的问题，但是他们并没有获得韩国社会更多的关注，并且政府对他们的帮扶也不够。

三、农村社区组织变化

由于人口的减少和人口结构的变化，农村社区组织也在发生重大改变。传统农村社会有广泛的社会群体，这些社会群体具有鲜明的统一性和功能。这种派系群体被定义为共同的区域边界，包括血缘关系、经济状况、社会地位或者政治目标，这些群体有的是以社区为基础，有的则来自外部。

地方社区的团体和组织一般可以分为两类：第一类是由包括血缘关系或者地缘关系在内的归属成员确定的主要团体；第二类是由获得的团体成员确定或利益群体。韩国典型的宗亲群体是以姓氏和家族为基础的群体。基于地理联系的团体分为自治团体，包括经济互助团体，这种群体包括像"大同契"本地团体，或者像"里"一样的非自愿团体，"里"在农村社区中组成了最小的行政单位。利益群体按其功能可分为经济利益群体和社会利益群体。

（一）村庄组织的改变

"宗族"由拥有共同祖先的大家族成员组成，管理家族的坟墓和资源，并为整个家庭举行祖先祭祀仪式。在过去，大家庭成员往往居住在附近，宗族就成了村庄的重要组成部分，对农村社区的社会和经济活动有重大影响。然而，随着农村人口的下降，家庭的迁移，剥夺了宗族作为亲属组织的重要性，由于这一群体是等级森严的，由最年长的一代人担任领导，当关键人物离开农村难以参加家庭活动和祭祖活动时，这一组织在很大程度上便失去了意义。

农村社区中最重要的本土社会群体是"大同契"，由社区成员创建和经营。大同契负责全村范围内的祭祖活动，组织有效的劳动分工，促进在婚礼、葬礼和其他社区事务中的合作，管理共同纳税和村庄建设工作，创建社区基金以及其他适合社区组织自我维持的工作。

然而，随着村庄被纳入国家行政管理体系，行政单位"里"代替了"大同契"。自1948年韩国成立以来，行政单位"里"已经将村庄组织的一些传统作用以及行政公众事务与村庄领导人（"里长"或"里"的领导）相结合，来履行行政职责。2010年，韩国"里"的总数量为35 900个。

在韩国社会现代化之后建立了其他村级的利益群体，包括农业协会、新村妇女会、青年协会、老年协会和各种契群体。

农业协会和种植协会是最大的村级经济利益组织。20世纪60年代，在农业发展部的支持下农业改良协会才在农村社区建立，其目的是学习和应用新的农业科技。其余的村庄组织包括由当地农业合作社组织的合作小组和种植协会。这两种组织在1977年合并为农业协会，每一个农业合作社的成员也都是新农业协会的成员。农业协会由新村的领导者来领导，他们往往也是村庄的领导。种植协会是由种植同样产品的农民创建，他们通过集中生产、包装和运输资源来获得更高的效率和生产率。截至2008年年底，在韩国有19 287个种植协会，成员有479 000人。

新村妇女会也是由生活环境改善团体、妇女培训班、计划生育母亲协会和新村妇女协会在1977年合并而来的。另一种重要的村庄组织是"契"，是一种社会和经济的互助协会。契群体已经存在很长时间了，它提供了许多重要的服务，包括在需要的时候（例如婚礼和葬礼时）提供财政帮助和组织社区范围内的事务。一个长期追踪4个固定村庄的研究发现，包括契在内的社会群体总数目在减少，从1996年的76个降至2002年的45个，经济功能的契群体从1996年的11个降至2002年的6个，社会利益契群体的数量从1996年的55个降至2002年的30个，该类契群体在婚礼和葬礼上帮助了其成员或者给妇女提供聚会。很多曾经是契群体的经济功能都被现代的经济机构如银行所代替，由于人口的减少以及当地集体活动的减少，社会契运作已被大幅减少（图5-2）。

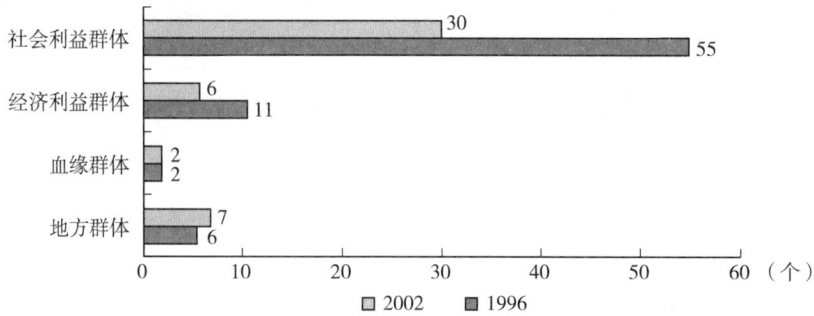

图 5-2 活跃的社会组织（调查的 4 个样本村庄）

资料来源：Chung（2003）。

随着地方组织逐渐解体或者与较大的省级或全国性社会团体合并，社区合作社变得日益稀少。插秧或收割等地方性合作社的活动正被那些提供相同服务的机构或私人农业企业所代替。劳动力缺失和农民平均年龄增长也是合作社的使用率快速下降的主要因素。

（二）社会组织的扩张

随着人们从农场退休或者搬出农村地区，各种村庄组织开始衰落，它们被代表多个村庄的邑和面地区所代替。1990 年农业联合公司和农业企业作为具有农业和管理专门知识的组织而成立，通过扩大农业经营规模来提高效率和生产率。截至 2013 年，农业联合公司和农业企业的数量分别为 9 651 家和 3 682 家。

20 世纪 60 年代，随着城乡收入差距的不断扩大，相对贫困这一意识增强，有组织的农民运动在农村地区重新兴起。成立韩国先进农民协会是为了向农民传授新技术，这些协会开始参与到 80 年代的民主运动中。韩国天主教农民协会和韩国基督教农民协会所发挥的功能并不限于宗教功能，开始作为独立的农民组织开展农村社会运动。韩国先进农民联合会（成立于 1987 年）和韩国农民同盟（建立于 1990 年）成为韩国农民运动的两大政治支柱。

自 20 世纪 90 年代以来，农民抗议韩国农产品向世界开放成为系统性的运动，农民运动的目的是反全球化和反市场自由化，2000 年因为自贸协定的危机感在农村蔓延，在此期间，农民团体的代表进入国民议会和各种政府机构，农民团体发展成为对农业政策施压的巨大权力组织。这些农民组织具有全国性的规模，在市县邑面都有分支机构。

农民协会是围绕某些共同产品形成的，比如水果或牲畜，目的是让从事类似农产品生产的农民交流信息、开展政治活动，建立共同营销。这些经济利益群体常常超越村庄范围，在区域或国家范围内运作，这些组织包括韩国家禽协会、韩国猪肉协会、韩国乳制品农民协会、国家韩牛协会、韩国葡萄协会和韩国园艺品协会等。

另一个全国性农民组织是韩国农业协会（NACF），它最初是在农业合作社的三级体制下形成的，包括村级、市或县级以及国家级。1971 年，NACF及成员组织改制成了如今的二级体制。NACF 管理 16 个市级和省级事务所，以及 156 个附属单位，截至 2015 年总计有 940 个区农业合作社、116 个区畜牧合作社、45 个农业性合作社、23 个畜业性合作社、11 个人参合作社，NACF会员约 235 万个。农业协会提供金融和市场服务，后者包括农产品的配送和农业原料的供应；为农民和农业合作社提供的金融支持项目以及其他的银行服务都归在了金融服务里面。除了提供农业咨询和教育培训服务外，农业协会还为农村社区的信息化发展提供了支持。

四、农村态度和观念变化

宏观层面的社会变化对农村产生了重大影响，深刻影响了农村的认识和观念，以及改变了长期以来农村居民所形成的态度和观点，比如"对土地的强烈热爱""对家庭的高度忠诚"和"对传统习俗近乎盲从"等观点。因此，在 20 世纪 70 年代和 80 年代的快速工业化期间及那之后，学者们对"前现代"和"现代"世界观的差别提出了严重关切。事实上，在韩国快速工业化和城市化的过程中，韩国农村居民确实广泛地调整了他们的观点和价值观体系。

当然，这一转变并不是一致的，转变的程度主要取决于每个村庄的社会经济和物质条件。对首尔附近的一个特定村庄的个案研究发现，传统农业的秩序几乎完全崩溃，包括农业、制造业和居住生活方式在内的高度多样化的功能结构。这种价值和生活方式的改变往往是由于"首尔化"现象，即空间接近韩国最大的都市对当地的文化产生了广泛的影响。

五、人口多样化

随着国家经济的快速发展和工业化，以前的传统农村社区转变成了低人口密度的老龄化社会。从 20 世纪 90 年代开始，农村社区的人口趋向多样化。国际婚姻的兴起创造了多元文化的家庭，来自城市的人出于各种各样的原因返回农村地区居住。

（一）归农归村

自工业化导致大量人口"离农离村"后，农村呈现少子化、老龄化和发展活力丧失的现象。此现象迫使政府对城乡人口的流动趋势进行政策性干预和调节。自 20 世纪七八十年代起，为增强农业与农村活力，韩国政府出台了归农归村政策，是面向城市居民实施的人口回流诱导政策，同时也促使了"逆城市化"现象的出现。90 年代，更多的人返回农村区域，要么是参与到农事中，要么为了退休居住。这些趋势正好和前面提到的农村区域人口外流相反。

1990—1997 年，只有 7 186 个家庭返回农村，但是 1997 年的金融危机和随后几年的经济重构导致大量的人口返回农村。直到 2014 年，总共 152 967 个家庭返回农村区域，仅 1998 年就有 6 409 个家庭（表 5 - 3）。据统计，2018 年，归农的家庭有 11 961 个（17 856 人）（图 5 - 3），归村的家庭有 328 343 个（472 474 人）（图 5 - 4）。

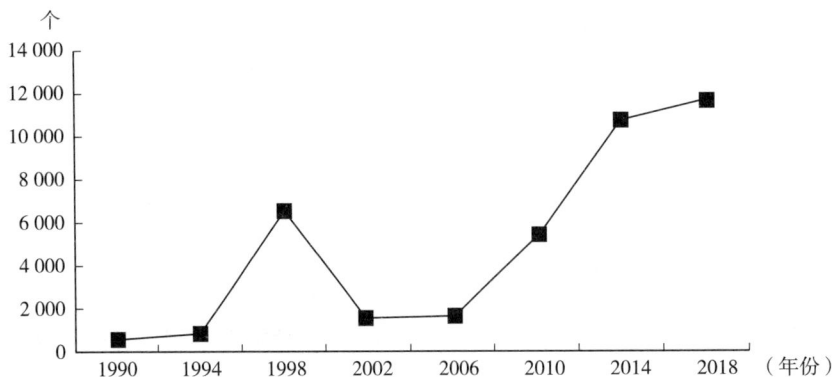

图 5 - 3　归农户口动态（1990—2018 年）

数据来源：韩国农林渔业食品部，统计厅，归农统计。

个

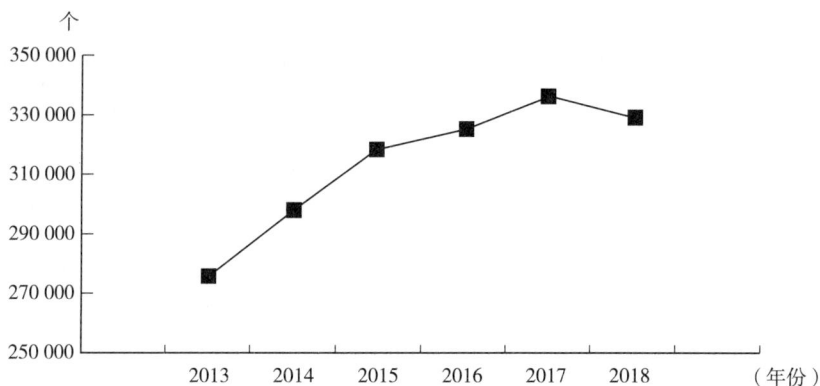

图 5 - 4　归村户口动态（1990—2018 年）

数据来源：韩国农林渔业食品部，统计厅，归村统计。

表 5 - 3　按年统计返回农村的趋势

单位：个

返村数量	1990—2002 年	2003 年	2004 年	2005 年	2006 年	2007 年	2008 年	2009 年	2010 年	2011 年	2012 年	2013 年	2014 年
家庭数量	20 516	885	1 302	1 240	1 754	2 384	2 218	4 080	4 067	10 503	27 008	32 424	44 586
总计	20 516	21 401	22 703	23 943	25 697	28 081	30 299	34 379	38 446	48 949	75 957	108 381	152 967

数据来源：Kim，Heung（2015）返回农村概况（2015）。

在对 50 岁以下城市居民归农归村原因的调研中发现（图 5 - 5），其中"想过田园生活"这一原因的比例达到了 50.2%，由此可见，农村区域将逐渐成

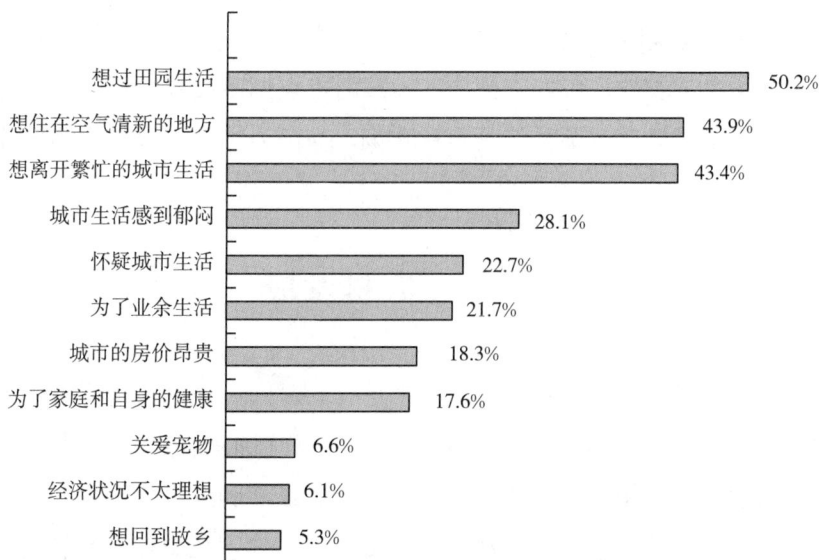

图 5 - 5　50 岁以下市民对归农归村感兴趣的理由

为退休后的目的地。2018 年，受自然环境优势影响而归农的占 23.5%，归村的占 20.4%，归农和归村主要源于对农业生产向往的占 17.9% 和与家人亲戚共同生活期望的占 16.4%。从年龄段分析，2018 年，50～59 岁（37.3%）是最常见的归农年龄，另外，近来更多的人基于自愿选择返回农村社区，他们大多在 30 岁及以下（43.8%），这说明年龄越大越偏好农业生产，而年轻人则更青睐农村的自然环境。全罗道（28%）是归农最高的地区，归村比重最高的地区为京畿道（26.4%），这说明以农业生产为主的全罗道适合城市居民归农，而首尔附近的京畿道更适合归村。

归农归村不仅促使韩国农村人口增加、农业传承力量增强，还提升了农村社会化服务水平、城乡居民生活品质以及志愿服务意识，同时也增加了地方的财政收入、农村居民收入以及就业岗位，从而促进了农村的经济发展。以人口增加为例，2013—2018 年，韩国的归农和归村人口均有所增加，归农人口由 10 312 人增至 12 055 人，归村人口从 405 452 人增加到 472 474 人。

经过近十年的发展，韩国的归农归村政策已形成较完善的扶持体系和发展模式。中央与地方政府的大力扶持为归农归村提供了制度和物质保障，地方政府则根据当地需求和发展需要实施了具体的归农归村扶持政策，并同时形成了行之有效的扶持体系。为引导城市居民归农归村，政府将培训重点由小农转为青年农民，并根据对象、类型、地区、阶段等的不同对归农归村人口进行分类指导，保障了城市居民归农归村后的生产生活稳定与素质提升；构建监管和评价机制，促使政府适时修改归农归村政策。中央政府不仅时时监管归农归村项目的实施，还指定农林、畜产、食品三大部门重点调研归农归村实况，通过及时把握人才回流状况适时调整归农归村政策，保证人才振兴政策实施的连贯性和适宜性。

第二节　农村发展

韩国自 1953 年朝鲜战争结束后的 10 年左右时间，被列为世界最不发达的国家之一。然而，今天的韩国已经成为工业化发达国家，2015 年人均年收入接近 3 万美元。在很短的时间内，韩国在政治、经济和社会方面发生了巨大的变化，这在世界是较为少见的。从产业角度来看，韩国从农业社会转变为世界领先的制造业国家；就空间角度而言，城市化进展迅速加快，韩国人口向大城市周围集中。在这个过程中，农业和农村发生的各种问题促使韩国政府出台了多种多样的应对政策。

韩国政府从 20 世纪 50 年代末的社区发展运动开始，努力发展农村地区。开始于 20 世纪 70 年代的新村运动，被广泛认为是欠发达国家农村发展的典范。中央政府在 20 世纪八九十年代不断增加政府预算来发展农村地区的道路、交通和水资源，并重新规划教育、医疗和福利制度。21 世纪初，政府开始注重加强农村地区的舒适功能，促进环境保护，并强调农业对国家土地的保护作用。2010 年，农业第六次产业化，鼓励回归农业和农村，强调了农村地区中心的发展。此外，还为农村发展改革了预算制度。

由于这些努力，韩国农村地区在过去 50 年中经历了重大重组。在 20 世纪 80 年代末，电力已经全面覆盖韩国的每个农村。到 2000 年，29％的农村房屋实现了完全现代化，25％的农村家庭翻新了厨房、浴室等；新铺的乡村道路使汽车能到达最偏远的乡村。20 世纪 90 年代末，建立农村居民的特殊福利制度，政府部分支持国家养老金支付，并为农民和渔民提供医疗保险支持。进入 21 世纪，城乡之间交流开始迅速增加，许多乡村通过乡村旅游业增加收入。

尽管这些政策取得了一些成就，但韩国农村人口仍然继续减少和老龄化，农业经济在国民经济中的比例也在下降，表明农村社区总体状况相对恶化。大多数韩国人仍然认为农村地区的衰败对于国家的发展是不可取的，对农业产业化和未来增长的预期在提高，可以预见政府仍要坚持农村发展政策，特别是信息化的推进，有越来越多的人会回到农村地区。高速交通网以及韩国人生活方式的改变，将为农村地区带来新的潜力。

一、韩国农村地区概述

在弄清韩国农村地区发展现状之前，我们需要先考察韩国农村地区的现状。韩国人口密度很高，2015 年，韩国人口有 5 062 万，居住在仅 9 848 公顷的土地上，是世界上人口密度最高的地区之一，达到人均 514 千米^2（韩国人口密度在亚太经合组织国家中最高）。其中，韩国 70％的国土是由山地构成的，可用地少，人口压力大。

如同世界上很多国家一样，韩国城乡之间的划分也不是很明显。为方便起见，韩国使用了城市和农村地区的行政名称。在过去，市被列为城市地区，郡为农村地区，但从 20 世纪 90 年代初开始，中心城市和周边农村地区一体化使得这些称号过时了，很多地区成了城市的一部分，但仍表现出农村地区的特点。如今，洞被称为市区，而面和邑被划分为农村地区（图 5 - 6）。

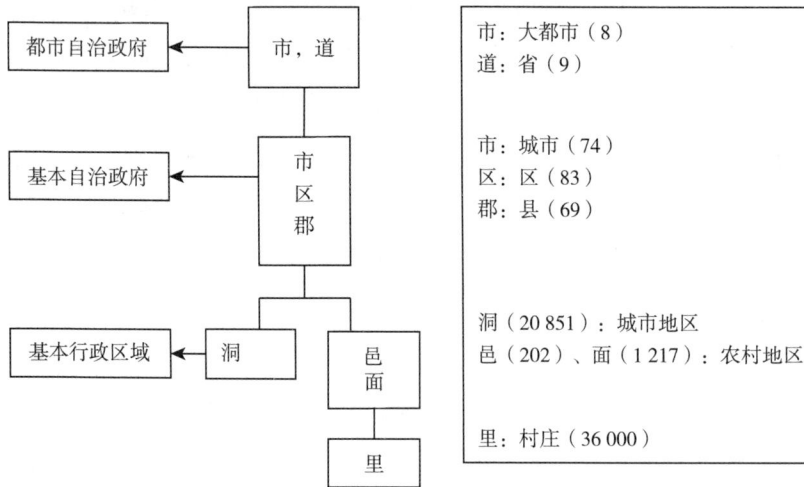

图 5 - 6　韩国行政结构和城乡地区的划分

采用这种分类体系，韩国的农村人口继续下降，2010 年总数为 863 万人，占总人口的 18.0%，城市人口增长到总人口的 82.0%。

除了城乡地区不均等外，农村地区之间的差距也明显扩大，尤其明显的是在靠近首尔大城市圈的农村地区、东南工业带和其他农村地区。这种结构被称为"X"结构。虽然靠近大城市的农村地区人口由于有更好的就业机会而有所增加，但是远离主要人口和工业中心的城市和农村地区的人口却稳步下降。

农村人口老龄化正在加速。在面地区，年龄在 65 岁及以上的人口已经超过了 20%，开始进入后老龄化社会。农村产业结构也在发生变化，从事农业、林业或渔业的人口数量在下降，2010 年，这一比例已经下降到 33.4%，而从事制造业的人口占 16.0%，从事批发、零售、住宿和餐饮业的人口占 14.8%，其他服务业人口占 29.3%。

虽然韩国传统上有强大的中央政府，但 1995 年通过了区域自治政府制度。17 个大都市，77 个市和 88 个县、69 个自治区的居民每四年选举一次各行政区政府首脑和地区议会代表。政治上，韩国已经从一个集权体制转变为分权制。但是地方政府的财政独立性较低，中央政府是通过财政支持控制地方政府。例如，农业食品和农村事务部（之前称农村部）通过农业和农村发展基金来指导区域自治政府的政策。因此，韩国中央政府的农业发展政策正在改变农村地区。

二、农村发展政策的变化

（一）传统时代的农村发展

在韩国社会，农村传统上指的是"农民共同生活的地区"。在这种类型的社会中，农村社区确定自己的生存战略，解决他们所面临的各种问题。诸如"大同契"组织管理联合村庄资金、编制预算并对决算作出报告。社区组织负责村里的祖先仪式，确定工资，为农村提供设施维护、建设公共建筑，并管理道路和溪流。正因为这些传统社区组织的存在使得新村运动成为可能。

（二）20世纪60年代在地方社区发展运动

韩国社会稳定下来后，开始农村发展运动。始于20世纪50年代并持续到后一个十年的社区发展运动是农村发展模式的一个例子，这是由联合国和国际合作署创立，用以促进发展中国家农村地区发展的模式。1955年，韩美联合经济委员会提出了地方社区发展项目，以重建被朝鲜战争破坏的农村地区。这些提议在1958年成为国家项目。在这些运动中，中央政府为当地社区和领导人的发展项目提供资金和技术支持。地方项目划分为由社区及其领导人建立的自筹资金项目和外部资助项目。60年代的社区发展运动为70年代的新村运动提供了战略模式。

1962年开始的第一个五年经济发展计划重点是发展工业和制造业，这加剧了原本就已经很大的城乡差别。1968年后农村人口开始减少，农村居民的不满已成为一个政治问题。在城市中心，农村地区人口的涌入对住房、排污和教育基础设施造成了严重压力。政府需要制定一个计划，使农村居民从事农业并留在农村。在此期间决策者面临的重要问题包括提高农村收入，对农村道路、住房、排污和供水、道路绿化、农田、溪流和农村生产基础设施的重组规划提供充足的社会资金。

此外，重点放在建设制造业和扩大出口的经济发展政策受到60年代末开始的全球经济衰退的严重影响，政府看到了扩大内需、促进公共投资以提振经

153

济的紧迫性。随之，新村运动正是为了满足政府公共投资增长的需要而设立的。

（三）20世纪70年代的新村运动

1970年韩国发起的新村发展运动对韩国农村社区产生了巨大影响。新村运动是一个强调勤奋、自助和合作的倡议，该运动为了改善乡村环境而发起的。为了实施拓宽村庄通道、改善居住条件、建造村庄会堂等各类项目，政府提供了水泥和钢筋等必要原材料，发动了广大农民参与，从而实现了农村地区的彻底变革。这场运动作为农村发展的典范，至今仍受到全球的关注。

新村运动可以被概括为一个建立在传统乡村合作组织上的农村发展战略。它的实施，大大缩短了韩国传统农村向现代化转变所需的时间。根据管理新村运动的内务部（现为公共管理和安全部）公布的报告，从1971年到1982年，总共有5 258万亿韩元投向了新村运动。这些资金中有51%是由政府提供，而当地居民以劳动力、土地和其他资产形式贡献了其余的49%。新村运动不仅促使韩国农村的面貌焕然一新，而且帮助韩国人民树立了自信与合作等良好的精神道德风貌。

（四）中央政府主导的农村发展（20世纪80—90年代）

农业产业在国民经济中的重要性在20世纪80年代开始减弱。农林渔业产值在1980年占到全国13.5%的份额，而到了1990年下降到了7.6%。从业人员比例从1980年的32.3%下降到1990年的17.1%。农业收入也有所恶化。由于政府开始取消采购计划，农产品价格开始下跌，从而降低了农业收入水平。针对农民的低利率贷款不复存在，结果增加了农民债务负担。据1980—1986年的统计数据显示，一方面，虽然农民收入增长了220%，但是支出增长了230%，债务上升高达660%。另一方面，60年代到70年代，由于国家经济的快速发展，政府税收收入显著增加。国家预算在1970年只有86亿韩元，1980年超过了10万亿韩元，到了1990年，达到了38万亿韩元。

随着人们开始要求政府解决农村地区弊病以及政府开始大幅度增加财政收入，韩国政府为农业和农村地区发展采取了多项措施，包括1986年的《农村和渔村发展计划》、1987年的《农业和渔业家庭债务减免计划》、1989年的

《特别债务减免计划》和《农村社区发展计划》。农业政策日益成为政府议事日程的重要部分。然而，尽管中央政府进行了大量投资，但这些方案的收效甚微。于是，政府开始投入更多的资源，制定了各种各样的农村发展规划和项目实施。

这一时期政府对农村发展政策的主要目标是，通过对农村基础设施的实际重组来提高农村地区的生活条件，并通过开展非农活动来增加农民收入。农村地区生活条件的改善重点是改善道路、通信网络和水利等农村基础设施，以及建立福利、教育和医疗服务设施。农村工业综合体建立，工厂搬到了农村地区，这些为农村居民创造了就业机会，并增加了非农收入，同时还扩大了食品加工业，开发了地方特色产品。

为了实现这些政策目标，韩国又实施了几个新的方案。《农村地区特别税法》为农村发展设立了 15 万亿韩元的资金，为农村发展提供了稳定的财政基础。各种各样的法律，诸如《农业和渔村发展特别法》等为农村发展提供了法律框架。然而，在实施农村发展项目的过程中，有许多情况是几个中央机构经常为类似的项目相互竞争。例如，韩国内政部制定了乡村改善项目（对现有村庄进行重组）、小城镇发展项目、河流改造项目和岛屿开发项目，而农业林业部门也开始制定类似项目，如新村建设项目、邑和面改善工程、农村生活条件改善项目和绿色道路铺设方案。

总之，中央政府的这些努力明显改善了农村地区的生活条件。到 20 世纪 80 年代末，韩国村村实现通电；到 2000 年有 29％的农村住房已完全翻新，25％的家庭实现厨房和浴室现代化，约 27％的农村道路已经铺设完毕，大部分村庄已被道路连接起来，汽车几乎能够到达每个村，供水服务覆盖了 40％的家庭，垃圾大多由地方当局处理。全国每个村都建立了社区中心和"老人会堂"。

农村医疗卫生服务水平大幅提高，诊所设施（每个区域自治政府一个）、诊所分所（每个邑和面）和边远诊所的公共卫生设施建立，过时的医疗设备也被现代化设备所取代。传统东方医学的医生和牙医被分配到诊所以扩大医疗服务范围。农村居民的特殊福利制度自 20 世纪 90 年代末开始形成，政府为农村居民的国民年金提供部分支助（1997 年每月 2 200 韩元），农业和渔业村居民的国家医疗保险费降低。

1984 年首次出现的农村工业综合体，到 2000 年已经增加到 295 处，将近

4 700个工厂为农村提供了86 000个新的就业机会。农户获得了24%的工作岗位，农村工业综合体大大提高了农村家庭的非农收入。

自20世纪80年代以来，中央政府认真实施的农村发展政策取得了显著成效，但也存在着很多问题。首先，由于这些农村项目越来越多地受政府管理人员的监管，这种自上而下的项目开始培养当地居民对政府的依赖；其次，每个项目使用公共资金产生的回报远远低于所投入的资金。例如，在新村运动中，政府提供水泥和钢材，而乡村提供劳动力和土地，用最少的资源产生很好结果。然而，完全由政府出资的发展项目结果往往是效率低下。而且，政府项目通常不注意农村村庄个体特征，建立了同样类型的道路、设施和住房，忽视了每个村庄和地区发展过程中的特殊性。

（五）2000年后农村发展政策的扩展

21世纪，农业、林业和渔业在国民经济中的地位变得更不重要。农业产值占总产值的比重从1990年的7.6%降到2000年的4.6%，到2005年，占比仅为2.9%。从事农业人口占总就业人口的比重从1990年的17.1%降到2000年的10.9%，到2005年，占比仅为7.9%。农业人口比重从1990年的15.5%降到2000年的8.5%，到2005年，占比仅为7.1%。

由于农村地区存在的问题没有受到限制，这就导致了一个恶性循环。正如上文指出的，农村人口继续下降并不断老龄化，不断减少的农村人口使公共设施闲置，农村中心功能失调。由于缺乏学生，农村地区小学开始关闭或合并。1960年，每个面地区有将近3所小学，而到了2000年就只有1所小学了。农村人口的不断减少也使得农村地区私人医疗设施的建设不太可行。如今超过90%的国家医疗设施集中在城市地区。

农村政策在这十年间开始发生变化，虽然农业产业结构调整仍然是农业政策的主要目标，但消费者安全、提高产品质量、扩大亲环境型农产品及其分销如今也成为重要的政策目标。此外，农村居民收入和福利以及区域发展政策也开始得到重视。中央政府自上而下的计划被生产者、当地居民、消费者和地方政府相互合作的项目所取代，这些导致了政府农业政策战略和方法发生变化。

2000年以后，农村发展政策最重要的特点就是纳入一些旨在加强农业和农村地区公共功能的政策。随着人们对环境问题的认识日益广泛，这些新政策的制定意在保护农村地区亲和功能、保护自然环境、强调农业在保护国家土地中的作用。政策重点从提高便利性转到确保对环境的保护上来。例如，政府提供直接补贴来保护风景名胜区不被开发。

新政策不仅包括农村居民，也包括城市居民。由于将政策局限于农村居民使这些政策的前景不够明确，所以要努力在与城市居民关系中寻找韩国农村的未来。例如，政府资助"文化村"建设项目，如果不是当地居民，基本上禁止参与此项目，不过，这种限制在2000年被取消。此外，其他一些项目旨在增强城乡居民之间的交流，创建花园村庄，并向希望创建周末住宅和农场的城市居民提供税收优惠和发放农业许可证。

另一个显著变化是当地居民参与制定新政策。政策制定者开始认识到把资金投入到发展潜力不大的地区是徒劳的，并认识到为更有效地使用资金而进行选择和集中的好处。因此，这种认识取代了中央政府自上而下和任意选择发展目标的做法，取而代之的是一种包括对具有高度发展潜力和当地居民参与的地区进行准确评估的选择过程。自2004年以来，通过运用开放式政策制定方法，创建了农村综合村庄发展项目、绿色村体验项目、小城镇发展项目、面地区改善项目、振兴项目。

中央政府也开始在发展项目的执行上做出让步，为地方当局提供整块资金，这样地方当局就能集中力量办好自己的项目。2000年之后，确立的新农业发展项目包括乡村旅游开发项目、城乡交流活动（一公司一村和一校一村姊妹运动）、地方资产开发项目以及促进城市居民在农村地区安置项目。另外，为改善农村居民福利，又创建了若干新的方案，其中包括设立奖学金和助学金，为农村居民子女提供资助，为农村学生提供特殊入学标准、农村大学生助学贷款等。建立医疗设施和诊所，配备新设备，为农村居民制定健康管理方案。其他福利方案包括为农民和渔民提供国民养老金支持，为老年人设立新养老金，减少国民医疗保险支付，为低收入家庭建立福利援助支付方案，还制定了特别方案以满足农村地区妇女和老人的需要。

2004年韩国颁布了《关于提高农民、林农和渔民生活质量和促进农村发展特别法》，规定了政府在"农村福利基金会""改善农村教育环境""加快区域发展"和"振兴复合产业"四个关键政策领域采用的项目和方法纲要。这部新法律为今后农村发展项目制定了框架。2004年制定了农业和农村地区发展长期规划以及未来十年的投资计划，使得政府发展项目得以延续。

随着 2008 年新一届政府的农村政策发生两大变化。一个是强调新政府政策框架的绿色增长战略重点，例如在住宅土地重建中推广使用新的可再生能源。另一个农村政策的重大变化是地方政府在实施农村政策过程中的权力得到加强，这种变化体现在整笔赠款制度上，现在补助制度整合了多种多样的农村发展项目，在过去则是由中央政府实行少量的补助项目，根据新的制度，中央政府的角色仅限于提供补助金，而具体项目的决定权则被移交给地方政府。

2013 年新一届政府将"希望工程"作为农村发展政策的框架，其目的是超越以往的区域发展政策，注重外部特征，集中精力提高农村居民的生活质量。"希望工程"项目的目标区域使中心城市、农村地区的枢纽以及农业和渔业村庄可以紧密连接到每个区域，使居民能够享受基本的基础设施、教育、文化和福利服务，以及在全国各地享受到便利的就业服务。

2018 年，农村振兴厅在《第二个农村振兴基本计划（2018—2022 年）》中指出，要重点推进专业教育并大力培育青年农民。为此，政府将投入 810 亿韩元构建 31 个相关网络，每年推动 360 个示范项目，培育"引领农业发展方向、传承乡土文化以及促进可持续发展"的青年农民及其先进典型；分别利用 480 亿韩元和 90 亿韩元培训 40 万 4 - H（Head、Heart、Hand、Health）会员和 5 000 名青年农民，以此增强农民后继力量和扩大学习组织覆盖面。

三、韩国农村地区变化及展望

自 20 世纪 60 年代以来，韩国政府推行了各种促进农村发展的政策。不可否认的是，这些政策改善了农村地区的生活条件，增加了农村居民福利，但与城市地区相比，韩国农村的生活条件相对落后。农村人口的持续下降证明了这一事实。这并不是政策失败带来的后果，而是农村地区工业化、全球化和城市化所造成的负面影响。

韩国在工业现代化历史上经历了空前速度的发展，韩国的信息技术处于世界领先地位。韩国社会正在迅速老龄化。新高速交通基础设施使这个小国更紧密地联系在一起。韩国可能慢慢地变成一个以首尔为大都市圈的城市国家。

信息社会的进步，越来越多的新一代老年人不受家庭义务的约束而退休，以及新交通基础设施的建立将为韩国农村地区带来新的机遇。随着人们为了逃避城市的住房压力而搬到农村或是返回农村，或是在乡村度过周末，农村社区将变得日益多样化。面对这些新的变化，韩国农村地区将变成黄金住宅区和休闲退休人员的目的地。

第三节　韩国新村运动的经验与启示

韩国在 20 世纪 60 年代经济起飞以前，经济发展缓慢，一直是落后的农业国。1953 年，韩国人均 GDP 只有 67 美元，1962 年也只有 87 美元（按 1975 年价格计算），是世界上较为贫穷落后的国家之一。但韩国自 1962 年开始实施第一个五年计划以来，劳动密集型和出口导向型产业的经济发展战略获得了巨大成功，国内经济快速发展，创造了"汉江奇迹"。1980 年，韩国人均国民收入达到了 1 598 美元，1995—1997 年，韩国的人均国民收入已经超过了 1 万美元。从 1970 年开始，在工业化快速发展的同时，韩国农村走上了韩国特色的农村现代化之路——新村运动，迅速扭转了当时拉大的城乡差距、工农差距，成功地促进了韩国农业的转型和农村的现代化。这一运动对韩国经济社会的发展产生了深远的影响。据韩国的一项民意调查显示，新村运动被公众认为是韩国现代历史上最重要的成就之一。

一、新村运动实施理念和内容

韩国新村运动的重点是村庄的建设和改造。从根本上来讲，新村运动就是为追求更美好的生活。首先，它是一场摆脱贫穷的运动，是"让我们吃得好，穿得好，住得好。让我们的孩子受到良好的教育，让我们病有所医，让我们过着文明的生活，就像在大都市生活一样"。这些现实的目标让广大群众更有热情和动力积极参加到新村运动之中。新村运动由两个重要内容组成：一是在村一级实施新村项目，二是培训新村领导人（新村指导员）。

（一）村级项目的实施

政府在新村运动之初，主要采取了实物资助的办法。在 1970 年项目开始的第一年，政府提供给每个村大约 300 包水泥；第二年，政府只援助那些在第一年有村民积极参与的村庄，提供给每个村 500 包水泥和 1 000 千克钢筋，而对那些村民不积极参与的村庄不提供援助。这种差别性的援助目的是促进原先不积极参与的村庄积极地参与这项活动。这种措施从第四年开始就不再使用（1974 年），因为那时全国所有的村民都已经积极地参与新村运动了。1971—1978 年，政府对新村项目的水泥援助平均每个村 84 吨、钢筋 2.6 吨。运用政府的援助，村民实施了新村建设项目，主要体现在农民最渴望解决的居住环境的改善上。虽然各个村庄的地形地貌、农业的种类、村庄的基础设施状况有很大的差异，优先需要解决的问题也有很大的不同，但有 16 个村庄项目几乎在全国 33 000 个村庄都有。这些项目可以分为三类：一是消除居家的不便。这些项目使家庭住房更加舒适、方便，使村民对改善居住环境更感兴趣，使全体村民对新村运动更有热情，同时增进村民之间的友谊。直到 20 世纪 70 年代，韩国农民居家的环境仍然很传统落后，例如一般韩国农民的房子只有一个烧火的灶台，用起来不方便；附近没有水井；屋顶通常是茅草盖的，会漏雨水；不卫生的污水系统等。二是消除村庄的不便。在村级层次，20 世纪 70 年代韩国农家村庄环境有很多不便，如所有道路狭窄，人员、货物的运输非常缓慢；妇女需要到水井里打水，到溪边洗衣服；饮用水不卫生，人们经常死于由水传播的疾病。相应的项目实施，如修建进村公路和村内道路，改善传统的饮用水井和村庄排污系统等，使村民感觉生活舒适、方便，让村民有了自豪感并有了信心。三是发展经济增加收入所需的环境条件。这类项目主要是提高基础设施水平以增加农民收入。例如建造多用途的水库，修建灌溉的沟渠，修理堤岸，建设供电和通信设施等。此外，有一些村庄和政府都感兴趣的项目，如道路两旁的美化，桥梁、防洪堤的建造，河流的净化，植树造林和开荒等。项目的实施改变了农村落后的生产和生活面貌，崭新的新农村形象出现在了人们眼前。

（二）新村运动的培训项目

新村运动的培训项目扮演了重要的角色。至今，仍存在新村中央研修院专门培训机构。如果没有对村庄领导人进行集中培训，新村运动就不可能胜利完成。这个培训项目启动于 1972 年年初，也就是新村运动实施的第二年。新村运动实行一年之后，从一份调查农民反映的报告中发现，是否有好的村一级领导是引导村民参与新村运动最重要的因素。于是政府在水原建立了专门的新村领导人研修院，对新村运动的村庄指导员进行培训。

开始是对男性新村指导员的培训。培训课程包括 5 个科目：（1）成功农民的案例宣讲；（2）小组讨论；（3）与国家安全和经济发展相关的问题；（4）农作物生产技术；（5）小桥建造、农舍翻修及自来水供应等工程的基本技能。后来培训的对象扩大到女性新村指导员。再后来培训扩大到城市。为了使全国各界对新村运动有所了解并提供支持，除了对村庄领导人进行培训外，在 20 世纪 70 年代，绝大多数韩国社会各界负责人都参加了与村庄领导人一起的培训。从国会议员、部长、教授、法官到新闻记者、企业家等。各类高级官员及社会精英与新村运动领导人一起参加培训，人数达到 10 500 人。他们穿着同样的衣服，吃着同样的食物，住在同一个宿舍。他们和村庄领导人之间的交流隔阂主要源于缺乏对农业和农村问题的了解，通过这次培训便解决了这一问题。

二、新村运动成效和特点

（一）这是一场以村庄为单位、财政投入少、及时的乡村建设运动

韩国全国大约有 1 450 个邑和面，33 000 个左右的村庄。新村运动把村庄作为政府政策的着力点，运动涉及制约农村现代化的方方面面：村庄道路的改善，农民住房的翻新，自来水、农村电气化、改良新品种的引入，农村家庭的节俭运动，村庄会堂的建设，村庄事务中妇女的参与以及村庄领导人的培训等。实际上，新村运动成了一项农村发展的综合性工程。它的实施，大大缩短了韩国传统农村向现代化农村转变所需的时间。

新村运动所用的国家财政资金很少。按照朴振焕博士书中的估计，新村运动中政府主要资助村庄水泥和钢筋两种物资。在 1971—1978 年，通过各种新村项目，政府提供每个村庄约 2 000 美元价值的水泥和钢筋。韩国一个村庄大约有 80 户家庭，在 8 年多的时间里，其实 2 000 美元的水泥和钢筋这样的数目是很小的。

同时"新村运动"是适合时宜的运动。在 20 世纪 70 年代早期新村运动刚刚开始的时候，土地的价格和农村的收入还很低，城市化和工业化还没影响到农村的土地价格和农村的工资水平，政府没有一分财政资金用于所需的土地和劳动力。农民自己把村庄道路两边的部分土地捐给村庄，劳动力由村民自己贡

献。因此，新村运动成本相对较低。如果推迟到 80 年代以后，农业劳动力短缺可能会阻碍村庄项目的实施，而且村民可能也不会无偿捐献土地，乡村基础设施的发展可能会因此延迟，农村现代化所需的财政资金也会大大增加。因此，适时实施的"新村运动"工程，为政府节省了大量的财政资金。

（二）新村运动是一场通过物质文明建设带动伦理精神建设的运动

新村运动通过具体村级项目的实施，不仅在物质上改善了农民的生活居住环境，而且在精神层次上提高了农民的生活伦理。在 20 世纪 70 年代新村运动取得了明显的效果。据统计，1971—1978 年，平均每个村庄得到改善的道路是 2 600 米；修建小桥的总数是 70 000 座，平均每个村庄 2.1 座桥；改善的河岸总长度大约 7 800 千米，每个村平均改善的河岸长度为 238 米；1971—1978 年，新村项目建设的水库共有 24 000 座，每个村平均 0.7 座；农村电气化的比例从 1970 年的 20％增加到 1977 年的 98％，农村晚上点油灯的景象开始消失。

同时，农村饮用水系统也得到了改善，从 20 世纪 70 年代后期开始，大多数农户在自己的住处可得到方便卫生的饮用水，改变了农村地区靠家庭主妇头顶运水的传统习惯。此外，1971—1975 年，传统的茅草屋顶开始消失，代替的是瓦片屋顶。70 年代道路的改善促进了对动力机械的引进，韩国传统的水稻生产在 1980—1990 年间大部分已经实现了机械化。

通过新村运动，随着贫困落后村庄的改变，农民思想伦理上也发生了巨大的变化，从宿命的"我们不能做"转变到"我们能够做"。"我们能够做"的态度也增加了韩国人民的信心。在当时的背景下，新村运动是与"贫穷是我们的命运，我们做不到"等守旧悲观的观念对抗的一场运动。这是一场战胜了悲观主义的运动，是一场把自己当作生活主人来进行思考和行动的运动，是一场通过社区发展找到价值和成就的运动，是一场精神革新的运动。

新村运动树立的"勤劳、自助、合作"精神转化成了农民良好的生活伦理精神。这种良好的国民精神，弥补了当时韩国科学技术水平低的不足，提高了韩国整体的人力资本质量，为韩国经济持续发展做出了巨大贡献。这是无法用金钱计算的社会效益和经济效益。

（三）这是一场政府主导的自上而下的群众广泛参与的运动

在新村运动的过程中，政府通过行政渠道对新村运动进行协调、服务、培训、指导，倡导以"勤劳、自助、合作"精神建设新农村。政府通过内务部在道（省）、郡（县）、邑面（乡镇）这一套行政机构来推动新村运动。

在政府的支持和鼓励下，农民积极、广泛地参与新村建设活动。在村庄的参与程度方面，虽然第一年村民积极参与新村项目的村庄只占全部村庄的一半，但从第四年开始（1974年），全国所有的村民都已经积极地参与了新村运动。随着新村运动向城市的推广，在城市街道这一层次兴起适合城市的新村运动，例如让家庭附近的街道保持洁净，排队等候公共汽车，垃圾倾倒前先装入塑料袋中，保持公园和野餐地的清洁卫生；通过参加街区会议来熟悉街坊四邻，在道路两旁种植树木和鲜花等活动。群众广泛参与的新村运动改善了全体国民的素质。

（四）农村的现代化与农业的发展和农民收入的提高密不可分

新村运动是在农业转型、农村与城市差距逐渐明显的背景下实施的运动，与农业政策又有密切联系。韩国从1968年起对大米实行了价格"双轨制"，即政府从农民手中高价收购大米，然后再低价供应给城市居民。这一政策提高了农民的收入，也直接刺激了大米的生产。同时，从1971年开始推广高产的"统一"号水稻。由于大米产量的增加、价格的提升，农民的平均收入得到大幅度提升，从1972年的1 025美元增加到1977年的2 961美元，全国大多数村庄在新村项目实施的6年间，收入几乎增加了2倍。

韩国政府从1968年开始实行农业收入增长专门项目。这一项目目的是推行农业生产专业化，增加农民收入。1968年生产专业化计划在约90个地区实施，建立了蚕桑生产区、蘑菇生产区、塑料大棚生产区、苹果生产区、奶牛生产区、肉牛生产区、牡蛎养殖区、板栗生产区等农业生产区域，提高了农产品专业化、商品化程度。由于城市人口的快速增加，使国内对这些产品的消费和需求的增长远远快于国内产量增长。据韩国统计数据表明，在1970年，全国农业家庭的平均收入只有城市家庭收入的75.6%，但从1974年开始到1978年，农业家庭收入每年都超过了城市家庭收入，而且在20世纪80年代的多数年份也是如此。

（五）外迁农村劳动力素质提高

在实施新村运动中，一些村民学会了木工、土木建筑等技能，甚至还包括指挥协调的能力。在 20 世纪七八十年代，参加过新村项目建设的村民后来离开了他们的村庄，到大城市里找到了更好的工作。因此，农村劳动力人口也从 1970 年的 1 440 万人减少到 1990 年的 670 万人，在 20 年里整整减少了一半。可以说，新村运动的实施大大提高了外迁农村劳动人口的素质。

三、新村运动的启示借鉴

韩国的新村运动是成功的，在 20 世纪 70 年代，韩国城乡收入差距缩小，社会矛盾缓和，城乡一体化初步实现，农村的物质面貌和农民的精神状态也大大改善。因此，新村运动对韩国经济和社会的持续发展做出了难以估量的贡献。没有韩国农村的现代化，也就没有韩国国家的现代化。中国正处于解决农业、农村、农民"三农"问题的关键时期，在同样深受儒家文化传统影响的中国农村和农民小规模生产的环境下，韩国农村现代化的思路、内容、方法、途径以及现代化发展遇到的各种问题，都值得我们思考和借鉴。

（一）农村现代化并非一定要工业化完成后才进行，可以齐头并进，相辅相成

新村运动是在韩国工业化进程中发起的，可以说是早期阶段开始实施的，与韩国工业化、城市化相辅相成。新村运动不仅改善了农村面貌，较好地解决了城乡差距，同时为韩国工业化的发展提供了重要的高素质人力资源。中国现在的工业化发展需要大量的资金投入，但这并不能说明要等到工业化完成后才来实行农村现代化，而是可以同时进行。而且中国现在处于有利的时机，国家综合实力大大提高，经济发展态势良好，财政资金相对充裕，有必要全面展开农村现代化的建设。只要措施得当，方法科学，可以早日达到农村现代化的发展目标，而且可以处理好现代化过程中的诸多矛盾。

（二）村级治理是农村现代化成功的关键

韩国新村运动以村庄建设为着力点，方法和措施上值得借鉴。（1）了解农民的愿望与迫切需求是农村现代化实施的基本条件。农村各地情况差异显著，实施农村现代化要从农村的具体实际出发，尤其是要从村庄的实际出发。根据村庄的实际情况进行有重点的建设。为此，需要进行调查，了解农民在农村发

展中的需求次序；同时需要适当地分类，明晰政府的职能和作用发挥的边界，确定哪些由农民自己解决，哪些可以合作解决，哪些需要政府解决。（2）村庄的改善要从实实在在的项目做起，而非纯粹的精神运动。韩国的经验表明只有通过项目这条纽带，才能进一步团结村民，提升其道德水平，从而创造和谐的农村。（3）村庄领导人的综合素质是决定农村现代化的重要影响因素。对于农村建设来说，村庄领导人的奉献、廉洁、为民的思想道德和务实的工作作风非常重要，将直接影响村级项目的成功开展。

（三）农村现代化是一项综合性的建设工程

农村现代化是一个统筹城乡发展的物质建设过程，也是突破城乡体制分割的过程。这不仅是社会发展过程中农村发展本身的要求，也是农村居民与城市居民平等权利的基本体现。因此，一项综合性建设工程不仅涉及农村物质建设的现代化，也涉及精神伦理的现代化，也包括相应制度层面的现代化。这对中国实施乡村建设有重要启发。一是需要对农村进行物质设施方面的改善，提高农村地区生活条件。包括对村庄居住环境、居住条件的改善；完善公共卫生设施、排污设施；建设便利的道路交通系统等。二是要逐步建立城乡均衡的福利政策制度。把最低生活保障制度、医疗保险、养老保险等社会保障制度覆盖到农村。三是要加强对农村人力资源的开发。一方面对农业劳动力进行农业经营方面的指导、培训；另一方面对农村剩余劳动力进行技能培训，实施农民的再就业工程。四是完善基层民主体制，真正提高农民的民主意识和民主能力，实现农民的自主决策。五是加强思想道德建设，帮助树立勤劳、自立、合作等积极的精神状态。这一点对贫困地区的农民尤其重要。

（四）政府的倡导、推动是农村现代化的重要保证

韩国的农村现代化经验告诉我们，政府的倡导、推动是农村现代化的重要保证。因此，中国当今的农村现代化和新农村建设也同样需要政府的积极推动。一是需要领导集体的高度重视。农村现代化是中国建设和谐社会的重要基础，没有农村的现代化就没有国家的现代化。只有把农村建设和农村现代化放在同一个战略高度，有战略性认识，才能一贯地坚持推进农村现代化。二是在实现农村现代化的过程中，需要政府部门间相互沟通与合作，而国家各级部门对"三农"问题的了解和形成共识是重要的基础。三是加强党的执政能力和为

基层的服务能力。关注农村、关注农民，更多地为民着想是党和政府重要的责任。在韩国，由于农民是一支重要的选举力量，党派的选举活动在基层农村非常活跃。韩国的农民利益通常为各党派所关注，也使得韩国农业问题一直受政府的重视。这也告诉我们只有真正做到执政为民，加强党的执政能力，才能得到百姓的衷心拥护。

农业政策 ▶▶▶

　　韩国农业政策在国家现代化历史进程中经历了重大变化。工业化之前（从1948年建国到20世纪50年代）韩国是一个以农业经济为主的国家。农业提供了食物和就业，不过生产力水平低下使得韩国需要美国的粮食援助。在工业化发展时期（直到20世纪80年代中期），农业部门为工业的发展提供了大量廉价劳动力，并且通过绿色革命实现了国家粮食供应的自给自足，新村运动也把重点放在了农村地区的发展上。20世纪80年代中期以后，时代特征是全球化，韩国经济日益融入国际市场自由化的潮流中，因此韩国农业部门必须做出调整以适应国际标准。政府进行了许多农业政策改革，并调整了法律和政策为市场化导向的农业服务。

一、工业化之前的农业政策

（一）通过土地改革建立耕者有其田的土地制度

　　1945年，韩国经济以农业为中心。韩国超过80％的总人口从事农业，是一个典型的农业社会。

　　1948年，韩国农业产业由从大地主那里租赁的小农场组成。全国将近三分之二的耕地是租赁的，约半数农户没有自己的土地，85％的农户或多或少会从地主那里租赁土地。这些地块大多数面积不足1公顷，低生产力和高租金使得农民甚至不足以养活自己的家人。

因此，摆在新政府面前一个最紧迫的问题就是土地改革，这样能够给国家最大的人口群体带来稳定收入，并且能够提高农业生产率。

修订后的韩国宪法包括一项条款"将土地分给农民"，促使政府进行土地改革。1949年6月韩国颁布《土地改革法》，于1950年春天开始实施。户均土地面积超过3公顷以上的以及没有耕种的土地将被重新分配，政府会强制购买这些土地，并按成本分给小农场和农业劳动者。

通过土地改革，一共有58.5万公顷的土地被重新分配，占分配农田总数的40%。全国有超过60%的农地被转移到了农民手里，其中包括在土地改革前后地主出售的71.3万公顷土地。

土地改革建立了一个独立自主的土地所有者的农业体制，为农村经济提供了最基本的安全网。农民的孩子能够接受公共教育，他们成了大量的劳动力，并成为韩国经济发展的支柱力量。地主阶级的灭亡也为韩国资本主义的正常发展扫清了障碍。

（二）粮食短缺和美国公法480条款的粮食援助

20世纪50年代，韩国农业生产力非常低，粮食作物生产水平是现在（2020年）的四分之一到三分之一。水稻作为最高产作物，每公顷只能生产大约1.6吨。生产力低下是由于技术水平低下，基础设施缺乏，化肥、农药和农业设备等短缺导致的结果。

因此，韩国农业政策的焦点是建立国家粮食储存库和解决粮食短缺问题。政府建立了谷物采购系统，开展了粮食生产扩大计划，并向美国请求粮食援助。1956—1964年，根据美国公法第480条款和双边安全法，大量援助粮食流入韩国，占韩国总谷物生产的5%～23%。

美国的援助为韩国解决了严重的粮食短缺问题。然而，这种援助也有其负面影响——压低了谷物价格并且减少了农民的收入，对韩国长期的谷物生产造成严重影响。比如，小麦作物由于几乎没有价格竞争力，逐渐退出生产，而在美国援助结束后，韩国不得不依赖小麦进口。

二、工业化时期的农业政策

（一）扩大粮食生产

韩国新政府通过发展经济，努力争取人民的支持。然而，人民的福利问题是亟待解决的首要问题。政府利用公共资金部分缓解了利率高达 50% 的高利贷影响，这是一直困扰着农民的信贷体系。同时韩国政府出台了《农产品价格维持法》，以确保农产品价格高于其生产成本。

1961 年 8 月，通过合并农业银行和农业合作社成立了全国性农业合作组织。

"第一个五年经济发展计划"始于 1962 年，是韩国历史上第一个全面的经济发展计划。这一计划和随后的举措使韩国在 30 年内经济快速增长，进而实现现代化。"第一个五年经济发展计划"主要农业目标是通过扩大农业生产实现粮食自给自足。具体计划包括土地复垦和再种植、土地规划和灌溉系统改善以及促进农业生产力的研究和培训项目。

"第二个五年经济发展计划"始于 1967 年，其中"促进农民增加收入"和"农业和其他产业并行发展实现农村地区现代化"被列入国家农业政策目标中。为了促进粮食产量的增加，政府启动了综合性大型发展项目，同时为了保持价格稳定，政府还建立了大米高价格政策和大麦双重价格制度。国家实行农业和其他工业基础并行发展政策是希望农产品能够在原地加工并在国内外上市。然而，并没有达到满意的效果。

在这两个五年计划期间国民经济平均年增长 10%，然而重点是发展工业化，这种不平衡发展使农业与其他产业之间，农村地区与城市地区之间产生了很大的差距。人们开始走出农村，农村地区的人口从 1967 年的 1 600 万人高点（占总人口的 53%）持续下降。

（二）绿色革命

经济快速发展和城乡日益扩大的差距使国家经济发展计划的重心趋向于更平等与更稳定发展的模式。为了保证更平衡发展，政府出台了一系列政策促使经济力量从迅速发展的工业化部门向农业和渔业部门转移，当然扩大粮食生产仍是主要的政策目标。政府开始实施几个大的综合性农业发展计划，开发和提供了一种改良的高产量水稻品种——"统一号水稻"；推动了农业机械化，并实施了农机价格支持政策。

"统一号水稻"是 1971 年韩国与国际水稻研究所（IRRI）联合研发的，极大地增加了韩国的水稻产量。新耕作技术也极大地扩大了水稻生产规模，包括苗圃保护技术、早期种植技术和强力害虫防治技术。以上这些耕作技术使水稻产量从 1960 年的 350 万吨增至 70 年代末超过了 500 万吨。韩国实现了水稻自给自足，也证明绿色革命是成功的。

（三）扩大非农业收入

20 世纪 80 年代，非农业部门持续快速增长，农业部门和其他经济产业之间的差距进一步扩大。1977—1988 年，虽然韩国整个经济平均年增长率为 8.4%，但是农业部门的增长率仅约 1.0%。同时农业在 GDP 中所占的比例从 24.9% 下降到 10.5%。国家经济政策的重点开始由强调快速增长变成稳步增长，由政府主导的市场保护主义变成提倡由私营部门主导的市场自由化。

农业政策也由粮食自给自足开始转变，通过增加产量和价格支撑体系来提高农业收入的政策也转向推广经济作物和增加非农业收入。农村地区开始有了工业园区，蔬菜和畜禽产品的产量也开始增加。

稳定价格的政策使农产品价格限制在较低水平。在 20 世纪 70 年代水稻价格曾经显著提高，但是到 80 年代就停滞不前或者提高很小。双重价格体制也把水稻价格压得很低，进而增加了财政赤字。为了减轻双重价格制度的财政负担，韩国政府不得不降低采购价格，并提高出售价格。

政府的价格稳定政策导致农产品进口的增加。一直到 80 年代末政府或其代理机构根据国内需求控制粮食进口。进口的农产品主要有：牛肉——其国内需求不断增加，还有辣椒、大蒜、洋葱和芝麻，这些农产品的产量由于歉收而大幅度下降。

由于农产品价格被人为压低以及进口增加，农业经济开始出现危机。政府意识到仅靠提高农业收入来增加农民收入是不够的，于是开始在农村地区建立小型工业园区来增加农民的非农收入。1984—1988 年，一共建成了 122 个农业产业园区，但均没有产生理想的结果。

农村地区的经济状况开始恶化，农场债务开始堆积，成为韩国 20 世纪 80 年代后期的主要社会问题。为解决这一问题，政府不得不出台一些债务减免政策。这些政策包括提高农业和农户收入的措施、债务减免的条款以及改善农村生活条件的计划。虽然这些措施是解决农业部门发展滞后问题的首选计划，但是由于将工作重心放在债务减免和非农业的收入来源上，而不是从根本上提高农业竞争力，所以效果有限。

三、全球化时代的农业政策

(一) 农产品进口自由化

乌拉圭回合谈判开始于 1986 年，由于其采取的强硬路线，韩国面临来自农产品出口方（包括美国）的压力越来越大，不得不开放其农产品进口市场。1989 年韩国公布"农业和渔业产品进口自由化三年方案"。该方案对 1989—1991 年期间的 243 种食品类别做了规定，使其进口自由化，将市场的自由化率提高到了 88.5%。

《关税及贸易总协定》第 18 部分 B 条款，即 BOP 条款规定：为了保证贸易平衡，成员可以限制进口保护其国内市场，由于韩国也过了这个保护期限，因此不能限制其农产品进口。不过，韩国获得了 8 年的宽限期来逐步对 273 种产品进行开放。1991 年，共有 131 种产品被选作 1992—1994 年期间的进口自由化对象。由于 1984 年牛肉价格暴跌，韩国停止了牛肉进口，为了使其开放牛肉进口，1989 年美国、澳大利亚和新西兰根据关贸总协定对韩国提起诉讼。关贸总协定专门小组建议就解除进口限制和确定进口量进行双边谈判。1990 年，经过和这三个国家一系列的双边谈判，韩国宣布牛肉的进口额将逐渐增加。

从 20 世纪 80 年代后期至 90 年代初是韩国农业市场逐渐开放的过程。因此，那时候的农业政策是为了应对发展所带来的新问题而制定的。

(二) 农业重建政策

由于农产品进口开始增加，韩国政府相应地宣布了一系列农业政策，包括 1991 年 7 月的"农业和农村结构改进措施"。这项政策设计了一个 10 年（1992—2001 年）投资规划，总投资数约为 42 万亿韩元，目的是改善农村地区的生活条件和提高农业竞争力。

然而，直到 1994 年乌拉圭回合谈判结束后，政策重建才正式开始。关税化的所有条例全部通过，该协议让韩国打开了除大米以外的所有农产品大门，主要农产品得到 10 年的保护期。另外，韩国通过接受自己是一个发展中国家的身份，获得了对全部自由化的一些宽限期。

为了应对乌拉圭回合协定带来的变化，1994 年 2 月韩国成立了"农业和农村发展委员会",由 30 名专家组成。同年 5 月,委员会向总统提交了一份报告,政府按照报告起草了一项发展计划,其中包括重新调整基础生产设施、生产和销售设施现代化、培养农业接班人、扩大专业化农场、改善农村生活环境和提高福利基础设施。1994 年政府修订了新特别农村发展税,政府会在10 年内每年投资 1.5 万亿韩元来实现这些目标。2004 年这项特别税又延长了 10 年。

这一时期韩国农业政策的主要特点是推出了针对生产、农业发展和社会福利等问题的政策。农业政策的重点是扩大农场规模来增加竞争力和培养高素质农业人才。这些政策向农业产业注入了巨大的资本,但是效果不明显。在 20世纪 80 年代后期农业产值一直是负增长,到 20 世纪 90 年代才以 1%～3%的速率增长。尽管农业产值有所增长,食物自给率却持续下降,从 1990 年的43.1%下降到 1996 年的 26.7%。

(三)新的重建政策——直接支付制度和亲环境型农业的增长

1997 年金融危机迫使韩国处于国际货币基金组织(IMF)紧急援助国的境地。因此,外汇、利率和其他一系列经济因素受到国际货币基金组织的控制。1998 年经济崩溃又导致经济负增长,1 美元也由以前大约兑换 900 韩元猛增至 2 000 韩元。燃料和其他原材料价格快速上涨,消费者价格也开始直线上升。利率由先前的 10%～13%升高至 30%。企业纷纷倒闭,失业人口在很短的时间内大幅上升,从 50 万～60 万人上升至 200 万人。

农业产业也无法逃脱金融风暴的袭击。汇率上升使进口饲料的价格急剧增高,牛肉价格随着需求下降而一落千丈。小牛的价格从每头 100 万韩元跌至每头 10 万～15 万韩元。由于石油价格上涨,果园和园艺的经营也受到了沉重的打击。负债的农场由于利率高和需求低而受到双重打击,农场经营变得极不稳定。所以这一期间农业政策的重点是稳定和维持农业生产,主要政策包括亲环境型农业发展、直接支付制度和灾害保险。20 世纪 90 年代末到 21 世纪初,韩国农业政策的主要特点是设法稳定农场经营以及向中小型农场提供支持。如果说在此之前的结构政策侧重于大型农场,那么亲环境型农业发展是适合中小型农场的政策。1997 年政府出台了《亲环境型农业促进法》来推动这个行业的发展,并且将 1998 年定位为亲环境型农业的"元年"。1998 年建立了"亲环境型农业直接支付制度",向位于保护区的、并愿意向亲环境型和有机型农业转变的农场提供直接支持。

　　直接支付制度是一项收入保护计划，用来应对 WTO 体制带来的负面影响。1997 年有限直接支付制度出台，鼓励老年农民提前退休。2001 年综合收入支持制度首先应用于稻田，这种稻田直接支付制度主要是针对 1998—2000 年已暂停生产的农场，以防止水稻产量的增加。第一年支付金额为每公顷 25 万韩元，支付上限为 2 公顷。接下来几年支付金额有所增加，2004 年每公顷支付金额上升至 60.0 万韩元，2005 年又升至 70.0 万韩元。除此之外，还有其他直接支付项目。其中包括"亲环境型农业直接支付""环境恶劣地区的直接支付""亲环境型畜禽养殖直接支付"和"农村风景保护直接支付"，不过这些项目在规模和资金消耗上相对较小。

　　1999 年韩国政府出台了《农业和农村基本法》，为所有与农业有关的法律奠定了基础。该法律对农业、农民和农村地区进行了重新界定，以适应不断变化的环境，并为未来韩国的种植业、农民和农村社区指出了发展方向。该法律还对未来投资和贷款计划做了规定。

　　（四）水稻关税化谈判以及相关政策的变化

　　1994 年在乌拉圭回合协议中，韩国获得一项关于水稻进口的特殊待遇。尽管韩国水稻市场获准受到 10 年保护（1995—2004 年），但是最低市场进口准入为 1%～4%。根据《WTO 农业协议》附录 5 的规定，任何关于特殊待遇延长的谈判必须在 2004 年开始和结束，韩国开始与其他国家就关税化延期进行谈判。9 个国家（美国、中国、澳大利亚、泰国、加拿大、阿根廷、印度、巴基斯坦和埃及）同意进行谈判，最终协议于同年 12 月签订。

　　根据谈判，水稻的特殊待遇（关税化延期）再延长十年。作为回报，最低市场准入进口从 4% 提高到 7.96%。主要水稻的最低市场准入进口由先前的 10% 到 2010 年上升到 30%。

　　尽管这些谈判使关税化延期，但是不断扩大进口量会对韩国水稻生产产生巨大的压力。2005 年，水稻进口量一共有 22.6 万吨，到 2014 年进口量将增至 40.9 万吨。由于韩国国内水稻消费量持续下降，到 2014 年水稻进口量占到国内全部消费的 10%。

　　韩国水稻政策、收购计划和直接支付计划的框架经历了根本性的变革。自韩国成立以来，持续近 50 年的水稻收购政策最终被废止，改为由一个储备系统来确保粮食安全。政府通过加强直接支付计划来弥补其在市场和降低水稻价格过程中越来越小的影响。除了每公顷70万韩元的固定直接支付计划，政府又制定了一个弹性直接支付计划来弥补目标价格和市场价格之间的部分价格差（价格差异的85%）。目标价格是由过去5年中除去最高价格和最低价格之外的三个价格的平均数来确定的。2005—2007年的目标价格是170 083韩元/80千克。如果市场价格与固定直接支付的总数超过目标支付的总数，那么弹性直接支付系统将不会启动。这个系统类似于美国的反周期支付系统。

因为固定直接支付制度不与产量和价格挂钩，从而根据WTO规定被列为"绿箱"政策，而弹性直接支付系统由于与市场价格和同年给水稻农场的补贴量挂钩，所以被列为"黄箱"政策补贴。

（五）韩国—智利自由贸易协定

进入21世纪后，随着全球贸易自由化的浪潮，韩国自由贸易协定谈判也有了新的进展。一开始韩国消极对待自由贸易协定，但是2002年在与智利谈判结束的时候韩国看到了转机。从第二年开始韩国积极参与谈判，截至2015年，与韩国签订自由贸易协定并且生效的国家有16个，包括10个东盟国家，4个欧洲自由贸易联盟，还有智利和新加坡。

其中，与智利以及美国的谈判可以简单地理解为是韩国政策调整的一个侧面。

韩国与智利签署了其第一个自由贸易协定。谈判于2002年10月完成，但是来自果农和农业产业激烈的抵制使议会到2004年2月才授权批准协议，同年4月协议生效。

韩国—智利自由贸易协定是韩国的第一个自由贸易协定，它给农民带来了巨大的恐慌。因为20世纪90年代中期已经经历过乌拉圭回合农业协议带来的困境，所以农民对任何形式的自由贸易协定都极度不信任。农户开始联合起来抵制自由化，全国各地都爆发了激烈的游行示威。

为了安抚人们的恐慌，韩国政府建立了补偿项目和其他计划来提高国内竞争力。为了应对自由贸易协定，政府又出台了一项支持农民和渔民的特别法案，还决定筹集1.2万亿韩元基金在7年内（2004—2010）帮助受自由贸易协定影响的农民。协议给水果产业带来的负面影响最为明显，政府制定了各种补偿措施来维持国内果园的收入。

（六）韩国-美国自由贸易协定

韩国与美国的自由贸易协定谈判始于 2006 年 2 月。双方在很多领域都存在着利益冲突，不仅在农业，而且还在制造业。韩国国内出现了大量反对者，从农民到各种各样的团体，他们认为和美国签署自由贸易协定与和智利有着巨大的不同。因为从智利只是进口少量的农产品品种，像葡萄、猕猴桃和猪肉，而从美国要几乎进口所有的农产品，其影响是非常巨大的。因此，农民强烈反对与美国签署协定。在与美国谈判的初期韩国政府就表示水稻要例外，而美国却要求包括所有项目，最终，水稻不在谈判之内。关于牛肉的谈判也并不容易，2004 年疯牛病暴发之后韩国停止从美国进口牛肉。美国想通过自由贸易协定恢复对韩国的牛肉出口。牛肉问题实际上是一个由检疫机构和食品安全机构来处理的问题，而不是自由贸易协定的一部分。但是，直到宣布韩国与美国合作，将会尽早恢复牛肉的进口，这个问题才得以解决。历经 15 个月，将近 10 次的谈判，2007 年 4 月韩美终于达成协议。鉴于与智利的自由贸易协定谈判超过了 3 年，因此与美国的协定相对还算较快。

第二节　农业预算投资和贷款

一、农业预算系统

特别账户是资助特殊政策项目运作的独立预算。农业部门有 5 种特别账户，包括农业和农村结构调整特别账户和粮食管理特别账户。

公共基金与特别项目联系非常密切，由相关部门独立管理。食品、农业、林业和渔业部门管理着 7 个基金，其中包括耕地管理基金、稳定农产品价格基金、补偿农民收入损失直接支付基金等。

由于项目支出经费不同于政府直接使用的经费，农业预算要么由政府或相关机构用于直接投资，要么作为贷款提供给农民。提供给农民的贷款通常由农业相关的特殊账户或基金提供，称为政策贷款。这些资金是从国家预算或商业银行拨下来的。政府有时只采用补偿政策贷款利率与商业银行利率之间利率差的做法，这种做法对政府预算的压力较小，同时向大量用户提供了低利率贷款，而且还缓和了财政贷款与商业贷款之间的竞争关系。

政府根据中长期投资贷款计划制定和执行项目费用。

韩国的农业政策包括农业和林业两大领域，农林畜产食品部（简称"农林部"）管理两个相关机构：韩国农业振兴厅和韩国林业局。韩国农业振兴厅负责农业部门的研究开发、培训以及技术推广，而韩国林业局负责林业部门的行政管理和研究开发活动。农林部、农业振兴厅和韩国林业局都有各自的预算，它们合起来称为"农林预算"，农业预算有时仅指农林部的预算。

农林业的投资贷款来源于农林业预算费用和农业相关基金的长期项目费用，因此投资贷款比上述农林业预算要多。

农林业投资贷款项目为由项目发起人通过正规行政渠道提议的发展项目，并分配必要的资金，从而采用这样一种自下而上的预算形成方法。每个市、县和省级的项目审查委员会在审查每一项提议后向农林部或相关机构申请资金。农林部或相关机构将这些申请移交给财政战略部来得到国会的批准（图 6-1）。农林部每年出版一本详细的《农林业投资贷款项目指南》，以保证全过程的透明度。

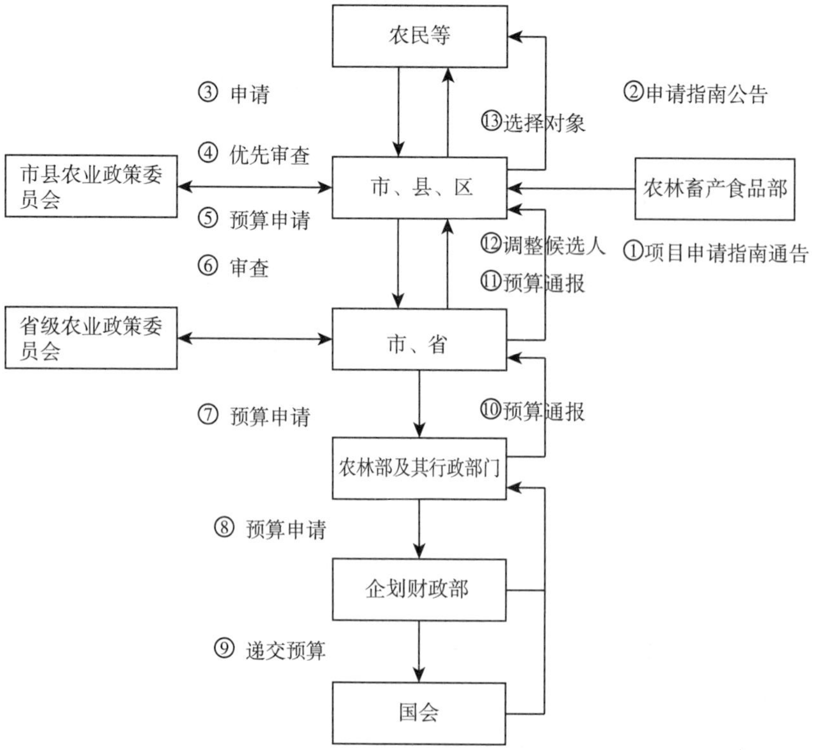

图 6-1　农林业投资贷款支持系统

二、农业预算的规模及组成

2015 年农业预算总共是 19.3 万亿韩元，占国家预算总额的 5.1%。农林畜产食品部（MAFRA）的预算仅为 140 431 亿韩元。表 6 - 1 显示了每个项目的预算，重点是农林畜产食品部的预算，项目成本占总预算的 97%。粮食经营和农产品贸易预算占总预算的 26.7%，占 2015 年预算的比重最大；加强农业稳定性的预算占 23.4%；稳定农民收入和管理、建设生产基地的预算分别占 19.4% 和 17%。虽然农村发展和福利促进部门占总预算的 13.5%，是 5 个预算种类中最少的，但这一比例明显高于以往，表明其在农村政策的重要性逐渐提高。与 2010 年相比，各部门农业预算支出的变化表明数量有所增加，维持农业稳定性的部门预算持续增长，稳定农民收入和管理部门的预算较上年同期也有所增长。粮食经营、农产品贸易、农村发展和福利提高等部门的预算也普遍表现出类似的趋势。

表 6 - 1　项目部门农业预算表

单位：亿韩元%

类别		2014 年（A）	2015 年（B）	同比（B-A）/A（%）
总支出		136 371	140 431	3.0
部门	项目支出	132 881	136 860	3.0
	农业农村地区	124 528	127 451	2.3
	增强农业稳定性	31 059	29 844	−3.9
	稳定农民收入管理	23 230	24 663	6.2
	促进农村福利	4 277	4 565	6.7
	农村发展	12 172	12 664	4.0
	粮食经营、农产品贸易	33 656	34 031	1.1
	农业生产基础设施	20 133	21 685	7.7
	食品业	7 723	8 401	8.8
	其他项目支出	631	1 008	59.8
	基本支出	3 490	3 571	2.3

资料来源：农林畜产食品部。

三、农业预算系统和中长期投资贷款计划的变化

农业预算系统的变化与农产品市场的开放密切相关。在达成乌拉圭回合农业协定之前，农业发展计划作为政府经济发展计划的一部分，每五年制定一次。由于这一时期农业政策的重点是扩大粮食产量以及确保粮食稳定供应，所以水稻是农业政策的重点。预算主要用在农地改革、灌溉改良、机械化、肥料支持和其他与水稻生产有关的项目上。

政府从国家预算中保证政策基金的资金来源。20世纪70年代，当时政府预算很少，政策贷款的主要部分是短期贷款，不过从20世纪70年代后期，财政状况慢慢改善，政府开始增加中长期基金的提供，比如农业设施基金。韩国农业协会作为政策基金的唯一渠道，这促使其不断发展，使其成了农村地区的银行服务提供商。

政府依据单独的中长期投资贷款计划编制农业预算始于90年代初期，农业的中长期投资计划的工程期一般为10年，不过有时会根据规划的时代情况做一些调整。2004—2013年，农业和农村地区总计划投资1.19万亿韩元，为期10年，重点是通过提高农村地区的生活质量来维持农村人口，同时补偿自贸协定造成的收入损失，扩大投资以增强竞争力。该计划的目标是，到2014年，将用于补偿农业收入损失的直接支付计划扩大到农林预算的22%，并在改善农村生活质量的政策上投资22万亿韩元。在1.19万亿韩元的投资和贷款中，农村部门的执行额所占比例从2004年的8.8%上升到2008年的15.3%。

随着国内市场的自由化发展，政府对农业预算也在稳步增长。虽然韩国经济仍然在快速增长，农业产业也增长较快，但是韩国农业生产规模依然很小，这可以从农户的种植规模看出，平均耕地面积只有1.5公顷（2018年）。市场的完全自由化将会彻底摧毁整个农业产业，20世纪80年代中期开放农产品进口市场仍然是不可想象的。事实上，直到1985年韩国还是一个净进口国家，根据关贸总协定第18条条款关于对发展中国家提供特殊和差别待遇，韩国可以调整农产品的进口政策。1986年韩国变成净出口国，开始面临开放农产品进口市场的压力。政府预先宣布了一系列进口时间表，以让业界做好准备，但坚决限制水稻和其他重要产品的进口。然而，随着以"自由贸易，没有例外"

为口号的乌拉圭回合谈判的开始，韩国不得不放弃这一立场。韩国政府只有加强农业产业竞争力来缓减这些压力，因此产生了长期的投资和贷款计划。韩国政府宣布，从 1992 年开始，10 年间计划向农村地区投入 42 万亿韩元，但是此计划被减少了 3 年。由于开放水稻市场已不可避免，政府又增加计划，宣布从 1994 年到 2004 年向农村提供 15 万亿韩元跟进先前的 42 万亿韩元计划，韩国又制定计划在 6 年间（1999—2004）注入 45 万亿韩元调整农业产业结构。2003—2008 年政府筹备了扩大农业支持体系，来应对由于 DDA（多哈发展议程）和 FTA（自由贸易协定）规定中的进一步开放市场。随着 2009 年新政府开始执政，又有大约 4 700 亿韩元注入食品产业来增加农业的发展潜力和改善农村地区的生活质量。长期计划可分为三个时期：第一期从 1992—1998 年，第二期从 1999—2003 年，第三期从 2004—2013 年。第一期投入 5.2 万亿韩元，第二期投入 6.5 万亿韩元，第三期投入 11.9 万亿韩元。

在 20 世纪 80 年代中期之前，国家预算中的农业份额不超过 6%，但是自 80 年代起，市场压力增加导致农林业预算迅速扩大，1995 年农业预算的比重高达 14.8%，是当时农业产业重建的最高峰。然而，由于预算扩大，资金的使用效率下降，而且常有滥用预算的情况。在 1995 年农业产业重建高峰之后，农业预算开始下降，1997 年年底的财政危机导致农业预算大幅度削减，2000 年下降到 6.7%，接下来的 10 年基本维持在这个水平，几乎没有变化。尽管投资和贷款增加了，实际百分比却由于同时期政府预算的增加反而下降了。

韩国政府在 20 世纪 90 年代对农林部门的投资贷款主要用在了硬件方面，包括设施现代化和农场机械化。在 1992—1998 年第一个长期的投资和贷款期间，41.9% 的政府投入用来建设生产基地，包括农业机械化和设施现代化；9.6% 的政府投入用在改善农村生活条件和农村福利项目上；用在亲环境型农业上的投入只占 0.8%。在第二个时期，设施和机械化的投资比例下降为 39.6%，但是仍占预算的最大份额。而用在改善销售和支持亲环境型农业上的资金比重较以往有所增加，分别为 8.4% 和 11.6%。20 世纪 90 年代前半期，以增强农业产业的竞争力为目的的扩大财政投资贷款，激发了农民的热情并且带来了积极投资。农民用政府补贴和低利率政策基金来扩大投资和引进新技术，结果生产力提高了，产量也增加了，但是由于 1996 年之后缺乏新的需求以及第二年的财政危机迫使农产品价格降低并且减少了农场的收入。1998—2003 年，韩国政府宣布了一系列措施来减轻农场的债务和利息开支。不过直到现在农场贷款和债务仍然是一个悬而未决的大问题。

当前政府预算分配的一个重要特点是扩大对稻农的直接支付。预计水稻需求的进一步下降以及 2015 年关税化，会给农业产业带来更大的压力和冲击。政府废除了水稻采购政策并建立了直接支付制度来弥补水稻收入的损失。这一新计划需要巨大的财政来源来稳定农场的经营和农民的收入。

另一个重大变化是资金资助方法的改变。1999 年，政府采用了一项新的贷款计划，称为联合农业基金，它允许贷款机构向个体农场提供贷款。虽然计划的主要目标是减少战略融资的无效率性，旨在提高预算的使用效率。该项目目前仅限于某些用途，例如农业设施的改善，但是它的使用范围在不断扩大，最终将会替代战略资金。以前该项目的操作仅限于农业协会，但政府近年也允许商业银行以借贷方的身份参与项目。

第七章 CHAPTER 7
国际农业发展与合作 ▶▶▶

第一节 农产品国际贸易

韩国农产品贸易从 20 世纪 50 年代致力于出口转变为如今的以进口为导向。在 20 世纪 50 年代，初级产品作为获取外汇的来源起着非常重要的作用。然而，在之后的 60 年代，韩国工业化和出口导向的经济发展战略开始实施，与工业化相比，农业作用在变小。在韩国的出口产品中，农产品的份额在显著减少，从 20 世纪 60 年代初超过 40％的比例下降为现在的不足 1％。农产品贸易政策是导致农业贸易发生变化的众多因素之一。在 20 世纪六七十年代，农业出口鼓励政策作为政府出口导向型经济政策的组成部分在积极实施。到 90 年代，一方面随着农产品市场自由化的扩大，对农产品出口鼓励政策的必要性进一步增加；另一方面，进口管制政策的需要也随着市场自由化而增加。然而，按照由乌拉圭回合谈判结果所产生的 WTO 规则，贸易政策限制正在逐渐消除。

一、农产品市场的自由化

（一）乌拉圭回合谈判之前

20 世纪 60 年代自韩国经济开始全面发展以来，韩国持续实施市场自由化政策。60 年代，一项关键的市场自由化政策是韩国进口限制条例从正面清单制度转变为负面清单制度；70 年代末，韩国进口自由化措施进一步加速。在外向型增长政策的驱动下，1977 年韩国经济实现了100 亿美元的出口目标。这样一种增长方式带来了外汇储备的增加，但反过来来自国外要求开放其进口市场的压力又增加了。因此，政府在1978年制定了进口自由化方案并且实施了大量的进口自由化措施。作为这些措施的一部分，在1978年和1979年，韩国开放的农产品种类达到了162种，并且将其进口自由化比例从53.8%提高至68.6%（基于商品种类数量）。

进入20世纪80年代，市场自由化进一步扩大，进口自由化的预先通告制度在1984年开始引入，1988年韩美贸易谈判结束，关贸总协定国际收支平衡条款（BOP）于1989年停止应用。80年代的市场自由化主要是针对农产品。

依据1988年的韩美贸易协定，1989—1991年，韩国开放市场的农产品种类应达到243种。1986—1989年，韩国国际收支盈余，由此导致了进口自由化的扩大。与韩国国际收支盈余相一致的是，GATT（关税及贸易总协定）要求与韩方磋商来决定是否对韩适用GATT第18条B款，结果是在1989年10月，韩国同意停止适用条款。依据韩国与GATT达成的协议，韩国将进口管制商品（273种，又称BOP商品）的自由化提上了日程，该计划从1992年到1997年6年多的时间里分成两个阶段实施，进出口定期预先公告。

预先告知也要求市场自由化的进口商品就其数目进行每年平均开放。然而，在预先通知计划的实施期间（1992—1994年），乌拉圭回合谈判结束，第二阶段实施的进口商品计划也需要遵循乌拉圭回合谈判协议。事实上，与进口自由化的预先通知方案相一致，市场自由化比例在农业、林业和渔业领域显著提高，从1989年的76.1%增至1991年的84.7%，这是1989—1991年预先通知方案遵循韩-美贸易协议的结果。在1992—1994年日程计划中，当关贸总协定的国际收支平衡条款不再继续使用时，在农业、林业和渔业领域市场自由化比例进一步增至92.1%（农业和林业市场自由化比例在1994年为97.6%）。

（二）乌拉圭回合谈判的结果

乌拉圭回合谈判的结束导致了韩国国内和国际农业领域全面改革和自由化进程的加速。乌拉圭回合协议的一个结果是，韩国逐渐开放了其水稻市场以外的农产品和林产品市场。在1995年的1 513种农产品和林产品中，有1 466种产品进入了自动进口许可商品，这和95.6%的进口自由化比例接近。由于部分果、蔬、畜产品市场在1996年和1997年开放，这个比例上升至98.5%。

1998 年，在总数目为 1 644 种的农产品中有 1 620 种进入了自动进口许可商品，没有进入自动进口许可商品的 24 种产品是与水稻和牛肉相关的产品。伴随着 2001 年牛肉进口的自由化，仅仅还有 16 种与水稻有关的产品还未进入自动进口许可商品。在随后的 2002 年，韩国农产品和林产品的进口自由化比例维持在 99.1％。至于林产品，在 1995 年所有的 224 种商品市场都被开放。根据乌拉圭回合谈判，为 108 种 BOP 商品*设立新的减让关税，乳制品、调味蔬菜、水果、坚果、油料作物和木薯都在这个清单内。在 BOP 商品中，对于特定时期的特许商品维持进口配额，同时增加海关关税。另外，对于非特许商品，依靠设定最高约束关税来开放其进口市场。在实施乌拉圭回合谈判期间，韩国维持发展中国家地位，允许关税可以从 1995 年开始的 10 年内减少到平均水平的 24％（即发达国家的 2/3 水平）。在乌拉圭回合协议中，韩国把受限国有贸易的产品数量扩展到 97 种，并且也指定了 63 种新的特别关税商品。

除了关税化和关税减让来扩大市场准入以外，韩国引入了增加市场准入配额的措施。因此，对于水稻进口的最低市场准入（MMA）配额从最初 1995 年国内消费水平的 1％扩展至 1999 年的 2％和 2004 年的 4％。大麦、甘薯和马铃薯的进口低于 3％的国内消费水平（以 1986—1988 年平均水平为基准），这些商品的最低市场准入配额从最初 1995 年国内消费的 3％水平增加至 2004 年的 5％水平。另外，对于出口商品来说，韩国也实施乌拉圭回合协议来保证或者扩大其当前市场准入配额（CMA）超过国内消费水平的 3％，这些商品包括大豆、谷类和花生。

畜产品构成大部分的 BOP 商品，是在更高关税下的自由化。通过提高关税或者最高约束关税，税率比在自由化之前的实际税率要高。直到 2000 年，韩国在牛肉上实行进口限制措施，但在随后的 2001 年韩国同意在 41.2％的税率上实行全面自由化。然而，牛肉税率从乌拉圭回合谈判之前 20％的水平升至 44.5％的水平。这 44.5％的牛肉税率将在 10 年时间（1995—2004）里下降到 10％，到 2004 年为 40％。牛肉配额也从 1995 年的 106 000 吨增至 2000 年的 225 000 吨，在 2001 年后实现完全自由化。

---

　　* BOP 商品指的是在乌拉圭回合协议结束前被进口管制的商品。按照 1989 年国际收支限制委员会磋商达成的不限制进口的协议，BOP 商品不能被开放（依据关税贸易总协定 18 条 B 款）。

在一系列关税和进口配额提高后，猪肉市场从 1997 年 7 月开始全面开放。猪肉关税税率由多哈回合协议之前的 25％升至 37％，按照每年降低 1.2％的速率，到 2004 年降至 25％。进口配额从 1995 年的 22 000 吨增至 1997 年上半年的 180 000 吨。鸡肉市场的自由化过程和猪肉市场相类似。至于大多数乳制品，在经历了一段时间的最高约束关税和进口配额的增加后，其市场在 1996 年 7 月开始全面开放。

很多列为 BOP 商品的水果和蔬菜在乌拉圭回合谈判之前受进口限制措施的保护，这些水果和蔬菜依靠最高限制关税来增加税收，在 1995 年变为开放商品。而柑橘、橘汁、番茄和苹果汁市场的开放被延期了一年至一年半的时间，它们市场的自由化从 1996 年（就葡萄和苹果汁来说）或 1997 年 7 月开始。另外，也有一些商品没有任何提高税率的措施，而是在较低关税税率水平市场自由化，如葡萄、葡萄汁、苹果、苹果汁和其他水果汁。主要调味蔬菜如辣椒、大蒜和洋葱，则通过提高最高限制关税，从 1995 年开始自由化。

（三）大米市场的自由化

在乌拉圭回合谈判中，韩国选择了最低市场准入配额而不是关税化来对大米市场进行开放。消除非关税壁垒的原则在乌拉圭回合谈判上已经决定，高关税实际是国内市场和海外市场的价格差，也被认为是市场自由化副作用最小化的措施。然而，包括日本和韩国在内的几个成员选择先准许一定数量的大米配额，在以后的谈判中再讨论关税化问题。

WTO 农业协议附录 5——提供了与韩国大米谈判相关依据——"任何关于继续特殊待遇问题的谈判都应该着手并且在实施期间的最后一年这个时间框架内完成，而且如果一个成员被允许可以继续应用特殊待遇，那么该成员在谈判中应该授予额外的可接受的让步。"尽管存在这样的案例，接受特殊待遇的成员已经转变为关税化（例如日本），但是没有任何类似韩国这样为继续特殊待遇谈判的例子。2004 年 1 月 21 日，韩国正式通知 WTO 秘书处开始关于大米谈判的意图。利益相关者成员直接与韩国和 WTO 秘书处交流他们谈判的意图，开始就韩国大米市场自由化问题的谈判。参加谈判一共 9 个成员（地区），并通告了他们参与谈判的意图——美国、中国、中国台湾地区、澳大利亚、印度、巴基斯坦、阿根廷、埃及和加拿大。最初的对话是和美国，从同年 5 月 6 日开始，大米谈判经过了 50 多次的磋商，其中包括与美国 9 次，与中国台湾地区 6 次，与埃及 7 次，印度 5 次，最终达成了协议。向 WTO 通告谈判协议如下：

1. 继续延迟关税化：2005 年至 2014 年的 10 年时间。

在实施期的第五年进行实施情况的多边的中期回顾，例如在 2009 年；

保留在延长期任何时间转变为关税化的权利。

2. 义务进口配额：从 2005 年的 225 575 吨（1988—1999 年的 4.4%）开始，每年等量增加。

义务配额进口方法：继续国有贸易，如果 2005 年配额的 10% 出售给市场，那么将要在 2010 年增至 30%，一直维持到 2014 年。

（四）参与 WTO/DDA 谈判

乌拉圭回合谈判达成的协议按照发达国家或地区成员和发展中国家或地区成员的区分而分别实施。对于发达国家或地区成员，实施期为 6 年，2000 年结束；对于发展中国家或地区成员，实施期为 10 年，2004 年结束。为了与这个实施日程相一致，WTO 起草了一个新的市场自由化方案，并在 2001 年 11 月卡塔尔举行的多哈部长级会议上发动了多哈发展议程（DDA）。

除了 DDA 谈判，农业谈判已经根据乌拉圭回合协议在进行。乌拉圭回合达成的协议关于农业条款的第 20 条中有这样一段陈述："认识到在支持和保护上进行大量的有实质性的减少是一个长期目标，这个目标会带来重大的变革，这是一个不断前进的过程，成员同意为了继续这个过程而进行的谈判将在实施期结束前的一年开始。……"因此，按照 WTO 关于农业谈判协议，在 2000 年 3 月举行了会谈。由于 2001 年 11 月 DDA 谈判的发起，WTO 关于农业的谈判从局部会谈发展为多方会谈。

DDA 谈判正朝着多边协议发展，经历了几个阶段，2003 年 2 月哈宾森主席第一个草案模式公布，2003 年 9 月坎昆部长级会议宣言草案通过，2004 年 8 月达成协议框架，2005 年 11 月通过香港部长级会议声明，2007 年 7 月法尔科纳主席提议草案，2008 年 7 月法尔科纳主席提议第三次修订及小型部长级会议失败，2008 年 12 月第四次修订提议及小型部长级会议失败。韩国作为其中一方积极参与这个多边谈判，韩国国内正在设计支持措施来应对 DDA 谈判达成的结果，同时也扩大其对农业的金融支持和投资。

(五) 通过自由贸易区 (FTA) 谈判推进市场自由化

在 20 世纪 90 年代末金融危机之后，韩国国际经济政策向深化市场自由化方向转变。韩国除了将现有政策围绕 WTO 和多边主义外，作为新政策的一部分，韩国还积极地探求 FTA 中的区域一体化和双边一体化。实际上，这意味着政策将转向利用 FTA，并将其作为使经济产生活力的一种方式，具体通过①符合 FTA 的全球扩展；②增进国际间的了解；③加大国外资本的流入；④开发新的出口市场。在政策改变之后，自 21 世纪以来，韩国同时寻求与众多国家达成 FTA。

自从韩国首先与智利形成 FTA 后，韩国积极地试图结束与新加坡、欧洲自由贸易联盟 (EFTA)、东南亚国家联盟 (ASEAN) 和印度的区域性协议。与欧盟的谈判在 2010 年 10 月签署了协议，并且在 2011 年 7 月开始生效。除了和秘鲁 (2010) FTA 谈判达成协议，与加拿大、墨西哥、日本、澳大利亚、新西兰、哥伦比亚、海湾合作委员会的 FTA 谈判正在进行，或正在探索重新开启与这些国家谈判的可能性。这种双边谈判加速了农业市场自由化。因此，农民和政府都积极地回应这种改变。

韩美 FTA 在 2006 年 2 月宣布开始谈判。从 2006 年 6 月到 2007 年 3 月，总共进行了 8 轮贸易谈判，随后举行了高层会议，最终在 2007 年 6 月达成了协议。谈判中涉及的韩国农业领域的商品数目为 1 531 种，这些商品按照16 种基本方式进行关税减让：立刻执行、2 年、3 年、5 年、6 年、7 年、9 年、10 年、12 年、15 年、16 年、17 年、18 年、20 年、特定日期和例外。季节性关税，非海关编码商品和关税减让的海关编码商品分开，并且考虑到协议中规定的配额，这是 FTA 采用的多种关税减让方式。韩国短期取消关税共 934 项，占所有商品种类的 61%，占所有进口商品价值的 68%。在短期商品中，有 578 种产品采用了立刻执行的关税取消，占总体商品种类（基于 1 531 种商品）的 37.8%，占总体进口商品价值的 55.8%。

尽管在短期内进行关税取消的商品在农业领域占很高的比重，但韩国成功地将大部分敏感的农产品包括了在长期关税取消的商品列表中。有较低份额的短期关税取消义务的商品包括肉类产品（短期比重 7%）、乳制品①（8%）、谷

---

① 根据关税减让，当包含在韩方的关税配额类别时，乳制品自由化的实际范围和程度与这个分类有所不同。

类面粉和淀粉（36%）、蔬菜（40%）以及水果和坚果（40%）。尤其是在93种肉类食品（HS-2）中需要长期关税取消的商品种类达到了73种，而51种HS-4商品（大部分是乳制品）中的47种需要维持当前的关税水平，或者关税消除在10年后或者更长的时间之后。

尽管有53%的10位数字HS编码的商品（谷类）为短期取消关税的商品，但是水稻被列为韩国最敏感的商品（基于10位数字的海关编码中的16种商品），需做特殊处理，它不能进行关税消除或者配额的完全市场自由化。同时，在10位数字的海关编码中，所有的25种烟草商品被划为长期关税消除商品。另外，对于肉制品（海关编码为16）来说，其短期关税取消的比重也非常低，仅为4%。

FTA与ASEAN的会谈从2005年2月1日开始进行最初谈判。商品贸易的谈判在2006年4月举行的第11次会议上结束，并于2007年6月生效。在农业领域中，韩国不希望受FTA的重大影响，其大部分敏感商品并没有包括在市场自由化措施中或者其市场自由化的范围被降至最低。总共有71种商品（基于10位的海关编码）没有包括在关税消除列表之中，包括水稻、牛肉、猪肉、鸡肉、辣椒、大蒜、洋葱、柑橘、菠萝和香蕉。同时，像苹果、梨和柑橘等主要商品的税率当前为50%或者更低水平，其税率被商定为可以在2016年前维持在50%以下的水平。实际上，这几乎和将这些商品从关税消除的日程中排除一样。

对于韩国农产品，在韩-欧FTA中存在多种形式的关税减让。这种短期的关税消除期被分为四种：一是立即、2年消除期、3年消除期和5年消除期。另外是6~10年的关税消除期是中期消除期，被分为3种：6年、7年和10年。超过10年的关税消除期包括12年、13年、15年、16年、18年和20年。除此之外，还有减让类型，包括季节关税、关税配额规定、维持当前关税和关税例外。季节性关税主要针对新鲜的柑橘和葡萄，葡萄在收获季节适用17年消除期关税。

（六）已达成的自由贸易区

韩国自2004年与智利签署自由贸易区协定之后，十多年来还与一些国家和地区签署了自由贸易协定（表7-1）。

表 7-1 韩国签订自由贸易协定一览表

时间	签署双方
2004 年 4 月 1 日	韩国与智利自由贸易协定生效
2006 年 3 月 2 日	韩国与新加坡自由贸易协定生效
2006 年 9 月 1 日	韩国与欧洲自由贸易联盟自由贸易协定生效
2007 年 4 月 2 日	美国与韩国自由贸易区谈判达成妥协
2007 年 6 月 1 日	韩国与东盟自由贸易协定生效
2007 年 11 月 6 日	韩国与美国自由贸易区补充对策出台（将现有水果领域扩大到畜牧、园艺、粮食领域）
2010 年 1 月 1 日	韩国与印度全面经济合作协议生效
2010 年 10 月 6 日	韩国与欧洲自由贸易协定正式签署
2011 年 7 月 1 日	韩国与欧洲自由贸易协定生效
2011 年 8 月 1 日	韩国与秘鲁自由贸易协定生效
2012 年 3 月 15 日	韩国与美国自由贸易协定生效
2013 年 5 月 1 日	韩国与土耳其自由贸易协定生效
2014 年 12 月 12 日	韩国与澳大利亚自由贸易协定生效
2015 年 1 月 1 日	韩国与加拿大自由贸易协定生效
2015 年 12 月 2 日	韩国与中国、韩国与新西兰、韩国与越南自由贸易协定同日生效
2016 年 7 月 15 日	韩国与哥伦比亚自由贸易协定生效
2019 年 10 月 1 日	韩国与美国自由贸易协定生效

二、农产品出口

（一）分类出口

韩国商品出口额从 2008 年的 4 329 亿美元增长到 2018 年的 6 254 亿美元。农林水产品出口在此期间的增长率低于世界同期出口的增长率（3%），总出口额从 2008 年的 44.96 亿美元增长到 2018 年的 93 亿美元。自 20 世纪 60 年代初起，农产品在整个出口中的份额大幅下降。农产品占整个出口的份额在 1962 年达到顶峰，为 43.1%，此后大幅降低，1970 年农产品出口份额为 16.2%，1980 年为 6.7%，1990 年为 2.2%。进入 21 世纪后，这个比重还在持续降低，2000 年降至 1% 左右。

随着时间的推移，韩国农产品出口经历了很多变化。在 20 世纪 50 年代和 60 年代，主要出口的农产品包括水稻、茧、人参和烟草。20 世纪 70 年代，当水稻出口急剧下降时，罐装蘑菇、栗子、松茸、葛粉和中药材成为新的出口商品。自20世纪80年代，韩国出口商品明显呈现出多样化特点，有水果、蔬菜（朝鲜泡菜、甜柿子椒、樱桃、番茄、茄子等）、加工食品、猪肉和花卉园艺产品，以及韩国传统产品人参、烟草和栗子等。

自20世纪90年代，水果、蔬菜、鲜花和猪肉已经成为新的出口商品。这些产品的出口得到了政府的积极推动，因为它们具有高附加值和更大的出口潜力。另外是韩国传统食品的出口有所增加，像泡菜、大豆发酵制品这些产品对农户收入有直接的影响。温室蔬菜和花卉园艺产品的出口也有所上升。主要的水果出口包括苹果、梨和柑橘类水果；主要的蔬菜出口为黄瓜、番茄、洋葱、茄子、胡萝卜和泡菜；主要的花卉园艺产品出口为玫瑰、百合、菊花、仙人掌和兰花。

由于韩国耕种面积有限，不利于谷类出口或饲养大牲畜出口，因此，韩国主要是扩大其园艺产品的出口。蔬菜类产品出口大幅增长，且大多数产品出口到日本。新鲜水果的出口也快速增长，主要出口地为东南亚。由于在地理位置上日本是韩国的邻近国家，而且在新鲜农产品的检疫上问题不大，因此韩国的蔬菜出口增长潜力大。然而，韩国的水果出口增长不明显，如果不注重价格竞争力和检疫相关的问题，那么水果产品的出口增长比较困难。至于花卉园艺产品，考虑到质量的改进，对日本的出口也有可能上升。

农产品出口额从2014年的52.2亿美元，增加到2018年的59.8亿美元，增加了14.57%，2014—2017年出口额逐年上升，2017年达到最高点60.5亿美元。农产品（种植业）出口占了农林畜产食品出口额的绝大部分，水产品出口排在第二位，约为农产品出口额的1/3（表7-2）。

表7-2　韩国农产品出口额

单位：百万美元

年份	合计	农产品	畜产品	林产品	水产品
2014	8 249.8	5 223.7	469.8	489.3	2 067.0
2015	8 028.4	5 220.6	496.8	386.6	1 924.4
2016	8 592.7	5 581.2	458.5	425.4	2 127.6
2017	9 153.4	6 046.6	341.4	438.5	2 326.9
2018	9 300.4	5 984.6	417.5	523.7	2 374.6

数据来源：《韩国主要农林畜产食品统计2019》。

（二）出口目标国

从表 7-3 可知，韩国农产品主要出口市场依次为日本、中国、美国和智利，其中，日本的出口额占了将近一半，近两年稳定在 12 亿美元左右，对美国的出口额以每年约 5.4% 的速度缓慢增长，对中国和智利的出口额也同样有所增长。

表 7-3 韩国农产品出口国

单位：百万美元

年份	日本	中国	美国	智利
2014	1 211.8	707.7	530.3	7.0
2015	1 078.6	749.1	558.1	7.4
2016	1 062.8	809.6	632.5	8.5
2017	1 218.7	744.0	640.5	10.9
2018	1 234.1	823.3	673.8	12.3

数据来源：《韩国主要农林畜产食品统计 2019》。

韩国对日本出口的主要产品为新鲜的农产品，比如栗子、松茸、泡菜、黄瓜、番茄、花卉园艺产品和青椒。韩国对俄罗斯出口的主要产品为加工食品，包括小吃、面包、方便面、咖啡和蛋黄酱。韩国对中国的出口产品主要是糖、小吃、口香糖、人参和酒精饮料。至于韩国对美国的出口产品，新鲜的农产品仅仅占据了出口产品中的一小部分，面条、调味酱、大豆发酵制品和梨是主要的出口产品，对美国出口新鲜农产品的障碍不仅仅是价格竞争，还受地理距离、不同的饮食习惯和产品检疫的制约。

（三）出口鼓励政策

韩国的出口鼓励政策在 20 世纪 60 年代和 70 年代初得以巩固和积极发展。然而，相对于其他时期来说，农产品的出口鼓励政策在 50 年代和 80 年代被消极对待。进入 90 年代后，多样化的出口扩张政策再一次被引入来应对农业领域的全球化和自由化趋势。然而，由于包括 WTO 规则在内的国际规则的加强和乌拉圭回合谈判已经建立的监督体系，韩国政府不能实施直接出口补贴形式的政策。因此，现在韩国实施的出口鼓励政策主要是间接的出口鼓励政策，其目标是提供市场支持、信息和市场进入帮助。

　　60 年代，韩国政府将外向型产业作为其发展目标，并且开始实施更具有进取性的外向型经济政策。在农业领域，追求制定出口综合体发展计划。政府也制定并运营了农业价格稳定基金来缓和由于国内不稳定产量和价格导致的农产品出口的不稳定性。进出口连锁制（例如为了出口苹果而进口香蕉和菠萝，或者进口羊毛作为交换出口金枪鱼）极大地促进了农产品贸易的增长。政府也实施了这样一个政策：通过统一的出口渠道来控制出口价格和装运时间。

　　如今，韩国农产品出口鼓励政策的实施是凭借各种新项目对海外市场的渗透和出口信息的支持，而这些都是基于六七十年代韩国积极的出口支持。为了持续不断地增加农产品出口，韩国最近加强和实施了综合措施来扩大出口农产品的产量和分销，并渗入海外市场。为了获得高质量农产品的持续供应，韩国政府也发展了出口综合体；同时，为更有效地扩大农产品出口，政府也为海外市场的渗透、分销和出口信贷提供支持。

　　贸易自由化在 21 世纪以来进一步加速，韩国政府加强了其海外市场扩张的活动，以此来克服由国内市场需求缩减带来的限制。作为这些活动的一部分，政府计划致力于鼓励 30 种主导出口产品来增加农民的家庭收入和扩大韩国饮食文化。因此，政府计划增加农产品出口，由 2007 年的 25 亿美元增至 2013 年的 40 亿美元，2017 年达到 60 亿美元。

　　考虑到现在出口的农产品和具有出口潜力的农产品的一些周围环境，政府也计划扩大农产品出口综合体的数目，目前主要产品都依靠其运作，计划其数目从 2006 年的 148 个增至 2010 年的 180 个，到 2013 年发展到 200 个。政府也打算扩展项目来确立稳定的销售渠道，主要通过两个方面实现，一是培养专业化生产组织来供应有前景的出口产品，二是将产品外包给主要的出口公司。通过这种出口鼓励政策，韩国政府计划鼓励全职农民积极参与农产品出口，并采取相应政策。

　　韩国政府进一步计划将韩国饮食和韩国饮食文化推广至海外，主要围绕传统食品和地方本土食品。因此，韩国政府积极发展和支持各种项目来促进农产品的出口，比如有关海外韩国餐厅的数据库的建设和向外国人宣传韩国优质饮食的公关活动。通过韩国农渔贸易公司实施海外市场渗透项目，该公司主要参与并在国际食品展览中销售韩国食品，派遣市场考察团队，进行包装设计发展方案。该公司主要参与韩国农产品主要目标出口地的食品展览，目标出口国为日本、美国、中国（香港）、俄罗斯、巴西、澳大利亚和新加坡。韩国政府致力于在国际市场上宣传韩国农产品并吸引买家，作为其市场销售的部分成就，政府除了在公交车、杂志和传单上做广告外，还安装了电子公告牌。韩国政府每年还会制作并分发给买家有关好的出口产品和出口公司名录。

三、农产品进口

（一）进口种类

农产品进口额（包括林产品）从 1960 年的 8 200 万美元增至 2006 年的 133 亿美元。然而农产品进口占总进口的比重从 1960 年的 24％降至 1980 年的 14％，2000 年的比重为 5.3％，到 2006 年降至 4.3％。在 20 世纪 90 年代末的金融危机之前，农产品的进口额稳步增长，到 1996 年为 109 亿美元，然而金融危机开始后，农产品进口额在 1997 年降为 101 亿美元，并在 1998 年进一步降至 64 亿美元。尽管农产品进口额在 1998 年再一次有所好转，但是直到 2004 年才恢复到金融危机前的水平。

韩国进口最多的农产品为谷类（水稻、大麦、玉米、大豆和马铃薯）。1970 年，谷类进口量仅有 200 万吨，然而进口量在 1980 年增至 500 万吨，1990 年增至 1 000 万吨，2009 年韩国谷类进口量增至 1 300 万吨。由于谷类进口的急剧增加，谷类自给率在 2009 年维持在 27％。主要进口的谷类包括饲料用玉米、饲料用小麦、食品用小麦和大豆。由于乌拉圭回合协议，水稻的进口量每年都在增加，在 2009 年达到 27 万吨。

谷类中进口最多的是玉米。自从 20 世纪 70 年代中期以来，玉米进口量显著增加，其原因是肉食品消费增加导致饲料用玉米需求的急剧上升。1970 年，玉米的进口规模仅为 28 万吨，但是 1980 年进口量增至 200 万吨，1990 年为 600 万吨，2000 年为 900 万吨。2006 年韩国玉米的进口总量为 860 万吨，主要从美国和中国进口。

进口的小麦用作饲料和食物两类用途。进口的饲料用小麦高度代替了国内的饲料用小麦和玉米。因此，当国际玉米价格很高时，大量的进口小麦被当作饲料用。当前，粮食小麦的进口稳定在 200 万吨水平。2009 年，小麦的进口量为 390 万吨。小麦主要从美国、加拿大、澳大利亚、阿根廷和乌克兰进口。

20 世纪 60 年代以前，大豆由韩国国内供给。然而大豆的自给率急剧下降，从 1975 年的 85％降至 1985 年的 22％，再降至 2006 年的 13.6％。另外，大豆的人均年消费从 1975 年的 6.4 千克增至 2006 年的 9.1 千克。由于大豆自给率的减少和消费量的增加，大豆的进口量从 1975 年的 6 万吨增至 2009 年的 110 万吨。大豆主要是从美国、巴西、巴拉圭和中国进口的。

家畜肉类产品的进口在 20 世纪 70 年代初维持在一个极低的水平。由于从 70 年代晚期开始，牛肉进口量增加，肉类产品的进口量在 1990 年达到了 8.9 万吨，之后家畜肉类产品的进口量持续增长，在 2000 年和 2003 年分别达到 39 万吨和 49.9 万吨。由于 2003 年年底疯牛病（BSE）的暴发，禁止从美国进口牛肉，因此在 2004 年肉类产品的进口量降至 37 万吨。然而，为了弥补牛肉进口量的减少，肉类产品的进口转移到猪肉进口，这一举措导致猪肉进口的增加，因此肉类产品的进口量在 2009 年恢复为 48 万吨。

由于市场自由化，水果的进口额从 80 年代后期开始大幅度增加，从 1990 年的 0.36 亿美元增至 2000 年的 3.5 亿美元，这几乎是原水平的 10 倍。2009 年，水果的进口额达到了 7.2 亿美元，是 2000 年进口额的 2 倍。因此，水果进口量占总进口量的比例从 1990 年的 0.7％增至 2000 年的 4.1％，再增至 2009 年的 3.9％。主要的水果进口产品为香蕉、菠萝、葡萄和橘子。香蕉主要从菲律宾进口，橘子从美国进口，葡萄从智利进口，菠萝从菲律宾进口，而其余水果则从厄瓜多尔、中国台湾地区和美国进口。

表 7-4　韩国农产品进口额

单位：亿美元

年份	合计	农产品	畜产品	林产品	水产品
2014	361.4	193.1	56.2	67.1	45.0
2015	347.8	179.0	57.3	65.9	45.5
2016	344.6	176.7	58.1	62.0	47.9
2017	375.6	185.9	66.0	71.0	52.6
2018	414.2	199.0	75.2	78.8	61.2

数据来源：《韩国主要农林畜产食品统计 2019》。

从表 7-4 可以看出，韩国农产品进口量在 2014—2016 年逐渐下降，2016 年到达谷底，随后逐年上升，到 2018 年上升到 199 亿美元。总体来看，农产品（种植业）占进口额中的比例最大，其次是林产品，然后是畜产品和水产品。2018年畜产品和林产品进口额差不多，水产品进口额从45亿美元增加到了61亿美元。

（二）进口来源国

相对于出口市场，韩国农产品的进口市场是多元化的。尽管韩国70%的农产品主要向份额最高的5个国家出口，但韩国进口市场中份额最高的5个国家所占份额仅为55%。美国、中国、澳大利亚、印度尼西亚和马来西亚是出口韩国最大的5个国家。印度尼西亚和马来西亚主要向韩国出口林产品。除了这5个最大的对韩出口国外，对韩国农产品出口的国家和地区还包括出口烟草的日本，出口蔗糖和咖啡的中国台湾地区以及出口大豆、大豆粉、咖啡和橘子的巴西。

近5年来，在韩国农产品主要贸易伙伴中，其中美国份额最大，2014—2018年，进口量增加了15.5%，从2014年的50.7亿美元增加到2018年的58.5亿美元。从中国进口农产品的份额约为美国的一半，并稳定在26亿美元左右；日本的农产品进口额迅速增长，从2.8亿美元，增加到近5.0亿美元，增加了78.3%；智利的农产品进口量略有下降（表7-5）。

表7-5　韩国农产品进口国

单位：亿美元

年份	美国	中国	日本	智利
2014	50.7	26.6	2.8	2.8
2015	44.1	24.4	3.2	3.0
2016	43.5	25.3	3.8	2.3
2017	48.9	25.5	4.8	2.3
2018	58.5	26.9	5.0	2.4

数据来源：《韩国主要农林畜产食品统计2019》。

2018年美国对韩出口了总价值为58.5亿美元的农产品，占了14.1%的市场份额。美国在韩国的市场份额从20世纪90年代晚期的30%水平降至2009年的24%水平，再到现在的14%水平，但美国仍是韩国最大的出口国。中国是韩国进口市场中仅次于美国的第二大出口国。2018年中国对韩国农产品的出口额为26.9亿美元，占6.5%的市场份额。

第二节　海外农业发展

一、海外农业现状

由于气候变化造成的自然灾害不断增加，以及世界人口的增加，全球粮食平衡正变得越来越不稳定。更糟糕的是，工业化和城市化导致可耕地面积急剧减少，石油和粮食价格的波动加剧，全球农产品市场变得难以预测。特别是，影响全球粮食安全的各种因素都发生了巨大的变化，全球粮食价格的波动也变得越来越剧烈，随之全球粮食安全意识也在日益提高。

韩国作为主要粮食进口国之一，21 世纪初为了加强粮食安全，采取了投资海外农业、培育全球粮食公司等措施来提高生产力水平，从而提高自力更生的能力。然而，培育全球粮食公司的项目面临着各种困难，包括进入全球粮食市场的壁垒高，缺乏经验和相关资源等。考虑到韩国的土地规模和韩国每年进口 1 500 万吨谷物的事实，实现自力更生对韩国来说并不容易。为了解决这些问题，韩国政府把通过海外农业发展建立稳定的粮食供应体系作为加强粮食安全的现实选择之一。

为了发展海外农业，韩国政府制定了"海外农业发展十年计划"，并开展了相关活动。特别是颁布了《海外农业发展与合作法》，建立起政策体系，使海外农业发展项目经营者能够得到政府支持。根据这项法律，投资海外农业的私营企业可以从政府获得贷款或补贴，包括培养和管理人力资源、建立综合信息系统等项目也正在实施。

政府提供必要的贷款，使企业获得经营许可证，并为海外农业发展项目提供启动和建立运营设施。贷款的用途包括收购境外农业资源，用于投资仓储、加工、运输、销售等必要的农业生产活动。根据法律资助的项目，按政府承担海外农业投资风险的方式运作。例如，当一个由法律资助的海外农业发展项目的经营者因项目失败而无法偿还贷款时，可以完全或部分免除本金和利息。政府补贴用于民营企业海外农业发展可行性研究费用、项目技术开发和专业人才培训、国际合作和技术交流费用，提供境外农业建设信息费用、对项目进行评估和研究等费用。委托韩国农村社区公司实施补贴，主要用于支持调查目标地区投资条件所发生的部分费用。

以建立综合信息系统和培养人力资源为目的的项目已经实施，全面系统地推进海外农业发展项目，为有需要的人提供必要的信息。该信息系统提供各种数据：海外农业投资环境的研究成果、海外农业数据、关于海外农产品市场的研究成果、目标国家农业现状的数据、农业投资和国际趋势信息以及其他可供咨询的研究资料。目前韩国正在实施培养专业人力资源项目，通过培养和管理这一领域的专家，持续促进海外农业发展。这一人力资源项目的最终目标是培养和提供熟悉非洲、东南亚、中美洲和南美洲等农业环境条件和生产方法的韩国农业专家，这是韩国长期在海外农业发展取得成功的一项战略。

韩国海外农业的开发遍布全球，涉及各个大洲。俄罗斯、中国、蒙古、缅甸、泰国等国家都有韩国海外农业开发的存在。从区位分布上看，受各个国家区位条件影响，在亚洲地区进行投资的企业数量最多。韩国海外农业开发分布现状见表7-6。在今后的长期发展中，韩国预计将扩大在缅甸、泰国、柬埔寨、俄罗斯边疆区、大洋洲和非洲等国家和地区的海外农业开发。

表7-6 韩国海外农业开发分布现状

洲别	数量	占比	东道国
亚洲	77	72.64%	东亚：中国（15），蒙古（11）
			东南亚：越南（6），菲律宾（9），印尼（11），柬埔寨（13），老挝（4），缅甸（1）
			南亚：印度（1），斯里兰卡（1）
			中亚：塔吉克斯坦（1），乌兹别克斯坦（1），吉尔吉斯斯坦（3）
欧洲	13	12.26%	俄罗斯远东（11），乌克兰（2）
南美	6	5.66%	智利（2），巴西（3），乌拉圭（1）
北美	4	3.78%	美国（4）
大洋洲	3	2.83%	新西兰（1），澳大利亚（2）
非洲	3	2.83%	马达加斯加（1），乌干达（1），刚果民主共和国（1）
合计	106	100%	

数据来源：韩国海外农业开发服务中心（OADS）。

截至2014年12月，多达149家私营公司在27个国家投资了151个项目。在韩国公司投资的地区中，包括柬埔寨和印度尼西亚在内的东南亚地区表现尤为显著。2014年，韩国公司在海外开发了大约53 677公顷的农田，比2013年减少16 000公顷，2013年开发了69 720公顷的农田。在2013年和2014年，东南亚分别占韩国公司开发的海外耕地总面积的 62％和 50％，2013 年和 2014 年俄罗斯远东地区分别占韩国开发的海外耕地总面积的 32％和 43％。换句话说，韩国海外农业发展主要集中在这两个地区，2013 年这两个地区占 94％，2014 年占 93％。

此外，有 11 家韩国公司进入蒙古，12 家韩国公司进入乌克兰和中亚地区，在中美洲和南美洲从事海外农业开发的有 5 家公司，其中巴西有 3 家公司；在非洲有 6 家公司；在美国、澳大利亚和新西兰有 7 家公司。尽管目标地区多样化，但从安全生产农产品数量上看，仍集中在东南亚和俄罗斯远东地区（表 7-7）。

表 7-7　海外农地开发的现状

国家	公司/个人	开发面积（公顷）		安全生产数量（吨）		2014 年带进韩国的产量（吨）
		2013 年	2014 年	2013 年	2014 年	
27 个国家	149 家公司 151 个项目	69 720	53 677	284 182	195 235	7 020
俄罗斯	13	22 449	23 079	51 834	60 436	6 212
中国	19	11	50	84	1 237	—
蒙古	11	3 825	1 420	4 490	1 250	60
柬埔寨	24	15 414	14 643	112 172	91 913	10
印度尼西亚	18	24 465	10 788	99 627	30 150	
菲律宾	12	218	—	870	—	
老挝	10	2 349	509	11 510	3 700	
越南	14	64	82	163	113	
缅甸	1	415	819	850	848	738
印度	1	—	—	—	—	—
巴基斯坦	1					
斯里兰卡	1					
哈萨克斯坦	1	—	80	—	—	
吉尔吉斯斯坦	6	—	134	—	—	
乌兹别克斯坦	2					
塔吉克斯坦	1					
乌克兰	2					
巴西	3	250	624	69	2 701	—

（续）

国家	公司/个人	开发面积（公顷）		安全生产数量（吨）		2014 年带进韩国的产量（吨）
		2013 年	2014 年	2013 年	2014 年	
乌拉圭	1	—	54	—	174	—
智利	1	23	28	60	102	—
美国	4	—	—	—	—	—
新西兰	1	—	—	—	—	—
澳大利亚	2	107	68	2 000	—	—
马达加斯加	1	94	52	453	1	—
乌干达	2	20	—	—	—	—
刚果民主共和国	2	16	1 247	—	2 610	—
莫桑比克	1	—	—	—	—	—

数据来源：http：//www.oads.or.kr。

二、海外农业发展特征

韩国海外农业发展具有以下特征。

第一，韩国积极投资的国家除了菲律宾和巴西以外都是以转型经济为主。在海外投资项目的公司中，在可用耕地面积和实际耕地面积上，俄罗斯占了最高的比例。韩国私营公司进入的大多数国家是在远东和东南亚国家，这些地区试图向自由市场体系过渡，而且有一个共同点，这些国家在转向市场经济的过程中，农业生产率急剧下降。在此背景下，这些国家正在努力吸引外国农业投资，以巩固其农业生产基地，提高农业生产率。然而，在农业投资的法律和体制制度方面，这些国家的外国关系准备不足，中央和地方政府之间的关系也尚未明确。同时，还存在一些风险因素，如政府官员腐败、农业基础设施改造困难、国际粮食危机时粮食出口受限等。

第二，大多数开展海外农场项目的韩国公司选择独资，而不是选择与当地的公司进行合资经营。进行单边投资的原因在于，除了难以选择最佳的合资形式外，还在于合资会给管理国内投资公司带来很多困难。尽管由国内公司进行的单边投资容易控制，但这并不是一个有效的选择，因为单边投资不利于更好地面对当地的挑战。

第三，在当地直接进行生产农产品的生产型投资的难度，远远高于对那些已经产出农产品的进行营销型投资的难度。生产型投资难以操作的地方在于：在一个地区保障安全的营销渠道是非常困难的，这些公司也都是在经营初期。另外，在他们成功生产但是无法保证稳定市场的时候，即使努力也是徒劳的。

上述特征（即投资转型经济、本国投资公司进行独资经营、较高的生产型投资）显示出，正在进行的海外农业发展项目存在诸多风险，因此需要完善相关政策。

三、海外农业发展的行为准则

继 2007 年和 2008 年全球粮食危机暴发后，粮食进口国之间关于粮食安全问题的研讨会不断增加。同时，以获得海外农业土地为目标的国际农业投资也在激增，关于获取海外农场存在着两种截然相反的争议：持反对意见的认为获取海外农场等同于侵占土地或是新帝国主义的一种表现；持赞成态度的认为这是农业发展的一个新机遇，也是国家之间的一种双赢战略。

尽管海外农场的国际农业投资具有积极的作用（例如高科技的转移，农业生产率的提高，拉动当地的劳动力就业，带动农业的上下游产业的发展，农产品产量和出口率的提高），但是考虑到它所带来的一些负面效应，诸如忽视东道国的居民权益及当地政策法规、恣意破坏东道国当地的环境、滥用当地资源等，因此国际组织强调形成关于海外农业投资的行为准则是有必要的。

国际组织之间已经开展了许多关于建立行为准则的研讨会，参与的组织有世界银行、粮农组织和农发基金以及许多对海外农业投资感兴趣的国家。国际组织持续努力，期望通过圆桌友好研讨会，在有责任意识的国家之间达成关于国际农业投资的一些共识。研讨会包括 2009 年 9 月的"促进责任强化型国际农业投资"的国际会议和 2010 年 4 月举办的"关于国际农业投资"的圆桌会议。

世界银行提出的关于强化国际农业投资责任意识的要点包括以下内容：尊重东道国土地和资源的权利；确保东道国粮食安全；确保管理的透明化，形成良好的管理环境；确保民主和参与度；强化投资海外农业企业的责任意识；社会的可持续性发展；环境的可持续性发展。

同时，粮农组织也提出了类似的运行准则：透明度和责任意识的强化；经济、社会和环境的可持续发展；允许当地股份进入及对他们的权利和义务的确保；考虑本国食品安全和农村发展。

日本提出的关于海外农业发展的国际行为准则，包括东道国农业的可持续发展、农业发展透明度、与东道国当地法规政策的契合度、对东道国居民和农民的尊重、保护东道国的环境和尊重东道国的食品安全权益等。

综上所述，从全球粮食安全角度出发，海外农业投资应该以可持续的方式进行，并且尊重发展项目中的东道国地区意愿，包括对当地居民土地所有权的认知，保证当地居民的参与度和保护当地环境。但事实上，在海外农业投资的这个问题，国际上尚未达成一致。因此，为了促进海外农业发展投资责任意识的强化，应该建立合适的能带来双赢结果的国际准则，使投资国和东道国共同受益。

为了提高海外农业投资的可行性，降低其负面影响，尽量避免土地抢占之类的不利效应，各国之间应该努力达成一致意见，同时又不会限制海外农业发展的投资力度。现在，国家在建立国际准则的必要性这一问题上达成了一致意见，但是因为各个国家有意见分歧，因此在细节方面无法统一。为了推进海外农业发展投资的活跃度，必须要确保来自私人部分的投资不会减少，为了达到这个结果，国际准则就不应过度限制投资。但是一定的指导应该是可行的，受援国应该做出相应的努力去建立一个良好的实施国际准则（如良好的管理，杜绝腐败现象）的环境。

为了加强国际农业投资的责任意识，韩国正想办法解决海外投资可能带来的诸如土地抢占之类的负面影响，将国家积极响应参与以防止对国际农业投资的过度控制的国际指导活动的行为公开化。韩国正在扩大其已经落后的海外投资活动，实施能够使投资国和东道国同时受益的战略，同时试图在本国和外国股份持有者之间找到契合点，达到管理透明化和加强责任意识。建立海外农业投资的国际标准的另一个重要原则就是要保持在实施这些原则时的弹性。作为投资标准的国际指导应当是防止个人部分投资意愿的降低。

韩国已经建立了相关促进海外农业投资发展责任意识强化的指导原则。这个指导原则包括尊重东道国的土地和资源的权利、为粮食安全做贡献、民主化和参与度、环境保护、透明度、可行性、投资责任制以及与国际规则一致。

四、韩国海外农业发展的保障措施

（一）为进军海外市场的公司建立综合保障措施

韩国海外农业发展主要是通过私营公司直接参与投资海外农业项目和政府提供间接支持相结合的方式实施。政府在综合保障政策建立方面起着最重要的作用，一方面为期望参与到海外农业土地开发项目中的农产品公司提供政策支持，另一方面为已经有海外农业土地开发的公司提供支持。对于期望进军海外市场的公司来说，保障政策可以包含对公司管理环境有影响的一切因素，但是根据每个公司的具体情况以及所需的支持而有所不同。

经济合作与发展组织确定了 12 个与项目活动相关的领域，即营销、信息提供、信息化和电子商务、税务、基金资助、付款和信贷保证、教育和培训、技术支持、法律和管理问题咨询、行政支持、政策法律和制度改善、双边和多边合作系统相结合。这些保障措施可以帮助公司在海外农业土地进行投资。

（二）专业人才的保证与支持

为更有效地推进海外农业发展计划，需要确保海外农业发展相关的专业人才资源。鉴于一些进入海外市场的公司缺乏能够为其提供咨询服务的专家，急需在短时间内建立一个确保专业人才队伍配备体系。

从中长期发展的角度来看，通过大学教育系统地培养一支能够在未来从事海外农业发展计划的专业队伍是非常必要的。要提高培养专业队伍的能力，就必须建立一个把专业队伍按照不同专业水平划分的类别体系。该体系将专业人才划分为四大类，分别是技术转化管理调控型技术合作专家、海外农业发展专家、兼职专业人士、计划监督者。为了及时获得技术合作专家，可选取从农业相关领域组织退休的专家，并为他们提供短期培训以派往海外。退休专家具有丰富的知识和经验，他们曾参与过海内外社会经济发展项目，相比现有专家，他们在海外项目中更具有竞争力。另外，还需要为本科生和研究生提供海外实习项目，进一步确保人才培养工作的有序进行。

（三）技术支持

海外农业发展项目大多是在规模大的公司农场上实施，而不是小型家庭农场。因此，其生产、技术、销售跟韩国国内农业完全不同。为确保高产和可持续的农业系统，需要针对当地农业提供行之有效的技术支持。因此，有必要为海外农业绘制一幅技术路线图，分析每个项目和地区的技术条件，并制定一个技术支持战略，在选择技术发展与支持时分主次顺序。

第一，要与东道国主管农业技术发展的组织签订合作协议，组织研究研讨会和定期咨询，并找出阻碍东道国技术进步的因素；第二，韩国专家和当地研究机构间要定期举行技术进展交流会；第三，在公司和学术机构的亲密关系上，要求进入海外市场的公司通过提供技术支持来找到当地存在的问题。

（四）为向海外农业发展提供信息奠定基础

对于海外农业发展，建立一个有效联结不同机构的信息系统非常重要。目前，为进军海外市场的企业提供信息的机构包括大韩贸易投资振兴公社、进出口银行、知识经济产业部、中小企业管理局、中小企业组织、大韩出口保险公司、韩国工业技术基金会。为海外资源开发提供信息的机构有韩国国家石油公司、韩国资源公司、大韩贸易投资振兴公社、韩国地理科学和矿物研究所、韩国能源经济研究所。提供海外农业信息的机构有韩国农村社区公司海外农业发展中心、韩国农业渔业贸易公司数据库、农业概览系统数据库、韩国农村经济研究所海外农村信息、韩国农林渔业食品部海外农业信息、农村发展署。这些信息和数据库需要被整合利用，并且需要一个综合信息系统作为端口，来提供海外农业发展所需的专业信息。

为了增强收集并综合分析海外农业发展相关信息的能力，界定好政府、海外农业发展机构团体、相关公共团体、政府资助的研究机构间的角色非常重要。例如，农林渔业食品部和外交与商务部需要提供主流发展趋势和从事海外农业项目国家的信息，海外农业发展中心需要为私营公司提供海外农业发展方面的综合信息，而韩国农业渔业公司则应该收集海外农业发展主流趋势和食品供应方面的信息。同时，韩国农村经济研究院负责海外食品供应和海外农业信息以及国内外食品的供应展望。

另外，还需要为海外农业投资、论坛、平常研讨班、国际研讨会提供咨询服务，并且为从事海外农业发展的公司提供信息和相关报纸。此外，还需要经常性发表相关咨询项目的研究报告，并通过举办由私营部门牵头的海外农业发展论坛获得各个国家海外农业发展方面的信息。

（五）建立海外农业开发基金

海外农业的发展，离不开资金和财政的支持。韩国政府应该建立相应的海外农业开发基金从而促进海外农业企业进行融资。在考察该国或地区的经济社会和农业发展水平后，确定开发基金设立的规模。而且，设定的基金支撑的对象企业经营内容和范围应当限定在农业行业，实现设定的海外农业开发基金专业化使用，从而达成政策目的。

对于计划在对大豆、玉米等大宗农作物的投资与出口没有制约的国家进行投资的企业，应当先行资助。同时，在韩国本国粮食出现危机时，受优先支援的海外公司应按照相关协议将其产出的大宗农产品往韩国本国输送。

（六）建立海外农业开发机构

为了促进海外农业的有效发展，建立专业化的开发管理机构将是可行的政策方法。分散的海外农业发展企业，没有有关机构农业开发的领导将缺少有效的指引，可能导致发展偏离或者无法实现农业产品高效生产。设立专门的海外农业开发机构，配备完整的投资服务体系，包括企业融资服务、投资所在国环境调查、农业及农村基础设施情况调查、农业发展技术支持、员工专业培训等服务。由专业机构负责收集和分析信息、调查研究、培养人才等服务和指引，将有效保护韩国在国外农业开发商的合法权益。

海外农业开发机构政策指令并不应局限于海外，还应与韩国国内农业发展实际情况相结合，适时调整和改进相应政策。海内外农业政策的统筹规划，通过海外农业开发机构来调控指引海外农业企业，这样才能实现农业领域的安全稳定和长期发展。

（七）保证资金稳定供应的方式

申请资金支持的企业以中小型企业为主，考虑到海外农业发展有一定的风险性，而且需要较长时间才能盈利，应该把资金投在具有一定规模的海外农业发展项目上，相应地就是将大部分资金投给具有一定规模和经营能力的企业。单纯依靠政府基金是不够的，应该大力探索创设项目融资和海外农业发展基金等的方式来吸引私人投资。

第三节　农业与农村发展的国际合作

一、农业国际合作的背景

根据世界银行研究报告，生活在极端贫困中的人口比例从 1981 年的 52％ 下降到 2010 年的 21％，而同期发展中国家的人口则增加了 59％。但在这个地球上的 70 亿人中，约有 12 亿人仍处于极度贫困的状态。2015 年是千年发展目标的最后一年，撒哈拉以南的非洲仍有 4 亿人存在极度贫困，该目标旨在将极端贫困率降低到 1990 年水平的一半。

全球贫困问题表明，在农业和林业领域的国际合作应在帮助发展中经济体消除贫困和改善农业方面上发挥重要作用。农业是不发达国家的关键产业之一：三分之二的贫困人口从事农业，四分之三的穷人生活在农村地区，这显然表明，农业和农村社区的发展是减贫和经济发展的关键。可持续发展目标涵盖了 17 个国际发展与合作议程，还包括结束饥饿、实现粮食安全和改善营养、促进可持续农业等。

韩国是世界上少数在二战后从接受援助变为捐助的国家。可以理解，许多经济体都希望了解这个国家是如何在如此短的时间内实现巨大的经济增长的。至于韩国的农业，20 世纪 70 年代中期的绿色革命帮助韩国在水稻等主要作物达到自给自足，20 世纪 80 年代白色革命使温室全年供应水果和蔬菜成为可能。韩国农业目前正寻求从一个不断衰落的产业转型成为更高附加值的高科技产业。始于 20 世纪 70 年代的新村运动，在许多不发达国家被认为是一场改善韩国农村状况的运动，其三项原则是勤勉、自助、合作。新村运动以社区成员之间密切协作为基础，以农村地区和农业为重点，实施了各种政策，同时国家也迅速发展，为发展中国家提供了宝贵的经验教训。

二、农业国际合作的进展

韩国的全球合作项目预算从 2005 年的 0.8 万亿韩元跃升至 2015 年的 2.4 万亿韩元，在过去十年平均每年增长 12％，但这一数额仍低于其他经合组织成员。2015 年，韩国将其预算分配到亚洲（46％）、非洲（17％）、中东和独联体（6%）以及中美洲和南美洲（5%）。韩国国际合作机构主要资助发展项目（28%）和发展咨询等技术合作份额（12.5%）。经济发展合作基金是一个贷款援助基金，主要援助建设交通、能源、水和污水等方面的基础设施。约5%的官方发展援助用于农业、林业和渔业部门，实地赠款援助占10%（836亿元）。自2006年以来，由韩国农业食品和农村事务部（MAFRA）及其附属机构和相关机构领导的国际农业发展与合作在数量和类型方面都有所扩大。

韩国农业食品和农村事务部将其国际发展与合作预算增加了约40倍，从2006年的3.5亿韩元增加到2014年的139.9亿韩元，9年总计569.5亿韩元。预算用于短期项目，包括技术培训、研讨会和早期示范项目，然后覆盖范围扩大到持续3~4年的中期项目。该部在2014年执行了13个项目，自2006年以来共执行了57个项目。

表7-8 国际农业发展与合作项目

	项目	2006年	2007年	2008年	2009年	2010年	2011年	2012年	2013年	2014年	共计
	预算（亿韩元）	3.5	8.3	14.1	23.0	47.1	100.3	105.1	128.2	139.9	569.5
项目数量	共计（个）	5	11	14	17	15	22	18	19	18	57
	综合合作（个）	5 (100%)	11 (100%)	14 (100%)	17 (100%)	15 (100%)	20 (91%)	15 (83.3%)	14 (73.6%)	13 (72.2%)	52 (91.2%)
	联合合作（多边）	—	—	—	—	—	2 (9%)	3 (16.7%)	4 (21.1%)	4 (22.2%)	4 (7.0%)
	咨询（KAPEX）					—			1 (5.6%)	1 (5.6%)	1 (1.8%)

数据来源：Park，2015年。

表7-8显示了2006—2014年国际农业发展与合作项目的数据，韩国农业食品和农村事务部领导的官方发展援助项目分为三类：综合合作、联合合作和韩国粮食安全农业政策经验。综合合作是一个将专家的技术支持和提供设施设备等实物支持相结合的项目，并与国际机构开展联合合作。韩国粮食安全农业政策经验项目是根据韩国的农业发展经验为发展中国家提供政策咨询。2015年，农业食品和农村事务部在9个亚洲国家和4个非洲国家开展了13个综合合作项目，在3个国家开展了韩国粮食安全农业政策经验项目。联合合作涉及与粮农组织的3个项目和与农发基金的2个项目。

农村发展管理局参与了一个157亿韩元的项目，为发展中国家提供农业技术。其领导的核心项目之一是围绕韩国国际农业项目的地方办事处展开的合作项目，该项目分布在 20 个发展中国家（8 个亚洲国家和 6 个非洲国家以及 6 个中美洲和南美洲国家）。政府派出专家到韩国国际农业项目办事处进行诸如农业技术指导、植物基因工程联合研究等方面的工作，为海外私营农业公司提供援助，并通过海外培训项目培养农业大学生，从而建立全球人力资源。另一个关键项目是致力于建设韩国国际农业项目示范村，通过在村级转移技术来帮助增加农业收入（表 7 - 9）。

表 7 - 9　韩国国际农业项目办事处详情和目标作物

开始年份	亚洲（8 个国家）	非洲（6 个国家）	中南美洲（6 个国家）
2009	越南（蔬菜，生物能源） 缅甸（水稻） 乌兹别克斯坦（饲料作物）	肯尼亚（根茎作物）	巴西（蘑菇、草莓） 巴拉圭（蔬菜、土豆）
2010	菲律宾（大米） 柬埔寨（玉米）	刚果民主共和国（水稻、木薯） 阿尔及利亚（蔬菜、大麦）	
2011	泰国（蔬菜、兰花） 斯里兰卡（大豆，蔬菜）	埃塞俄比亚（蔬菜）	玻利维亚（土豆） 厄瓜多尔（温室蔬菜）
2013	蒙古（蔬菜，牲畜）	乌干达（玉米，豆类） 塞内加尔（水稻，蔬菜）	秘鲁（土豆，藜麦） 多米尼克共和国（果树，蔬菜）

数据来源：蔡秀才，2015 年。

政府还在亚洲（12 个国家）、非洲（18 个国家）、中南美洲（13 个国家）三个区域组织了粮食和农业合作倡议，开展各种项目，共同努力解决每个区域的主要农业问题。为气候变化引起的水稻病虫害跨境传播采取联合控制、建立信息网络，将 DNA 技术用于牲畜改良，如人工授精和受精卵移植，以及通过水管理技术建立提高水稻生产力的网络。

由 KFS 领导的双边合作项目包括在蒙古绿化 3 000 公顷的绿地人工林项目（2007—2016 年）、卢慕平种源和苗圃中心的运作、印度尼西亚森林娱乐和生态旅游援助，以及对中国防治荒漠化的私人种植园的支持。韩国森林服务中心于 2011 年在印度尼西亚建立了韩国—印度尼西亚森林合作中心，并于 2016 年在柬埔寨建立湄公河森林合作中心（表 7 - 10）。

表 7 - 10　KFS 领导的国际合作项目

		2015 预算（亿韩元）	项目	项目时间
双边项目	－蒙古	20.1	蒙古绿地人工林项目	2007—2016
	－印度尼西亚	9.6	种源和苗圃中心	2009—2018
	－中国	2.5	支持私人种植园防治荒漠化	2007—
多边项目	－ AFoCo	45.6	与 AFoCo 的联合项目	不定
	－ UNCCD	20.0	昌原倡议计划	不定
	－ CBD	5	森林生态系统恢复倡议的实施	不定
	－ ITTO	3.5	支付 ITTO 征收的税款	不定
	－ FAO	3	为 FAO 项目派遣特殊员工	不定
	－ IUCN	0.1	支付 IUCN 征收的税款	不定

数据来源：Baek 2015，韩国农村经济研究院。

三、国际农业合作的方式

国际农业合作项目分为三类实施：普通项目、特别规划项目、全球联合项目。普通项目不是由项目监督方选择的，而是由相关组织、大学和私人机构选择的。这些项目是在咨询过项目主办国的主管部门或机构后，挑选出作为国际农业合作项目。普通项目规模小，经费不超过 5 亿韩元，原则上为一年内的短期项目。即使一个普通项目下设几个具体的子项目，但都有一个核心项目，如技术合作，其余的子项目都作为与核心项目紧密联系的辅助项目来实施。

特别规划项目由项目监督方挑选主办国和项目，并选择项目的施工方。这种项目一般为 3 年左右的中长期项目，并伴有基础设施建设、农业资料供应等实体活动，以及技术转化、咨询、教育、培训等人力资源发展活动（表 7 - 11）。

全球联合项目旨在与国际社会合作处理一些国际社会关注的问题，如食品安全、绿色增长、消除贫困等千年发展目标。这样做的目的是通过结合韩国实际经验与国际社会的信息资金，加强在设施设备提供、技术合作、咨询、空间提升等具体项目活动中的合作。

表 7-11　韩国国际农业合作项目

项目类型	项　目	受援国
普通项目	园艺、经济作物生产设施及技术支持	越南
	加工用马铃薯生产技术支持及设施	越南
	农村发展样本村建设	不丹
	生态村建设支持	巴布亚新几内亚
	韩蒙农业合作委员会对接项目	蒙古
	人工育种及胚泡移植	蒙古
	农业发展咨询先锋计划	老挝
	农业技术支持系统建设先锋计划	莫桑比克
	农村发展合作	中国
	东南亚区域农业高级研究中心农村发展合作	柬埔寨、老挝、缅甸、越南
特别规划项目	农村发展先锋计划	刚果民主共和国
	耕作技术训练中心建设	莫桑比克
	稻米产业机械一体化生产系统建设	柬埔寨
	农村发展	菲律宾
全球联合项目	加强发展中国家食品安全应急处理能力	南亚国家

四、前景展望

2016 年，国际发展与合作模式可持续发展目标取代千年发展目标，这一项新计划包含更广泛的 17 个目标，目标不仅旨在实现社会发展、结束贫困，还旨在实现经济增长和环境可持续性。就发展资源而言，除公共部门外，私营部门和公私营伙伴关系开始成为全球援助和投资的重要来源。同年，韩国制定第二项国际发展与合作总体规划（2016—2020 年），并通过更新伙伴国家名单和制定具体的国家合作战略，重新安排其官方发展援助战略。

尽管韩国政府未能实现到 2015 年官方发展援助达到国民总收入比例的 0.25% 的目标，但其官方发展援助预算已得到快速增长，预计在国际社会的要求下，将进一步有所增长，农业林业和农村发展部门也是如此。涉农机构将稳步发展全球合作项目，它们将合作努力从亚洲扩大到包括非洲在内的其他区域，并与农发基金等国际机构开展更多的联合项目。除了执行综合合作项目以外，重点将放在项目整个生命周期的项目管理上，包括制定新项目、正在进行项目的监测和对结束项目的评价。

第八章 CHAPTER 8
韩国农业前景和中韩合作展望 ▶▶▶

近半个多世纪以来韩国农业发展迅速。虽然 20 世纪 60 年代之前韩国有过严重的粮食短缺问题，但是 70 年代末韩国已经实现稻米自给自足，之后通过改善基础设施和技术创新，水稻生产力水平大幅度提高。不仅如此，农业部门为二三产业提供土地、劳动力和资本要素，保护了土地资源和环境，为韩国经济发展做出了巨大贡献。

虽然韩国农业的角色和功能不断扩大，但是其农业结构仍较为脆弱。从 20 世纪 80 年代末开始的全球化和自由化给韩国农业带来了巨大的冲击，促使农业部门在 90 年代开始推动农业政策改革和结构调整。

韩国农业经营环境正在经历着前所未有的发展变化，食品消费正向高品质多样化方式转变，农业向生物产业及其上下游行业等新的部门扩展，营销渠道发生变化，消费者更倾向于健康、安全、可靠和亲环境型产品，低碳绿色产业的出现，国际竞争加剧以及维护地方自治政府的稳定等，都需要调整农业政策方向和实施手段。

第一节　全球化时代的韩国农业和农业政策

一、世界农业与农业政策的趋势

在过去的半个多世纪，世界农业和农业政策的趋势一般可分为三个阶段。第一阶段是从 1960—1980 年，这一时期农业政策的重点从生产和价格转向结构调整，直到 20 世纪中叶，大多数发达国家还通过价格支持（如设置最低价格）来增加农业生产。

20 世纪 70 年代，欧洲国家开始针对自主经营的家庭农场引进农业结构政策。但同时欧洲国家的农业结构政策都面临着以下的共同问题。第一，大型农场数量没有达到预期，通过农地流转来增加种植规模出现了一定程度的限制。第二，由于劳动力转移政策引起农业人口急剧下降，从而造成农村空心化，存在自然资源和景观恶化以及国土管理不善等问题。第三，由于农业专业化进行单一作物生产和大规模农业的密集型生产，产生了生态系统破坏和环境污染等严重问题。第四，小农户的收入问题并没有因为结构政策的实施而得到解决。

第二阶段是 1980—1995 年。效益导向农业的局限性催生了支持小农户的区域政策。人们意识到农业除了有农产品贡献之外还存在外部效应，为了农业的可持续发展，必须同时维持农民（主要生产者）和农村地区（生产场所）两者的平衡。

1995 年成立世界贸易组织，农业全球化进程加快。

第三阶段是 1995 年至今，把追求农业可持续发展作为新的目标。20 世纪90 年代许多发达国家农业政策的主要重点是保护环境和水土保持，而不是农业生产本身。可持续农业成了应对生态环境恶化问题的一种可选方案。第一，它不仅有助于减少生产，而且还保护了环境。第二，它保证了食品安全。近几十年来以石油为基础的高投入农业产业虽然产量提高了，但是不断增加农药化肥的使用对食品安全产生了威胁。如今，消费者更关注的是食品的质量而不是数量，食品安全已成为购买食品的一个重要标准。第三，资源的过度利用和环境破坏等的内在要求以及联合国气候变化框架公约都对农业部门产生了影响（表 8-1）。农产品市场化是通过降低和取消全球农业关税来推进的。在 21 世纪初，随着 DDA 谈判、多边贸易谈判的延长，世界各国加入自由贸易协定、双边贸易谈判，以扩大国家与区域集团之间的市场自由化。这些都有助于促进农业粮食市场的全球化和面向世界市场的出口农业政策的实施。美国、加拿大和巴西等美洲国家以及澳大利亚和新西兰等大洋洲国家，还有欧洲联盟（欧盟）等传统农业出口国也通过 2013 年共同农业政策改革大幅减少了内部市场保护和价格支持，并实施了全球市场导向政策，就连最大的农产品进口国日本也在 2005 年制定了促进农产品出口的措施，推动了日本农业食品和食品文化的全球化。这种全球市场自由化政策有助于粮食文化的全球化。

表 8 - 1 世界农业和农业政策

时　　期	主要内容和特点
1960—1980 年 由生产、价格政策转向 结构问题的政策	依靠绿色革命和价格支持来增加食品产量 —暴露出通过增加产量来提高收入的内在局限性 60 年代左右通过结构调整，努力追求城乡收入平衡以及提高生产力
1980—1995 年 农业以效率为中心的局 限以及区域政策的出现	通过价格支持，出口援助等来促进生产力提高 —农产品过度供应催化和促进了乌拉圭回合谈判 —循环生态系统的失败以及环境破坏问题的暴露 80 年代早期开始，倾向于维护落后地区农业的可持续性 —意识到自然资源和环境保护的重要性
1995 至今 政策对农业可持续发展 的响应	农业和农村多功能的价值识别 —对亲环境型农业、食品安全、乡村风貌等的关注增加 —通过城乡交流尝试刺激区域经济 农业政策由保护转变为市场导向 —用直接支付制度来处理收入问题

二、韩国国内环境变化的展望

第一，农产品市场的主动权将从生产者转移到消费者手中。由于高收入时代农产品消费多样化，预计产品分化将会加速，而且食品产业也会迅速增长。随着食品市场的发展，储藏和加工环节的作用将会增加。通过纵向一体化，食品产业的联合工业化将取得重大进展。此外，随着营销渠道专业化和多元化，大型零售商如折扣店和专卖店，将主导农业市场。随着零售部门的变化，预期在产品生产和批发方面也要发生快速的变化。

第二，韩国农业市场的竞争将更加激烈。因为几乎所有农产品都必须在开放的市场中竞争，所以那些高品质的产品才更会受到顾客青睐，这意味着只有通过提高产品质量、降低成本或提高竞争力，生产那些适合出口的农业企业和产品才能在市场上立足。

第三，随着农村社区和农民老龄化的迅速发展，韩国农业如果不能培养农业经营的接班人，预计将遭受致命的打击。目前，有 53.5% 的农场经营者年龄在 65 岁或以上，预计 2025 年农场经营者的平均年龄为 77.5 岁，65 岁或 65 岁以上经营者的比例为 67%。政府必须制定创新措施，吸引年轻人找与农业相关的工作，还需要增加返回农业和农村社区的人口，以准备应对老龄化问题。要积极发展能方便老年和女性农业劳动者操作的农业机械，培育农业联合组织。

第四，随着 IT、BT、NT 等科技的发展，将为先进的农业生产带来一个智能农业时代，并通过扩大在线电子商务来创新营销部门。农业有望扩展到上下游产业，包括种子、农业机械和设施装备。农业生产、加工、营销和旅游融合发展，第六次产业化取得了巨大进展。

第五，随着韩国步入发达国家，农业的公共利益功能预计将进一步增加。环境友好型农业可以提供安全的农产品，并且在保持生产力的同时保护环境，这是一种全球趋势。农业在国家层面的作用，除粮食安全、土地和环境保护以及土地储备之外，还将发挥其社会功能，如维持农村社区、缓解城市过度集中、促进农业就业等。因此，改善农民的各种福利和生活条件，加上专业、独立的经营主体，将是农业结构调整和社区振兴的重大挑战。

第二节　韩国农业前瞻

一、农业和农村地区的愿景

未来，韩国农业和农村地区将面临农业食品完全开放市场（全球化）的时代。由于包括信息技术和 BT 在内的科学技术的迅速增长，农业生产和营销将受到一体化和趋同的影响，机械化和数字化的变革，会给农业带来新的农业革命机会。同时，全球变暖，生态环境价值凸显，因此在未来，农业、农村和农民可持续发展显得非常重要。具体来说，未来可持续性从多个方面体现，在完全开放的市场时代，生产者通过农业生产稳定增加收入的可持续性；农村地区为老百姓创造一个宜居场所的可持续性，城市居民和从事农业的人都可以与自然环境和谐相处；以及农民顺利实现世代更替的可持续性。

第一，在全球化时代，要培育农业和粮食部门，使之成为能够与进口农产品竞争的产业，同时向海外市场出口安全、高质量的产品，从而弥补进口产品所占的比例，并扩大其在全球市场中的比例。农业将成长为国民经济的生命产业，未来前途无限。生命产业是指通过管理和使用动物、植物和微生物等生命资源，创造对人类有益的高附加值产品和服务产业。因此，要培育与农业、森林和渔业产品有关的下游产业，包括种子（育种）、农业等行业材料（化肥和农药）和机械，并将其培育为出口行业。此外，在人口老龄化的时代，农业生产将在工厂生产系统的基础上实现机械化、自动化，以及发展，即使是老年或女性农民也能以方便和专业的方式参与农业生产。为了应对农业全球化，企业农业、食品加工、营销和出口将扩大规模，促进高科技商业化农场的专业化农业。农业生产和销售也将按村庄、区域和项目系统化，促进联合生产和销售。城市扩张和为非农业目的（如建造工厂）而发生非农用途的扩大，这将增加维持和保护自然环境和农业生态系统的需要，并增加消费者对生态友好型农业食品的需求，从而扩大环境友好型农业。

第二，随着信息技术和交通的发展消除了城乡之间的界限，农村已经成为各种人共同居住生活的地方，包括享受乡村生活的城市居民、企业家、想要享受退休生活的人、返回农业和农村的人以及农民。未来农村地区将成为人们喜欢的适宜居住区。

第三，根据生产农产品的目的，从事农业的主体类型多样。企业农场和专业农民以商业化或专业的方法生产农产品，并通过销售农产品作为主要收入来源；兼职农民（非农业收入占总收入的较大比例），他们除了生产农产品外，还有各种收入来源；还有自我消费的小规模农场以及作为业余爱好从事农业的农民。

二、农业和农村地区的角色

2014 年韩国农村经济研究院对 1 500 名城市居民和 1 209 名农民（共计 2 709 人）就农业和农村地区的作用进行了调查。调查发现，大多数受访者对农业抱有积极的看法。其中，66.2% 的受访者认为农业和农村地区在社会文化方面具有很高的公共利益价值，这一数字比 2010 年的 55.9% 有所增加，这意味着公众对农业的认识变得更加积极。

调查结果还表明，受访者对农业产业化的未来增长潜力有积极的看法：35.2% 的农民和 44.0% 的城市居民回答说，韩国农业有很高的潜力，可以成长为一个通过结合各种技术和思想来增加附加值和创造新市场的行业；只有 22.8% 的农民和 11.4% 的城市居民认为韩国农业产业未来进一步增长的潜力非常低。

此外，受访者认为韩国农业比 2004 年前具有更高的可持续性。结果表明，与 2004 年前相比，56.0%的农民和 61.2%的城市居民对韩国农业产业的可持续性有积极的看法。此外，84.4%的农民和 78.0%的城市居民认为采用可持续农业具有重要意义。

韩国农业越来越需要发挥多种作用。农业的第一个作用是发挥生命产业的作用，在食品安全的基础上，以合理的价格为人们提供更优质的食品。

农业的第二个作用是维护国家的自然环境美丽与安全。正如全球农业趋势所表明的那样，韩国国内对包括防洪、供水、土壤保护和大气净化在内的多种农业功能的认识正在增长，由于在保护全球环境方面做出的努力，农业作为生态友好型工业的价值将增加。因此，21 世纪农业产业正在履行尽可能多的职能，如在社会文化方面提供公共利益，同时尽量减少对环境的有害影响。

农业的第三个作用是促进国民经济的增长和稳定。农业是创造就业机会和利用自然资源产生附加值的关键产业之一。农村是继承传统和地方文化的基础，也是政治和社会稳定的基础。由于农村地区的传统、文化遗产、风景等是乡村愉悦的根源，乡村旅游业成为一项新的收入来源（图 8-1）。

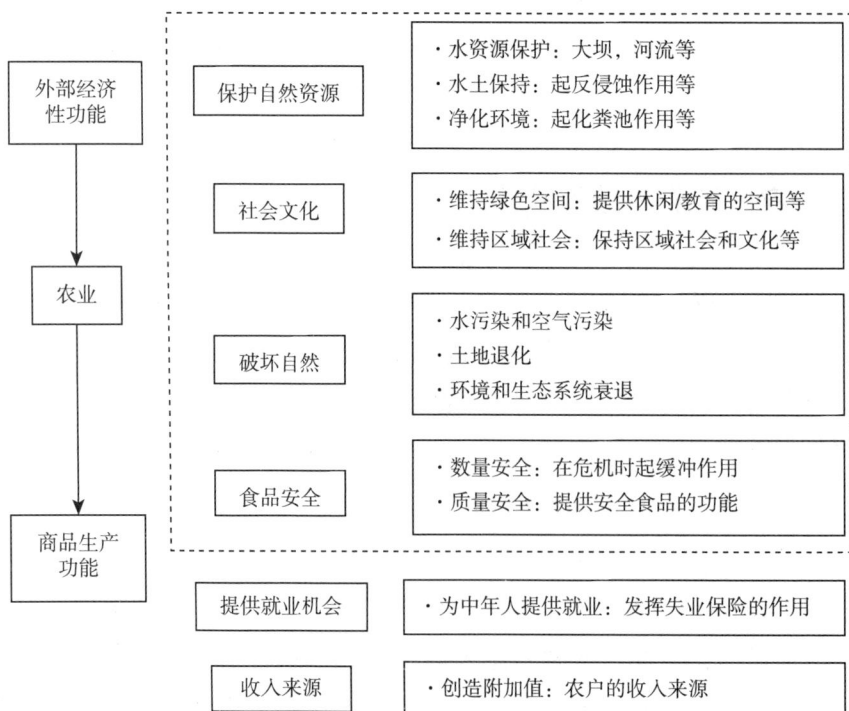

图 8-1 农业多功能

图注：省略号表示农业的非市场功能。

三、农业和农村社区的未来景象

第一，农业作为生命产业将发展成韩国经济新的增长点。韩国农业要成为一个高质量、高附加值具有竞争力的产业，就需要通过扩大产业范围（包含诸如生物产业、种子、微生物、昆虫、宠物、观赏植物、自然资源和香料产业等）转型成一个增长产业。由于上游产业相对低的竞争力，使得农业生产成本较高，这反过来影响了农户的收入。

农业除了新增长型产业外，传统耕种需要转变成不同经营主体经营的细分的专业化产业。为了增加农民的收入来源，与生产相关的上下游产业需要在区域内联系起来，并形成产业集群（图8-2）。

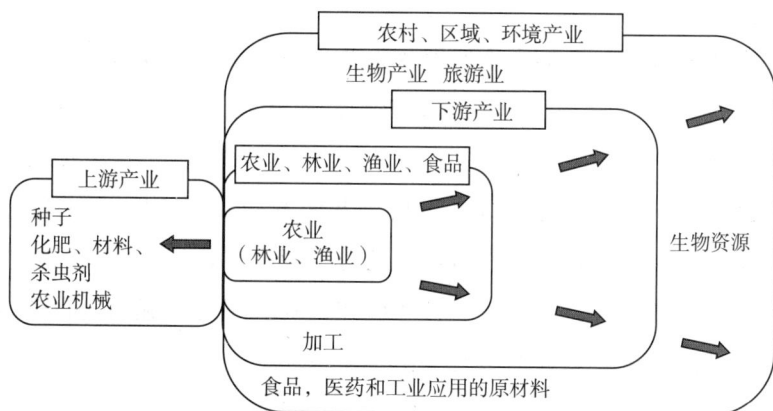

图8-2 农业产业扩展延伸

第二，农业和林业在向消费者提供安全农产品和保障农村社区舒适方面发挥着重要的作用。韩国食品消费中，新鲜产品比重下降，而加工产品和餐饮方面的比重增加。人们逐渐认为安全比价格更重要，随着收入水平增长，这种趋势更加明显。确保食品安全体系需要全方位实施高标准的安全稳定农产品供应体系，比如产品可追溯、危害分析和关键控制点、原产地标签和认证。

发挥农村社区资源和环境的舒适性，把农村社区发展成一个可以保护环境和可持续发展的地方，促进农业和农村社区的多功能效益最大化。

第三，农村社区会转型为一个文化生活丰富和福利完善的地方。通过完善农村社会福利体系和建立富裕文化基地，改善农村居民的生活质量，缓解农村人口外流并吸引人口回流。

第四，农业生产和农村生活会转变成低碳排放的生产和生活。转变成亲环境型农业不仅对农业和农村社区来说很重要，对于国民经济的可持续发展也非常重要。

要改善生产设施基地，比如先进的园艺设施、植物工厂和畜牧设施，以此来保护和利用环境文化资源，需要开发一系列可利用、可选择、可持续的能源（地热能、太阳能和风能），以此减少农业部门产生的温室气体。另外，进一步将肥料和农药控制在一个合适的水平，同时鼓励推广种养业生态循环。

第三节 未来农业和农村社区的政策

一、农业和农业政策的模式转变

引导农业和农村社区的未来发展政策要重新建立，农业政策发展的焦点应该转变到体现新价值上，兼顾农业和农村发展，以及关注技术革新政策。

引导农业、农村社区、食品、环境和能源变化的农业政策框架要反映未来导向的各种价值观念。农业政策向可持续发展方向转变，体现为环境、安全、效率和生态平衡。对于农业和农村社区的可持续发展，地区产业需要考虑食品和其他领域的价值链，将自然景观、环境和土地利用统一起来进行整合，这对农业和农村社区的可持续发展极其关键。

为了应对新的挑战，必须将知识、技术革新和技术创新政策摆在突出位置，增强农业技术创新和生产附加值的能力同样重要。政策目标的设置需要考虑突出公众情感的大背景和农业政策的覆盖面。未来的农业政策应该考虑大众利益，包括生产者、消费者和下一代。推动创新与合作，建立崭新的治理结构和保持可持续性与有效性是农业政策的重中之重（表 8-2）。

表 8-2 农业政策转变方向

	现在	未来
新价值观	短期效率，重组	持续性（农业＋安全＋平衡＋高效）
整合观念	农业导向	以价值为核心的行业整合 以景观和环境为导向的部分整合
技术创新	增大产量 和提高生产力	应对新挑战，比如安全、质量改进和环境问题 提高附加值产出能力

二、主要政策的方向

未来，农业政策愿景——保证农业和农村发展的可持续性。可持续发展的环境友好型农业系统将更加强调环境和安全，这是 21 世纪整个人类社会需要面对的挑战。同时，这一愿景将努力保障安全可靠的食物供给，将农村社区发展成为宜居的富饶家园，并充分地展示其多元化的价值观念。

愿景的基本准则在于可持续性，广义上包含高效、平等、环境和安全。高效指将农业改造为市场导向型产业；平等意味着缩小农民和城市居民间的收入差距以及农村和城市之间的结构性差异；环境蕴含着将农产品系统蜕变成环境友好型的过程；而安全是指向公众提供放心的食品。

农业政策的根本目标在于向公众持续不断地提供安全可靠的食品，在可持续的环境友好型农业体系基础上将农业价值创造能力发挥到极致，将农村社区发展成为环境保护和社会可持续发展的场所，建立起在可持续的总体原则之下紧密联系的农业政策、农村社区政策和食品政策这三大类别的农业政策框架。

过去农业政策固守于效率和市场原则，未来政策须重视环境和安全，包括高效和平等。换句话说，意味着构建一个满足消费者和市场要求，用来强化食品安全和环境保护，同时促进农业和农民收入增长的体系。农业政策将农业改造成高品质、安全、可靠、低消耗、环境友好型和资源节约型农业，以便反映消费者和市场的需求。在此基础上，通过创造多重机会生产出更多经济附加值，农业发展、收入增长和环境保护的良性循环得以确定。由此观之，未来农业政策的目标可以界定为"基于可持续农业体系之上的价值创造能力的改进"。为了实现上述目标，需要在农业和生态资源中解决关键问题，包括增强价值竞争力、建立维护农场运行的经营主体并增强他们的能力，创造基于环境农业和生物资源的环境价值。可以借助改进质量和创造需求来增强农产品功能；创新活动可以通过满足消费者和市场需求的质量更新（功能改进）来增加农业收入，通过整合食物、环境、资源和文化创造新的市场和需求。为了增强质量创新和创造新需求的市场能力，要加强区域和农业之间水平和垂直整合。

韩国农业面临的最严峻的挑战在于农场经营主体的建立，仅仅通过指定继任者和新农民或者建立农业设施基础是无法获得成功的，还需要增加人力资本中的教育、培训和咨询，以及研发投入。另外通过借鉴利用其他行业经验有效地提升农业领域的管理能力。

除了培育经营主体以确保增长的稳定性外，还需要平衡其收入和管理。在农户收入和交易不稳定的情况下，为农民收入提供直接补偿制度作为降低风险的手段，以应对价格风险和不确定性。

为了确立以环境保护和食品安全为主体的农业体系，环境农业持续的深化和扩展势在必行。第一，发展资源革新型农业以应对环境污染和原材料飞涨。在环境保护和质量改进的同时，推进农产品的投入创新。为了促进投入创新，要把环境直接支付方式扩展到全社会，以补偿环境农业所带来的正外部效应。

第二，扩展利用区域资源的循环型农业。建立资源循环型农业体系，充分利用本地资源而非引发农业收入外流的进口原料（种子、农业化肥和矿物质）推进强化食品安全、环境保护和农业交易的创新发展。将种植业和畜牧业相结合，保护环境和降低温室气体排放；在区域层面上发挥饲料作物的功效，减少能耗和提高闲置土地的利用率。

第三，提高对环境友好型农业产品可靠稳定的需求。发展标签认证系统以增强流通过程中的可信度，基于信赖程度与日俱增的直接交易关系，稳步扩展社会团体、公众和失业救济服务项目。促使国内农业、林业和海洋资源产业化发展，有利于保护环境和开发新的行业与工作岗位；推动生态领域的发展以应对气候变暖和能源危机问题；在中短期阶段重视对薄木材和家畜粪肥的利用，同时，应该加大废物燃料利用。

农村社区建设目标是强化发展能力和区域多重价值最大化，关键任务包括通过农村地区的能力建设创造发展不竭动力。政策要对新农民和农业企业运营提供支持，对能创造就业机会的企业提供支持，鼓励农村社会企业及其支撑性作用，发挥农村社区功效，尤其需要在制度上设计多重机制以便保护各种农业资源。

食品政策目的在于为公众持续不断地提供安全的食品，细分为食品安全政策、食物保障政策、食品产业政策和营养政策，关键任务包括维护食品安全可靠，实现食品自给自足，推进食品及其与农业相关产业的健康发展，完善人民的饮食与营养状况。维护食品安全与可靠的重点工作，包括在风险分析的基础上区分风险评估和风险管理，构建系统各项功能，深化和扩展风险沟通，最重要的是建立面向公众独立风险评估机构。通过鼓励农场和消费者使用升级后的安全管理技术，推广良好农业规范（GAP）、可追溯性和危害分析关键控制点

（HACCP），增强食品安全和消费信心。关于食品安全可靠的相关政策，在食品安全无法仅仅通过法律法规得以实现的情况下，为了能够在紧急情况下保证粮食安全，应该制定建立维持国内粮食生产水平的相关政策，同时保证进口源头多样化和粮食储备系统的有效运行。

食品产业政策致力于生产、运销和餐饮等农业产业部门的发展，政策目标在于增强食品产业和其他部门与农业的联系。为了提高营销效率，关键在于削减营销成本，形成多种营销渠道，建立信息网络，制定与食品安全和消费者信心有关的安全措施；改善食品系统环境安全，减少并回收利用生产部门中的浪费和消耗，降低有害物质排放和能耗，缩短运输距离。

食品产业与农业应该加强与农业地区政策之间的联系。在本地农产品的基础上，通过建立产业集群提供高附加值的产品和服务，开发和拓展新的市场和工作机会。大力开发实施有利于提高品质的食品供应项目，包括健康饮食运动，即为低收入家庭的老人和孩子提供营养食品，以及公共部门食品采购以及学校饮食服务项目。

第四节　中韩农业合作的领域

韩国是中国重要的友邻和贸易伙伴，自 1992 年中韩两国建交以来，两国经贸往来发展迅速。农产品贸易也得到了迅速发展，1995 年中国向韩国出口农产品7.7 亿美元，2008 年增长到 31.7 亿美元，2010 年达 35.3 亿美元，近年出口量有所减缓，但中国是仅次于美国的韩国第二大农产品进口来源国。在世界区域一体化和 WTO 的推动下，在农业不断开放的世界性大潮流背景下，中韩农业在生产和资源利用上具备一些共同特性及互补性，因此在农业领域的广泛合作也是必然的。两国间的农业合作有着积极意义，应在中韩两国达成自由贸易协定的基础上，进一步深化两国农业合作，推动农业领域合作向纵深推进。

一、宏观政策互鉴

在 WTO 这一共同的农业发展环境下，政府政策如何进行积极调整才能有助于农业竞争力的提升，并有助于农村的发展和农民收入的提高，这是两国需要面对的共同问题。而在这些方面，两国都有自己的经验和教训可供彼此借鉴。在同是小规模农地经营的农业条件下（韩国农户的户均土地经营规模为1.48公顷，中国农户的户均土地经营规模为0.64公顷），中韩两国自己的农业经验对彼此有着更积极意义。

中国农业发展过程中值得韩国借鉴的政策经验：一是对农业生产进行积极的结构调整。调减比较利益相对低下的农作物生产，进一步提高比较利益较高的蔬菜、水果等种植面积；对粮食生产，保持弹性的生产能力。二是坚持农业市场化方向。不仅坚持国内市场化方向的改革，减少政府对农业的干预和保护，同时坚持农业的对外开放，按照国际间的比较优势来调节国内的生产，利用国际贸易来调剂余缺。这两者是相辅相成的。

相对来说，韩国农业的保护程度较高，这也与韩国一直以来坚持水稻自给战略有很大关系。因此，粮食安全的概念需要改变，需要更加积极地进行结构调整。对于数量安全，在当今世界的市场化环境下，保持弹性的生产能力是最好的选择。

韩国也有许多政策经验值得借鉴：韩国是经济相对发达、有着东亚文化传统的国家，其在农民保障体系建设，在农村、城乡之间差距的解决以及农民组织的效率等方面，以及在农业信息化服务、农村社区建设等方面，都是值得中国学习借鉴的，其农业农村发展内在演变规律也值得研究借鉴。相对来说，中国经济发展水平还落后于韩国，韩国走过的路有些正是我们现在正在走或是未来要走的。

二、农产品贸易合作

贸易具有调剂余缺的功能，这是双边可以展开的最基本的合作。两国相互开放市场，出口比较优势产品，进口比较劣势产品。对于韩国来说，中国目前有一些净进口的产品，而韩国生产具有一定的优势，如在农业生产资料领域，中国每年进口化肥几百万吨，而韩国化肥出口具有一定的优势；此外，如韩国的小型农业机械也具有出口竞争力；同时中国净进口的产品如牛肉等，韩国也具有一定的生产优势。

另一方面，韩国目前无法自给的农产品，如基本退出生产的玉米、桑蚕等，会从中国进口；在自由贸易协定的基础上，应加快体现贸易的转移和贸易的创造，更大程度地体现自由贸易的深层次合作。中韩两国交通便利，物流费用相对节省，更加有利于两国的经贸合作，由此应该加快全面相互开放的步伐。

三、深化要素合作

资金、技术、人力、土地四个方面的生产要素，中韩有着较强的互补性。从资金上看，韩国目前的人均国民年收入已超过 3 万美元，资金相对丰裕。韩国国内食品行业的海外投资日益活跃。PULMUONE、农心、好丽友等食品企业已在美国、俄罗斯、越南等地建厂，并在当地开始生产韩国食品。从技术上来讲，韩国的食品工业科学位于世界前列，而生物资源的生产和利用技术、森林资源的生产和利用技术、动物资源的生产和利用技术位居世界中等水平。与中国相比，韩国具有资金和技术等方面的相对优势，而中国在人力资源成本和土地方面目前具有相对较低的成本优势。在农业技术和装备设施水平上，中国的整体水平与韩国相比有一定差距，例如中国畜禽遗传育种和产品加工起步较晚，畜产品营养与卫生标准研究还处于发展阶段，在农产品的产后运输、储藏、保鲜、加工设施和技术方面也有一定差距。中韩在水稻、蔬菜、水果领域的育种、加工、保鲜、储藏、运输等方面都可以进行不同形式的合作。生产要素的互补性是中韩农业合作的重要基础。此外，还有一个很重要的因素是中国巨大的市场优势，随着中国全面小康社会的建成，现代化进程的加快和经济的发展，人民收入和生活水平的不断提高，中国市场更具吸引力。应通过政府和民间的多层次交往合作，加强区域一体化的实施，广泛开展要素间的相互整合，采取多种合作形式，建立独资、合资或合作企业，从事两国农业贸易、市场开发、投资生产等经营活动，增进两国共同福祉。

参 考 文 献

References

陈武，1997. 比较优势与中国农业经济国际化［M］. 北京：中国人民大学出版社.

程国强，1996. 农业贸易政策学［M］. 北京：中国经济出版社.

马庆国，2002. 管理统计：数据获取、统计原理、SPSS 工具与应用研究［M］. 北京：科学出版社.

强永昌，2002. 产业内贸易论：国际贸易最新理论［M］. 上海：复旦大学出版社.

乔娟，2002. 中国肉类产品国际竞争力研究［M］. 北京：中国农业出版社.

速水佑次郎，弗农·拉坦，2000. 农业发展的国际分析［M］. 郭熙保，张进铭，等译. 北京：中国社会科学出版社.

速水佑次郎，神门善久，2003. 农业经济学［M］. 北京：中国农业出版社.

谭向勇，辛贤，2001. 中国主要农产品市场分析［M］. 北京：中国农业出版社.

杨雍哲，2003. 论提高农产品国际竞争力［M］. 北京：中国农业出版社.

钟甫宁，2000. 农业政策学［M］. 北京：中国农业出版社.

陈富桥，祁春节，2004. 中泰两国农产品贸易的竞争性与互补性研究［J］. 国际贸易问题（2）：40-43.

陈锡文，杜鹰，等，2000. 论新阶段农业和农村经济的战略性结构调整［J］. 管理世界（1）：146-160.

程国强，1999. 中国农产品贸易格局与政策［J］. 管理世界（3）：85-96.

程国强，2002. WTO 框架下的农业补贴结构与政策调整［J］. 中国农业科技导报（1）：8-17.

程国强，2003. 中国农产品国际竞争力的估计［J］. 管理世界（1）：97-103.

程国强，2004. 中国农产品出口：增长、结构与贡献［J］. 管理世界（11）：43-47.

程国强，2004. 着力提高出口竞争力［J］. 国际贸易（2）：17-21.

丁来强，郑进，1999. 论韩国农产品外贸政策及对中国的启示［J］. 农业经济（3）：31-36.

丁晓燕，1994. 韩国的农业与农业政策［J］. 亚太经济（2）：12-16.

高永坤，2001. 韩国农业的发展与展望［J］. 当代韩国（夏季号）：30-33.

顾国达，张磊，2002. 我国丝绸出口贸易的经济分析［J］. 浙江大学学报（人文社会科学版）（9）：97-102.

国务院发展研究中心课题组，2001. 中国乳业：生产、消费、贸易与国际化的影响 [J]. 管理世界 (2)：137 - 148.

韩甲洙，2001. 韩国的农业与政策 [J]. 当代韩国 (夏季号)：16 - 19.

何秀荣，Thomas I，Whal，2002. 中国农产品贸易：最近 20 年的变化 [J]. 中国农村经济 (6)：9 - 14，19.

何秀荣，2003. 我国农产品国际贸易研究方面的问题及建议 [J]. 农业经济问题 (2)：23 - 25.

黄祖辉，张昱，2002. 产业竞争力的测评方法、指标与模型 [J]. 浙江大学学报（人文社会科学版）(7)：146 - 152.

金炳律，郑靖吉，2002. 韩中农产品贸易纠纷与合作方案 [J]. 第三届韩中国际共同学术大会论文集.

蓝海涛，2002. 转轨阶段我国农业政策的重要特征 [J]. 农业经济问题 (8)：40 - 44.

李中，1995. 韩国农产品贸易面面观 [J]. 广东社会科学 (3)：19 - 23，49.

李东赫，2003. 农林部长官称扩大农产品市场的开放在所难免 [N]. 朝鲜日报（韩国）.

林毅夫，李永军，2003. 比较优势、竞争优势与发展中国家的经济发展 [J]. 管理世界 (7)：21 - 66.

林毅夫，李永军，2003. 出口与中国的经济增长：需求导向的分析 [J]. 经济学季刊 (3)：779 - 794.

刘春香，宋玉华，2004. 农产品比较优势与竞争力研究 [J]. 中国农业大学学报（社会科学版）(4)：8 - 12.

卢峰，1997. 比较优势与食物贸易结构：我国食物政策调整的第三种选择 [J]. 经济研究 (2)：3 - 1.

罗余才，2002. 我国农产品贸易中的产业内贸易 [J]. 农村经济 (9)：10 - 12.

雷纳 A J，科尔曼 D，2000. 农业经济学前沿问题 [M]. 北京：中国税务出版社.

牟瀛，1995. 90 年代世界农产品市场结构的变化 [J]. 财经科学 (2)：70 - 71.

牛宝俊，1997. 世界农产品比较优势变动规律与中国的政策取向 [J]. 国际经贸探索 (4)：11 - 14.

潘伟光，2005. 中韩粳稻生产成本及其结构的比较 [J]. 农业经济问题 (3)：44 - 48.

潘伟光，2005. 中韩两国水果业生产成本及价格竞争力的比较：基于苹果、柑橘的分析 [J]. 国际贸易问题 (10)：49 - 53.

潘文卿，2001. 90 年代中国农业竞争优势变化及 21 世纪的抉择 [J]. 中国改革 (2)：37 - 38.

潘征新，2003. 韩国农产品贸易政策环境 [J]. 云南农业 (5)：32.

潘征新，2004. 中美在韩国农产品市场的地位比较 [J]. 世界农业 (1)：27 - 29.

彭廷军，程国强，2000. 中国农产品的比较优势与国际竞争力 [J]. 农村改革与发展 (1)：22 - 24.

彭廷军，程国强，1999. 中国农产品国内资源成本的估计 [J]. 农业技术经济（1）：28-43.

朴恩喆，乔忠，等，2003. 中韩农产品贸易合作现状及前景 [J]. 世界农业（10）：14-17.

钱雪亚，张小蒂，2001. 产业竞争优势及其度量体系研究 [J]. 统计研究（6）：24-27.

石敏俊，李显刚，2002. 日本和欧共体农业保护比较与政策分析 [J]. 农业经济问题（9）：58-61.

史智宇，2004. 中国与东盟国家的出口相似性比较 [J]. 亚太经济（2）：76-84.

宋海英，孙林，2004. 中泰农产品零关税协议下蔬菜贸易的竞争关系研究 [J]. 世界经济研究（3）：49-54.

宋玉华，刘春香，2004. 我国农业产业内贸易的实证研究 [J]. 中国农村经济（2）：30-37.

孙林，李岳云，2003. 中国与东盟主要国家农产品的贸易、竞争关系分析 [J]. 世界经济研究（8）：81-85.

孙林，赵慧娥，2004. 中国和东盟农产品贸易波动的实证分析 [J]. 中国农村经济（7）：46-52.

孙笑丹，2003. 中国及其主要对手在日本农产品进口市场的竞争力 [J]. 首都经济杂志（2）：26-29.

孙笑丹，2003. 中国在美国农产品进口市场的竞争对手研究 [J]. 华中农业大学学报（社会科学版）（1）：27-32.

翁鸣，2004. 日本进口农产品市场结构分析 [J]. 世界农业（11）：23-26.

翁鸣，2005. 韩国进口农产品市场结构分析 [J]. 世界农业（4）：35-38.

姚於康，马康贫，1999. 农产品市场竞争力探讨 [J]. 中国农村经济（11）：43-46，63.

许心鹏，宋立刚，2002. 出口相似性与东亚发展模式 [J]. 世界经济文汇（5）：3-15.

许承明，胡荣华，2001. 中国内地与香港进出口贸易模型 [J]. 预测（1）：32-36.

徐志刚，傅龙波，钟甫宁，2000. 中国主要粮食产品比较优势的差异及其变动 [J]. 南京农业大学学报，23（4）：113-116.

徐志刚，钟甫宁，等，2000. 中国农产品的国内资源成本及比较优势 [J]. 农业技术经济（4）：1-6.

于津平，2003. 中国与东亚主要国家和地区间的比较优势与贸易互补性 [J]. 世界经济（5）：33-40.

岳昌君，2000. 我国外贸出口结构变化与比较优势实证分析 [J]. 国际经贸探索（3）：2-4，82.

张昱，黄祖辉，2004. 农产品市场竞争力问题的理论性探讨 [J]. 浙江社会科学（7）：55-60.

张忠根，方志伟，2002. 市场开放中的韩国农业结构调整及其对我国的启示 [J]. 农业经济问题（5）：60-63.

张忠根，2001. 韩国农业的对外开放：问题、对策与启示 [J]. 中国农村经济（10）：68-72.

钟甫宁，2003. 用国内资源成本测定比较优势的缺陷及其纠正方法［J］. 南京农业大学学报（社会科学版）（3）：25－29.

钟甫宁，羊文辉，2000. 中国对欧盟主要农产品比较优势变动分析［J］. 中国农村经济（2）：68－73.

朱晶，2004. 中国劳动力密集型农产品出口市场结构与定位分析［J］. 中国农村经济（9）：14－19.

朱迎春，王云飞，2004. 中、日、韩在美国市场上的竞争性分析［J］. 世界经济研究（11）：29－34.

庄丽娟，温思美，2004. WTO 框架下非谷物国际贸易格局及趋向分析［J］. 世界农业（5）：4－7.

Eor Myong Keun，2003. Agricultural structure of korea，China and Japan：possibilities of regional agricultural cooperation，agricultural cooperation in the northeast asian countries：opportunities and prospects［M］. Seoul：Korea Rural Economic Institute.

CARLO M，1988. Constant－market－shares analysis and index number theory［J］. European Journal of Political Economy（4）：453－478.

DANIEL H P，TIMOTHY A P，1991. The competitive structure of US agricultural exports［J］. American Journal of Agricultural Economics（2）：133－141.

DAVID G，ROBERT H，CHRIS M，1995. Vertical and horizontal intra－industry trade：a cross industry analysis for the United Kingdom［J］. The Economic Journal，105（11）：1505－1518.

DAVID G，1987. The new theories of intra－industry trade［J］. Bulletin of Economic Research，39（2）：95－120.

DAVID L，HUFF，LAWRENCE A S，1967. Measure for determining differential growth rates of markets［J］. Journal of Marketing Research（4）：391－395.

DOUGLAS A，IRWIN，1995. The lion's share：britain's export performance revisited（1899—1929）［J］. Structural Change and Economic Dynamics（6）：97－109.

FREDOUN Z，AHMADI E，1995. Wheat market shares in the presence of Japanese import quotas［J］. Journal of Policy Modeling，17（3）：315－323.

GENE M，GROSSMAND，ELHANAN H，1990. Comparative advantage and long－run growth［J］. The American Economic Review，80（4）：786－815.

HARRY P，BOWEN，JOSEPH P，1984. US export competitiveness：1962－77［J］. Applied Economics（16）：461－473.

JAMES H，FRANK F，et al.，2002. China's japonica rice market：growth and competitiveness［J］. Rice Situation and Outlook Yearbook，11.

JAIME E M，GARY W W，STEPHEN W F，2001. US‐Mexico fresh vegetable trade: the effects of tradeliberalization and economic growth [J]. Agricultural Economics (26): 45‐55.

J DAVID R，1971. Constant market shares analysis of export growth [J]. Journal of International al Economics (1): 227‐239.

J DAVID R，1971. Some sensitivity tests for a "constant‐market‐shares" analysis of export growth [J]. The Review of Economics and Statistics，53 (3): 300‐304.

JAN F，GUNNAR S，1987. The method of constant market shares analysis reconsidered [J]. Applied Economics (19): 1571‐1583.

JAN F，1988. International competitiveness [J]. The Economic Journal，98 (6): 355‐374.

JAN P V，1998. Export competitiveness of China and ASEAN in the U. S. market [J]. ASEAN Economic Bulletin (14)，273‐291.

JOHN W M，BRUCE F J，1984. The world food equation: internationals among development [J]. Employment and Food Consumption，12 (6): 531‐574.

CHEN K，XU L，DUAN YF，2000. Ex‐post competitiveness of China's export in agri‐food products: 1980‐1996 [J]. Agribusiness (Summer): 281‐294.

MCCOMBIE J，THIRLWALL A，1994. Economic growth and the balance of payments constraint [J]. London: St. Martins.

MUNIRATHINAM，RAVICHANDRAN，REED，et al. ，1998. Effects of the Canada‐U. S. trade agreement on U. S [J]. Agricultural Exports (3): 403‐415.

STEFAN B，2001. Trade and revealed comparative advantage measures [J]. Eastern European Economics，39 (1): 72‐98.